縄文「ムラ」の考古学
Archaeology of Jomon Villages

縄文ムラをみる視点　　　吊るす文化と据える文化　　　飾られない縄文土器
土器をつくる女、土器をはこぶ男　　　柄鏡形敷石住居の出現と環状集落の終焉
縄文ムラを復元する　　　海にあこがれた信州の縄文文化

Tamotsu Kawasaki　川崎 保

雄山閣

■縄文ムラの考古学■　目次

縄文ムラをみる視点 〈川崎　保〉… 5
1 「縄文ムラ」とは？ … 7
  2 プレ「縄文ムラ」―定住以前― … 8
  3 縄文ムラの誕生 … 9
  4 縄文社会のイメージ「小さなムラと大きなネットワーク」 … 11
  5 縄文ムラの末路 … 13
  6 文化の伝播と人間の移住・移動 … 15

吊るす文化と据える文化 〈三上徹也〉… 21
―縄文時代における土器利用炉の分類とその意義―
  はじめに … 23
  1 土器利用炉分析の目的と方法 … 23
  2 炉形態の変遷 … 26
  3 炉形態と土器の相関とその意義 … 34
  4 利用土器部位の様相 … 42
  5 土器利用炉の分析意義と今後の展望 … 47

飾られない縄文土器 〈百瀬新治〉… 59
―長野県大清水遺跡の再検討を通してみえてくるもの―
  1 30年来のこだわり―なぜ縄文土器なのに飾られないのだ― … 61
  2 飾られてこそ縄文土器―文様をめぐる研究略史― … 70
  3 焦点を無文土器に―その変遷と特性を追って― … 72
  4 やっぱり無文土器に意味が―近年の調査で明らかになったこと― … 76
  5 おぼろげながらみえてきた無文土器―大清水遺跡の実像に迫る― … 82

　コラム1　栗林遺跡の水さらし場状遺構 〈岡村秀雄〉… 90

土器をつくる女、土器をはこぶ男 ……〈水沢教子〉… 93
　―胎土からみた土器のふるさと―

　　はじめに …………………………………………………………… 95
　1　日常領域の内と外 ……………………………………………… 95
　2　胎土分析の方法と実践 ………………………………………… 98
　3　土器をつくる女、土器をはこぶ男 …………………………… 114
　4　土器の動きが語るもの ………………………………………… 120

柄鏡形敷石住居の出現と環状集落の終焉 …〈本橋恵美子〉… 131
　―縄文時代中期集落形態の変化を追う―

　1　長野県の地形的特徴と遺跡分布 ……………………………… 133
　2　柄鏡形敷石住居とは …………………………………………… 135
　3　住居形態の変化 ………………………………………………… 141
　4　住居形態からみる人の動き …………………………………… 148
　5　縄文時代中期後葉の集落景観 ………………………………… 155
　6　縄文時代中期集落の変化と柄鏡形敷石住居の出現 ………… 162

　　コラム2　八ヶ岳の縄文ムラを掘る ………………〈柳澤　亮〉… 167

縄文ムラを復元する ………………………………〈柳澤　亮〉… 183
　―長野県筑北村東畑遺跡の発掘成果から―

　　はじめに …………………………………………………………… 185
　1　東畑遺跡をとりまく環境 ……………………………………… 185
　2　東畑遺跡の変遷 ………………………………………………… 188
　3　出土遺物、出土状況から推理する …………………………… 201
　4　土器と石器からみた文化の流れ ……………………………… 208
　　おわりに …………………………………………………………… 214

　　コラム3　カワシンジュガイ ………………………〈小栁義男〉… 217

海にあこがれた信州の縄文文化 〈川崎　保〉… 221
　はじめに ……………………………………………………………… 223
　1　洞窟遺跡から出土した海産物 ……………………………………… 224
　2　海を象徴するモノ …………………………………………………… 227
　3　縄文文化における海の役割 ………………………………………… 236
　4　今後の六つの課題 …………………………………………………… 240

あとがき 〈川崎　保〉… 249

縄文ムラをみる視点

川崎　保

1 「縄文ムラ」とは？

縄文ムラから信濃国へ

　本書は縄文時代の「ムラ」が、テーマであるが、弥生時代の「ムラ」や「クニ」、そして最終的には律令の「信濃国」というものがどのように成り立ってきたかを考古学的に解明しようという試みにつながっている。

　古代律令制やさらには近代の「国」というものもその出発点は小さな人間の集団から始まるのではなかろうかと仮定する。そしてその嚆矢とでもいえる「縄文ムラ」がどのように生まれたのだろうか考えてみる。

　2004年9月26日（日）長野県大町市で開かれた「あづみのフォーラム」シンポジウムに出席した。ここで、小林達雄氏の「公園づくりと文化財の活用」という講演があった。テーマの主題はアルプスあづみの公園の中にある埋蔵文化財をはじめとする文化財をどのように活かすかであるが、小林氏は、縄文時代の「ムラ」がどうやって発生したのか、またその意義をわかりやすく説明された[1]。また、日本列島の集落遺跡とヨーロッパの集落遺跡や都市との性格の違いの対比がなされ、私なりによく理解できた。

「縄文ムラ」

　不用意かつ故意に「縄文ムラ」という言葉を使ったが、あくまで、便宜的なものであることはいうまでもない。「村」という漢字を使わないのは、当然近代、近世さらには古代の「村」と縄文時代の集落の様相は非常にかけ離れているために、カタカナの「ムラ」ととりあえず表記する。

　縄文時代の集落論の研究は汗牛充棟。非常に多くの研究があるので、いまさらながらの感もあるが、私の場合、以下のようなイメージで「縄文ムラ」という言葉を使いたいと思う。縄文時代の（竪穴住居跡やその他の遺構、貯蔵穴や墓穴などの竪穴などからなる）集落遺跡とその周辺をとりあえず「縄文ムラ」の跡とする。日本列島の縄文時代の集落跡と考えられる大多数の遺跡には、後の弥生時代にみられるような集落を囲む区画がない。だから集落遺跡の範囲というのは、かなり大まかなものである。小林達雄氏の指摘にならっていえば、自然とあまり明確に区分されていないのが、縄文文化の特徴なのだろうか。

竪穴住居跡（居住域）、貯蔵穴、墓穴群（墓域）などの部分から「縄文ムラ」は成り立っていて、さらに、周辺に縄文人が管理しているようなクリ林など（生産域とでもいえようか）があってもこれを「縄文ムラ」の範囲として遺跡の発掘調査で認識することはなかなか難しい。よって、繰りかえしになるが、竪穴住居跡がある程度まとまっていて、これらに付属すると思われる竪穴や柱穴群がともなっている場所とその周辺を「縄文ムラ」ととりあえずしておく。

2　プレ「縄文ムラ」—定住以前—

さて、縄文時代以前の旧石器時代には、まだ定住していなかったとされていて、当然竪穴住居跡のようなはっきりした遺構はほとんどみつかっていない（もちろんテントの痕跡みたいなものはあるらしいが、定住の痕跡とはみなされていないようである）。

縄文時代も草創期あたりはやはりそれほどはっきり定住していたようではないらしいが、草創期の終わりごろの遺跡である木曽上松町お宮の森遺跡や早期前半の飯田市美女遺跡では、竪穴住居跡と考えられる楕円形ないしは少し不整形な竪穴がいくつも検出されているので、これらをもって縄文ムラの誕生といえないことはない。

ただ、地面を深く掘りくぼめて住居をつくるという旧石器時代にはあまり明確ではない行為が、発生したからといっても、そこにどの程度連続して住んでいたかは実のところ私にはよくわからない。

ただ、縄文時代の遺跡からはたいてい特定のある時期の土器しか出ないということはきわめて稀で、だいたい前後の数型式の土器が出土していることが多く（その編年が正しいとして）、おそらくある一定の時間、その場所が居住的空間として利用されたと推定する。

しかし、春から秋にかけて住んでいて、冬の間はどこか別の場所に引っ越したりしていて、翌年の春にまた戻ってくるような生活をしていたとすれば、その実態としては旧石器時代に想定されているような移動生活とあまり変わらない。

縄文時代草創期から早期あたりの竪穴住居について勉強不足なので、なんと

もいえないが、柱穴が不明確で、炉も中期などに比べると石などによって構築されていない。とうてい何年も継続して暮らしていた跡とは思えない。

　定義の問題にもよるのだろうが、定住的な住居跡や付属する遺構群をもって「縄文ムラ」とすれば、草創期から早期前半あたりは長野県の場合、プレ「縄文ムラ」という感じで私はとらえている。

3　縄文ムラの誕生

考古学的にみる定住
　さて、ではどこから本格的な「縄文ムラ」が始まったとするか。竪穴住居跡のどこからを定住的なものとみなすか…。線が引けそうで引きにくい。遺跡からある年代幅の型式の土器が出土したとしても、定期的な移動の繰りかえしの結果とも解釈が可能であって、継続して定住した決定的な証拠とはいえない。

　柱穴の規模や炉の構造などはどうだろうか。炉が石などでしっかりつくられるようになることなども一つの目安にはなると思う。本書「吊るす文化と据える文化」の三上徹也氏の研究によれば、石囲炉の形態は土器の設置方法や煮炊きの状況とも密接に関係していて、地域文化を知る上で、重要なポイントである。しかし、三上氏の説に従えば、石で炉をつくるか否かも一つの文化であって発展段階的に捉えるのはかならずしも適当でないようだ[2]。他の竪穴住居跡やその付属施設（柱穴、炉跡）の分析で明確な目安というのはなかなか難しい。

　遺跡を全体的にみてなにか「定住的」といえるような特徴を見出すことができないだろうか。住居跡群が環状や直線的になるといった空間的な「配置」がみられるというのも有力な目安だろう。中央に広場があり、周辺に竪穴住居跡が意図的に配置されるなど。これらの現象はある程度集落を構成する人間集団が継続的あるいは定住的でないと発生しないのではないか。

　キャンプをする時に、以前の人がいた場所をまた利用するとか、避けるといったことは起こるだろうが、全体としてなんらかの配置が発生するということは特筆すべきことだ。ただ、集落域全体を発掘できない場合も多いし、環状かどうかよくわからないものもある。意図的かどうかも判断の分かれるところだろう。

縄文モニュメント

　私はこの目安に「モニュメント」(記念物的建造物)(小林達雄氏のいう「ランドスケープ」も含めて)をいれてもよいのではないかと思う[3]。
　「モニュメント」(記念物的建造物)とは、要するに縄文人が気まぐれでちょっと石を並べたというような程度ではなく、ある程度の労力を費やしてつくったものである。小林氏の用語に「第二の道具」(利器ではない、人間のこころを反映させた道具)というのがあるが、第二の道具の遺構版がモニュメントだろう。
　もちろん「モニュメント」も必ずしも定住がなければできないというものではなく、季節的に縄文人が集まってつくるということも可能なので、完全な目安ではない。もっといい目安があったらご教示いただきたい。
　さて、モニュメントの起源はどこなのか。長野県内では、一般には阿久遺跡の方形柱穴列などが有名だ。縄文時代前期前葉で、集落の構造もはっきりしているので、この前期あたりの集落遺跡から「縄文ムラ」だとすれば、あまり従来の縄文集落論の流れとも違和感がないかもしれない。
　ちょうど土器も尖底から平底に変化してくる時期なので、平底土器は移動しにくく、尖底土器は移動しやすいとすれば、大ざっぱだが、土器の平底化は、定住と対応した現象だろう。
　たしかに早期と前期の変化は非常に大きいが、ただ、私は「縄文ムラ」自体はもう少し遡ると考えている。それは不完全ながら、モニュメントらしいものが早期中葉(押型文土器・細久保式段階)に大町市山の神遺跡などに出現しているからだ[4]。

山の神遺跡の石列

　山の神遺跡には「コ」字状の石列(SH28)が竪穴住居跡群のほぼ中央に位置している。南北9m東西11mをはかり、平面形はほぼ直交しているが、東西南北に正確にのってはいない。二至二分(夏至冬至春分秋分)の太陽の動き(日昇日没などの方向)と関係している可能性が指摘されるが、まだよくわかってはいない。
　山の神遺跡には、この石列SH28以外にも1mないし2m程度の直線的な石列が数基検出されていて、それが各層(山の神遺跡の遺物包含層は三層に分かれ、石列がつくられはじめたのがIV層)から検出されているので、この方向を意識し

写真1　山の神遺跡　石列SH28 (大町市教育委員会提供)

た石列が長い期間つくられていた（数年ではなく、数十年以上か）ことがいえそうである。

　よって、かなり大胆な飛躍になるが、「信州」の「縄文ムラ」は約8000年前の山の神遺跡に始まるとする。縄文時代に「信州」はないので、これまた便宜的なキャッチフレーズであるが…（年代は非較正炭素14年代）。

　しかし、早期の集落の構造や実態については、不明の点が多く、とくに長野県だけに絞ってしまえば、もっとよくわからない。まだ山の神遺跡級の規模の早期集落跡はいくつも地下に眠っているとは思うので、そうした遺跡が明らかになれば、また違った結論が出るかもしれない。

4　縄文社会のイメージ「小さいムラと大きなネットワーク」

縄文ムラのイメージ

　100軒竪穴住居跡が検出されたといっても、遺構に共伴する土器や切り合い関係などを分析すると、一時期に共存していた住居は意外と少なく10軒以下で

あることがママある。

　発掘現場の現地説明会などで竪穴住居跡1軒に実際は、何人住んでいたかという質問がよくある。一応、私は姥山貝塚の例などを挙げて4人として、せいぜい40人程度のムラであると答えている。3〜4軒という集落遺跡もあるので、10人前後の集団という可能性もあると思う。

　この多くて40人程度の集落遺跡ですべて自給自足できたのだろうか。私は、自給自足とは程遠い姿ではなかったかと考えている。たとえば漠然と縄文時代の多くの研究者が考えているように縄文土器は本当にどこの縄文ムラでもつくっていたのだろうか（あるいはつくることができたのだろうか）。全国津々浦々のあらゆる縄文ムラで焼き物を焼いていたという明白な証拠はない。

　むしろ、近年山梨県考古学協会で行ったシンポジウムの成果[5]をみると、特定の大きなムラ（土器焼きムラか）で土器を焼いて各地にもっていった可能性があるように私には思われる。

　土器以外でも、縄文時代中期の長野県の遺跡といえば、当たり前に多量に出土する打製石斧なども、善光寺平や上田盆地の遺跡の場合、近くに頁岩があってもあまり使っておらず、粘板岩が多く使われている。今のところ石材の岩石学的な産地同定はできていないが、遺跡の状況などから考えて南佐久の川上村の大深山遺跡あたりから石材をもってきているのではないかと私は推定している[6]。

　そして、黒曜石やガラス質安山岩は有名だが、その他にもヒスイやネフライトの装身具、蛇紋岩などの磨製石斧は、遠方からもたらされてことも推測されている[7]。

小さなムラと大きなネットワーク

　どうも縄文社会を一言でいえば「小さいムラと大きなネットワーク」ということであろうか。本書の柳澤亮氏の「縄文ムラを復元する」でも明らかにされたように、このネットワークは普通の縄文ムラを支えるのに必要不可欠なのである。

　縄文時代にも特定の遺跡から県レベルでみたときにその遺跡以外でのすべての出土量を凌駕するようなものが出ることがある（土偶：山梨県釈迦堂遺跡、玦状耳飾：福井県桑野遺跡、異形部分磨製石器：山の神遺跡、土製円形耳飾：飯田市

中村中平遺跡など)。こうしたことも縄文社会のネットワークを探る上での重要な手掛かりかもしれない。

こういうネットワークのうち、焼物（縄文土器）のネットワーク（流通の範囲）こそ私たちが縄文土器の型式の範囲と呼んでいるものなのではないか。

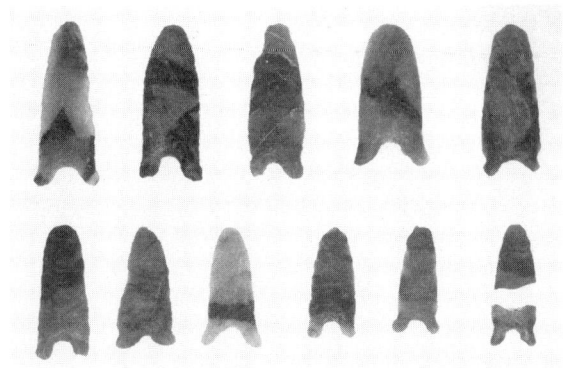

写真2　山の神遺跡の異形部分磨製石器　トロトロ石器
（大町市教育委員会蔵）

5　縄文ムラの末路

後・晩期の衰退

小さいながらもダイナミックな縄文ムラと社会が順風満帆だったかというとそうではない。

縄文時代の前期や中期には早期よりはるかにたくさんの竪穴住居跡が検出される遺跡が八ヶ岳南麓などでみつかっている。前期から中期は多少遺跡数の増減や規模の大小はあるようだが、大まかにはだんだん増えて大きくなっていくようにとらえられようか。

ところが、どう見積もっても八ヶ岳山麓では中期末、千曲川流域では後期中葉以降はどうしても遺跡の数・規模が減ってしまうことは否めない。こうした傾向は長野県だけでなく、東日本全体の傾向であることは有名である。

逆にこの縄文時代後晩期に西日本の遺跡の数や規模が大きくなることもよく知られている。渡辺誠氏はこれを東日本の文化が西日本に流入した結果だと捉えている[8]。私もおおまかにはあたっていると思う。磨消縄文土器、打製石斧、土偶などは縄文時代後晩期に東日本から西日本に伝わっていって、西日本で今度は爆発的に増えている。

西日本が繁栄する状況をここで考えるとややこしいので、衰退していく長野

県を中心とした東日本の状況を考える。

アク抜き文化の発達

私は、クリに頼っていた東日本の縄文文化や社会は、クリが寒冷化などで採れなくなり大打撃を受けたのではないかというモデルを考えたことがある。(この場合食べ物はクリでなくてもよくて、いずれにせよ気候の変動で大打撃を受けた縄文の食べ物があったと想定)。

その後、従来は個別に細々と行っていたドングリのアク抜きなどを組織的に設備などをつくって行うようになった(中野市栗林遺跡の縄文時代後期の貯蔵穴と水さらし遺構。それにしてもクリバヤシ遺跡。地名も意味深長。縄文時代以来の呼称ではないと思われるが…)。

本書「飾られない縄文土器」の百瀬新治氏の研究成果も近い内容である[9]。百瀬氏によると以下のとおりである。

昭和48年長野市大清水遺跡を調査した百瀬氏らはおどろいた。当時、縄文時代の遺跡といえば水はけのよい台地上にあるイメージがあったが、大清水遺跡は北向きの湧水地点にあった。さらに出土した縄文土器の大半は無文の粗製土器。当時、百瀬氏は縄文農耕論に関係すると考えた[10]。しかし、今にしてみると、多量の無文粗製土器と湧水地点は関係していて、栗林遺跡のようにアク抜きを大規模に行っていた証拠ではないかと百瀬氏は推測する。

私もほぼ賛成である。またオオシミズなんていう地名もこれまた意味深長である。

ただ、長野県の遺跡の消長を中心にみた場合、縄文時代後晩期の中では、中期のように遺跡が増えることはなかった。アク抜きや狩猟、漁撈である程度はもち直していたようだが、「中期の栄光」は甦らなかった。縄文後晩期の低調さは、長野県の場合、弥生時代前期や中期前半まで続いたと思われる。縄文から弥生への変化以上に、弥生時代中期後半(栗林式)あたりの変化がとてつもなく大きかったように感じられるほどである。

また、仮に縄文の「クニ」というようなものが存在していても、それは、ちょうど小林達雄氏が提唱するような、今私たちが自分の故郷(ふるさと)を「クニ」と呼ぶようなものであって、弥生時代のような政治的領域である「国」のようなものではないだろう。

6 文化の伝播と人間の移住・移動

縄文と弥生の断絶

 2004年に「遺跡探訪」という長野県立歴史館の考古学講座のバスツアーで糸魚川市のフォッサマグナミュージアムを見学して、学芸員の方の解説をお聞きした。「ヒスイの分布は、縄文時代は東日本が中心で、弥生時代になると西日本が中心になる。普通縄文から弥生へなんて連続的にいいますけど、ヒスイの分布からみると、本当にガラッと変わっている。民族が違うのじゃないかなと思うくらいです。」

 なるほど、私たち考古学者はついつい微視的にみるものだから、縄文時代と弥生時代の連続性ばかりに気がとられがちである（私などは、根っから国粋主義的というのもあるかもしれないが、どうしても遠古より「日本人」というものがあったという気がしてしまう）。

 しかし、やはり縄文時代から弥生時代の変化は劇的であったことはいうまでもない。たとえば、縄文時代中期のムラが、弥生時代の集落遺跡として連続していることは、皆無に等しい。縄文ムラの上に、古代のムラがみつかることはあるのに…。長野県内における縄文ムラと弥生ムラの断絶は、少し長い目でみるとわかりやすい。稲作文化の導入云々とは無関係に縄文時代後期以降、長野県内の遺跡は減っていった。

文化の伝播と移住・移動

 遺跡の数即人口の反映ではないという考えもあるが、大まかには人口とかかわりがあるだろう。やはり人口が減ったと思う。とすると、なぜか。

 その一つは、寒冷化にともなう移住・移動だと思う（あるいは死に絶えたか）。前述したような東日本から西日本へ文化的な伝播があったとする説が注目される。渡辺誠氏は、それ以上いってはいないが、文化的な影響というものが、人間の移動がまったくなく起きたとは考えにくい。

 実は、本稿を執筆する前に、その主旨を山田しょう氏にメールで相談していたのだが、山田氏が外国に滞在されていて、日本語のメールを読むことができない環境ということで、主旨を英文にして、山田氏に送り意見していただいて

いた。すると、私の文章の中の「文化の伝播」を山田氏は前後の文脈から「人間の移住（emigration）」ではないかと指摘された。私にとってまさに、目から鱗である。ついつい、日本考古学のもってまわったいいまわしが前提の中でいると、「文化の伝播」でなんとなく、説明したような気持ちでいるのだが、この東日本から西日本の変化にも移住・移動があったかどうかを何故検討してこなかったのだろうか。少なくとも縄文時代にも人間集団の移住・移動の問題を検討しなくてはいけないことに気がついた。後期の東日本と西日本の遺跡の増減は、当時の人間集団がより温暖な地方へ大量に移動したことを意味しているのか。

いずれにせよ、おそらくいったん減った人口は簡単には回復しなかった。西日本で水田稲作が本格的に始まり、東日本にも稲作文化自体は伝播しても、即長野県内で、爆発的に遺跡数が増えてはいない。

考古資料からみた移住

ここで、ちょっと脱線して（文化的な）「影響」とか「伝播」という語句を考えてみたい。なんとなく分かったような気がするが、いったいその実態はどういうものなのか。

たとえば、土器型式の研究では、〇〇地方の土器型式が、××地方の土器型式に影響を与えたと説明されても、それが即人間やその集団の移住と単純に結びつけられてはいない。水沢教子氏の研究でも明らかなように、いろいろなパターンが考えられ、必ずしも人間の移住ばかりとはいえないケースもあるようだ[11]。ただし、当然のことながら水沢氏は土器型式の変化が人間の移住によるものではないと、すべてを否定しているわけではない。本書「土器をつくる女、土器をはこぶ男」に紹介されるように、土器型式の変化が人間（集団）の移動・移住に起因するケースも想定している。ただ、それが、特定の土器焼きの「職人」的な人が季節的に動いていたのか、人間やさらには集団が移住して、土器焼きの技術を伝えたのかではたいぶ意味が異なってくる。

このあたり具体的に考古学的な事象と人間の移動・移住を結びつけることが、できたらおもしろい。移動や移住の問題を土器型式の型式学的な属性だけで解決することは難しい。本書「柄鏡形敷石住居の出現と環状集落の終焉」の本橋恵美子氏による敷石住居跡の研究のような遺構や遺跡の研究（敷石住居跡

の問題は、東日本の中で収斂してしまうようだが）は、いろいろと示唆する点が多い(12)。

　さて、長野県などの縄文時代後期以降の遺跡が減少したことを、仮に移住・移動によると説明すれば、それは、長野県だけにとどまらず汎日本列島的な問題である。

　たしかに、それに対応するように東日本から西日本へ広がったようにみえる文化的な要素がある。縄文時代中期に東日本に流行していたが、後期中葉以降に西日本で流行る遺物としては、打製石斧、有茎石鏃、土偶などがあり、遺構としては埋設土器などがある。この他磨消縄文なども東北日本で発生して、徐々に西へ広がった技術といえよう。これらの文化的な広がりは、当然人間の移動・移住なしには考えられないと私は思うのだが、漠然と東日本から西日本へとはいえそうでも、具体的にどんなルートで移住・移動が行われたかというモデルを提示する必要があろう。

縄文文化と日本

　そして、本書の最後「海にあこがれた信州の縄文文化」で、縄文時代の汎日本列島的なネットワークの広がりの意味するものを「縄文ムラ」の中から考えたい。網野善彦氏の『日本論の視座』の指摘することを考えれば、私たちはもはや無前提に「縄文時代の日本」という概念に安住はできない。しかし、考古学者の大半は、日本列島をほぼ範囲とする「縄文文化」がおぼろげながら存在しそうだということにも気がついている。では、その意味するものは、何なのか。

　そもそも縄文文化（かつては縄文「式」文化）という範囲については、時間的なものに論議が集中してきた。旧石器時代（先土器時代）との区分、あるいは弥生時代との区分である。そこには、無意識に日本列島が地理的にできてからは、日本列島固有の文化が発達したはずだという思いが、現代日本考古学者には多かれ少なかれあった。

　しかし、少し冷静に考えてみれば、弥生文化や古墳文化が定義の仕方にもよるのだが、戦後日本の版図とは必ずしも一致していない。なぜか、縄文文化の地理的範疇は、戦後日本の版図とほぼ一致している（ことになっている）。

　今や私たちは、いわゆる縄文時代に、日本列島のなかに動物地理学でいうよ

うな「ブラキストン線」があり、ちょうど弥生文化と恵山文化のような形で対峙していた可能性を検討しなくては、いけない時期に来ている（とくに津軽海峡だけを意識しているのではない。それは、本州島と九州島の間かもしれないし、フォッサマグナあたりかもしれない。それとも複数に分かれるのかもしれない）。

よく海外に日本列島の縄文文化は多様だと紹介されるが、西田泰民氏が指摘するように[13]本来異なった文化を無理矢理ひとくくりにしていることはないのか。本当に日本列島をまとまりとする縄文文化というものが存在するのだろうか。ここで、それを解決することを目的とはしていない。しかし、もし仮に日本列島を覆うような縄文のネットワーク、縄文文化が存在するのなら、その媒介は、日本列島をめぐる海であろう。いわゆる縄文文化が栄えたとされる中央高地にも縄文遺跡から海の文化を色濃く見出すことができる。それを本書の最後で簡単にまとめてみたい。

縄文ムラから弥生ムラへ

以上、主に縄文ムラを巡る諸問題にアプローチし、弥生時代以降の問題には触れる紙幅がないので、今後の課題としたいが、とにかくなんらかの理由で長野県など中央高地では、縄文ムラは著しく減少したことは間違いない。その後、遺跡の数だけいえば、晩期や弥生前期もきわめて少ない状況が続いている。

長野県において、縄文晩期と弥生前期は、集落遺跡は連続的なのか、非連続的なのかは、資料が少ないこともあり、難しいが、私が長野県内の縄文時代晩期や弥生時代前期相当の遺物をみると、土器の多くはどうみても、自分が知っている西日本の甕形土器というよりは、縄文時代晩期の深鉢形土器的であり、石器は大型の打製石斧（石鍬）などの打製石器が多くみられるなど縄文時代晩期的な様相が続くようにと、その連続性に目がいってしまう。しかし、もう少し長いスパン、たとえば縄文時代中期と弥生時代中期後半を比較すれば、冒頭の学芸員さんの言葉ではないが、民族が変わってしまったというくらいの変動の方にも着目したい。

なお、本稿は株式会社アルカのホームページに公開されているアルカ考古学セミナー『国境のない考古学』第2回『縄文ムラの考古学』（2004年11月1日）をもとに再編集したものである。

註

（1）小林達雄 2005 「公園づくりと文化財の保護―山の神遺跡の意味と再生―」『フォーラムあづみの記録集　国営アルプスあづみの公園づくりと文化財の活用』長野県埋蔵文化財センター
（2）三上徹也 1995 「土器利用炉の分類とその意義―縄文時代における、吊す文化と据える文化の想定―」『長野県立歴史館研究紀要』1
（3）小林達雄編 2005 『縄文ランドスケープ』Um Promotion
（4）長野県埋蔵文化財センター 2003 『山の神遺跡発掘調査報告書』
（5）山梨県考古学協会 2002 『研究集会　土器から探る縄文社会』
（6）川崎　保 1998 「東信地方の打製石斧石材について―縄文時代の石器石材の一様相―」『長野県埋蔵文化財センター紀要』6号
（7）川崎　保 2004 「縄文時代軟玉製品の起源と展開（予察）」『玉文化研究』1号
（8）渡辺　誠 1984 『縄文時代の植物食』雄山閣
　　渡辺　誠 1985 「西北九州の縄文時代漁撈文化」『列島の文化史』2号　日本エディタースクール
（9）百瀬新治「飾られない縄文土器」2002『長野県立歴史館第4回考古学講座資料』2002年9月25日
（10）百瀬新治 1981 「縄文後・晩期の無文土器―長野市大清水遺跡出土土器の基礎分析を中心として―」『信濃』33巻4号
（11）水沢教子 1992 「縄文社会復元の手続きとしての胎土分析―その研究史を概観して―」『信濃』44巻4号
（12）本橋恵美子 2003 「縄文時代中期後葉の住居構造の分析―浅間山麓周辺における柄鏡形住居の発生について―」『長野県考古学会誌』103・104号
（13）西田泰民 2000 「縄文時代と東アジア」『デジタルミュージアム 2000』東京大学総合研究博物館

吊るす文化と据える文化
――縄文時代における土器利用炉の分類とその意義――

三上　徹也

はじめに

「炉」は、縄文時代住居のそのほぼ中央に、調理・暖房といった、居住生活に不可欠な施設として存在する。そうした物理的な機能面のほかにも、縄文時代研究においては、その重要性に比してきわめて困難な課題である家族論研究にも示唆的な側面をもつ。塚田光の「縄文時代の共同体」[1]に先鞭をみる。屋内炉のない縄文時代早期は「家族を欠如する血縁共同体」で、家を単位とする家族の成立を否定し、炉が屋内に入る前期以降小家族を包む家が独立する、という考えである。縄文時代前期以降の住居はいずれも炉をもち、そこには「食」を中心とする独立した消費単位の予測が可能で、具体的には世帯または核家族の存在を導く、とする。

炉はこのように、縄文社会を知るうえできわめて重要な鍵を握りながら、しかしその研究の貧困性は先にも指摘した[2]。そこでは、同一地域の同一時期にあっても、炉の形態的バラエティーが認められる点に着目し、炉の物理的機能差を基盤とするであろう形態差の存在は、住居機能差を導き、ひいては居住システム論の解明へとつながる可能性を示唆した。その際には共同体的視点を重視し、炉のもつ本質的かつ具体的な機能差については指摘にとどめ、詳しく触れることができなかった。本稿ではその点に焦点を絞りつつ、若干の考察を加えたい。

1 土器利用炉分析の目的と方法

なぜ土器利用炉か？

炉には、一般的に次のような形態が知られる。地床炉、石囲炉、埋甕炉、石囲埋甕炉、埋甕石囲炉[3]などである。これらのなかで、ここで扱う土器利用炉とは、土器を再利用品として炉に使ったり、またはその一部に組み込んだ炉を指す。この土器利用炉に特に注目した理由は、炉に土器という要素も加わることにより、情報量がより豊かになることにある。土器によって、炉の時期が正確に特定できること。炉の大きさを詳細に測定できること、などの情報資源と

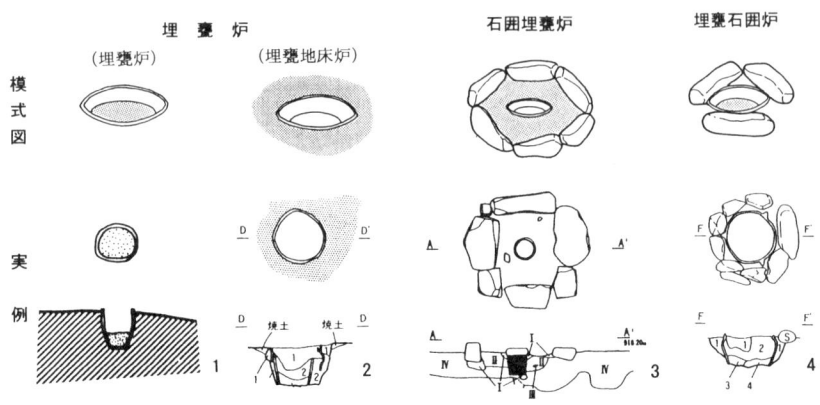

図1　土器利用炉の分類

なる。地域により、時期により、土器を利用した炉の割合が炉全体からすると少ない場合もあるが、地域間の傾向を知るうえで支障はないと判断し、土器利用炉に限定して分析を進める[4]。

本論の具体的な目的は、土器利用炉を通じて炉の使用方法を探る点と、そこに時間的・地域的な特色があるのかを知る点にある。地域的には長野県の中・南部から山梨県、関東地方中・南部地域を対象とした。時期的には土器利用炉の盛んとなる中期初頭から、それが下火となる中期後葉前半までを対象とした。分類・分析の前提とした炉の種類、時期の設定、空間の分割を以下のように行う。

土器利用炉の種類

土器利用炉は大きく3分類できる。

・埋　甕　炉－浅く掘り窪めた地面に使い古した土器を埋めただけの炉。
（図1-1・2）これも厳密に観察すると、2形態がある。一つは、土器の内側に焼土が残り、回りにはほとんどみられないもの（図1-1）。もう一つは、その逆で内側にはほとんど焼土がなく、外側に顕著であるもの（図1-2）である。この二者は炉の使われ方の違いをあらわすと考えるが、報告書からは厳密に読み取れない場合が多い。したがって、今回はとりあえず同一として扱った。この点については後段において再度触

れる。

- 石囲埋甕炉－埋甕炉の回りに石を配列した炉。石と土器の間に空間のあ
  （図1-3）　ることを特徴とする。
- 埋甕石囲炉－埋甕炉の回りに石を密着して配列した炉。石と土器の間に
  （図1-4）　隙間がないことを特徴とし、この点で石囲埋甕炉ともっと
  　　　　　も異なる。

以上の炉に使用された土器の大きさと、炉形態との相関性については、特に問題としたい。

時間の設定

時間軸の設定は次のように行う。

- ①期－中期初頭（梨久保式期）
- ②期－狢沢・新道式期
- ③期－藤内式期
- ④期－井戸尻式前半期
- ⑤期－井戸尻式後半期
- ⑥期－曽利Ⅰ～Ⅱ式期
- ⑦期－曽利Ⅲ式期

空間の分割

対象とした地域は、関東中部圏のなかでも、長野県南部から、甲府盆地、東京都・千葉県西部・埼玉県・群馬県・神奈川県とした。土器型式で勝坂式、または、曽利式・加曽利E式土器の中核的な分布地域と考えられる範囲である。

なお、本稿中では該当地域を図2のように分割し、次のような分割地域名称およびその略記号を用いる。A＝伊那盆地地域、B＝諏訪盆地～八ヶ岳西麓地域、C＝甲府盆地地域、D＝千曲川水系上流地域、E＝群馬県地域、F＝埼玉県地域、G＝東京山麓部地域[5]、H＝神奈川県地域、I＝東京平野部地域、J＝千葉県地域、である。

以上の前提に基づき、炉形態の地域ごとの変遷、またその変化や違いについて、まず以下に概観する。

図 2　地域区分図

2　炉形態の変遷（図 3 および文末付表参照）

　各地域の典型的な炉形態を図 3 に、炉の形態別利用土器の法量を図 4 に示した。また、炉形態の地域的特性を、一目でわかりやすいよう、きわめて概念的にではあるが図 5 に示した。これらの図にしたがって各地域の状況を述べたい。

A　伊那盆地地域

　①期 − 土器利用炉の大半が埋甕炉。土器の大きさは径10〜30cm、高さ10〜20cm前後。

　②期 − やはり埋甕炉。土器の大きさも径10〜40cm、高さ10〜30cmと、①期とほぼ同じ。

　③期 − 埋甕炉は激減し、埋甕石囲炉が生まれ主流となる。埋甕石囲炉の土器の大きさは径が25cm以上である。

　④期 − 大きく変化する。埋甕炉はなくなる。石囲埋甕炉が出現し、埋甕石囲炉とその比率を相半ばする。この 2 形態の炉に用いられる土器の

大きさには、きわめて強い相関性を認める。埋甕石囲炉には径20cm以上の土器が、石囲埋甕炉には径20cm以下のものが、と限定された大きさがそれぞれ選択されるのである。この関係には、特に注目したい。

⑤期－埋甕石囲炉も姿を消し、石囲埋甕炉が定着する。土器はやはり径20cm前後以下と、④期の観察の通り。

⑥期－石囲埋甕炉が完全主流で、若干2～3例を除いて、利用される土器の径は20cm以下である。

⑦期－土器利用炉はなくなる。

B　諏訪盆地～八ヶ岳西麓地域

①期－埋甕炉のみ。土器の大きさも径10～30cm、高さ10～20cm前後と、伊那盆地と共通。

②期－やはり埋甕炉のみで、大きさにも変化はない。

③・④期－③期に若干残るものの、土器利用炉はほとんど認められない。

⑤期－石囲埋甕炉があらわれる。その土器はやはり径20cm以下。

⑥期－石囲埋甕炉が主流となる。土器はやはり径20cm以下。

⑦期－土器利用炉はなくなる。

C　甲府盆地周辺地域

①期－先の地域と同じく埋甕炉のみで、大きさも前地域とほぼ同様といえる。

②期－やはり埋甕炉で、土器は径20～40cm、高さ10～30cmとやや大きめといえる。

③・④期－B地域同様、土器利用炉はほとんどみられない。

⑤期－埋甕炉は例外的に残るが、埋甕石囲炉が出現して主流となる。径はいずれも25cm以上と大きい。

⑥期－同じく埋甕石囲炉が占める。土器の径はやはり25cm以上。

D　千曲川水系上流地域

⑥期－本地域の土器利用炉はこの時期に限られ、かつ石囲埋甕炉に限られる。その土器の径はやはり20cm以下。

E　群馬県地域

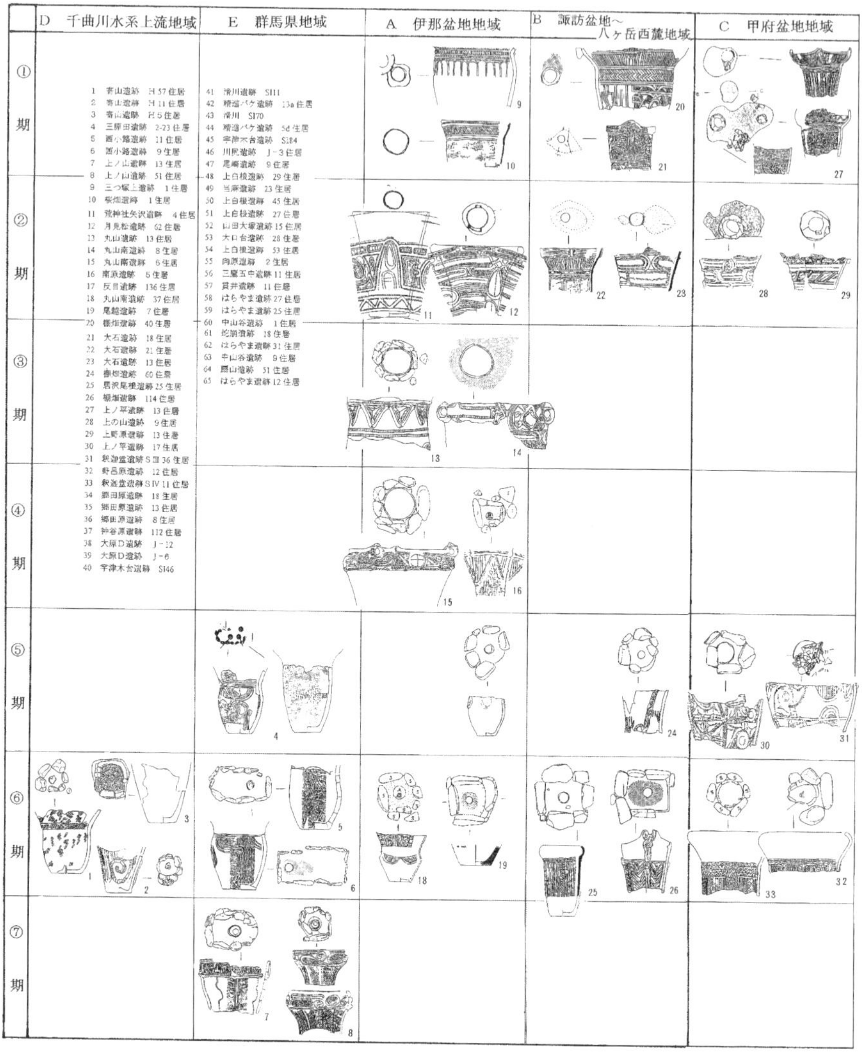

28　吊るす文化と据える文化

図3-1　土器利用炉変遷概念図(1)

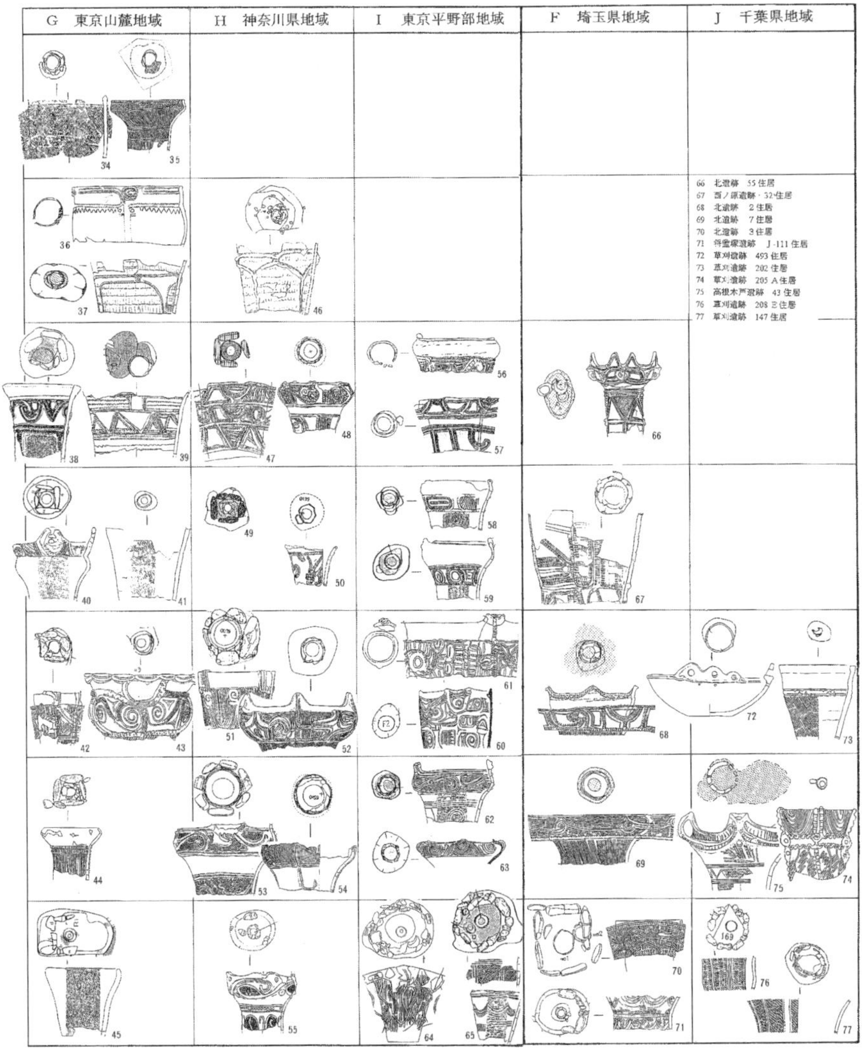

2 炉形態の変遷 29

図3-2 土器利用炉変遷概念図(2)

30 吊るす文化と据える文化

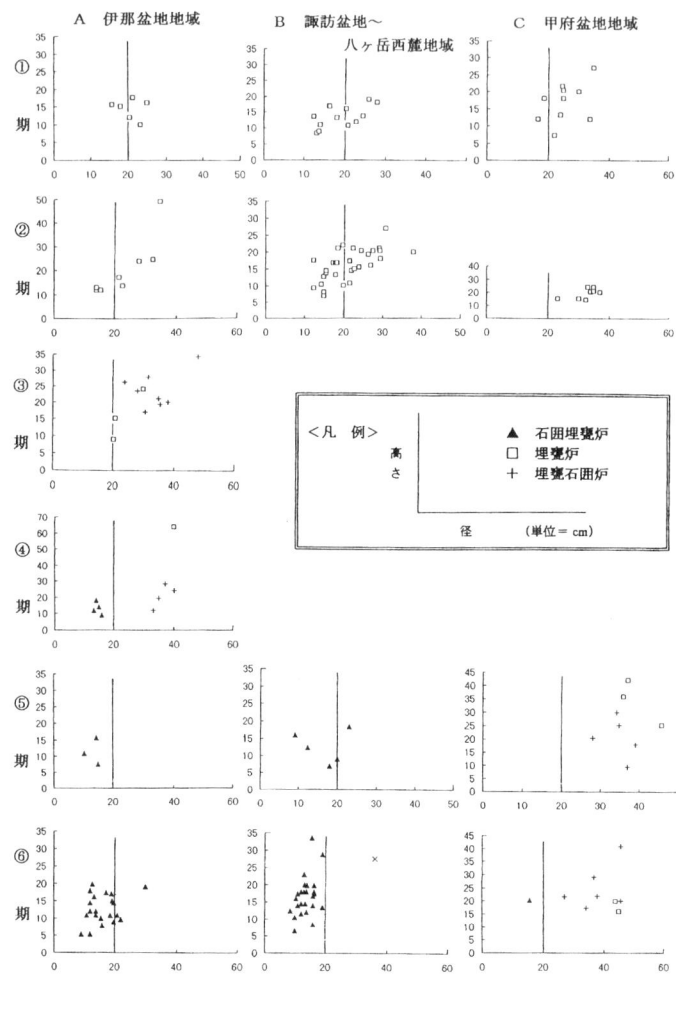

図4-1 炉形態別利用土器法量の地域別変遷図(1)

2 炉形態の変遷 31

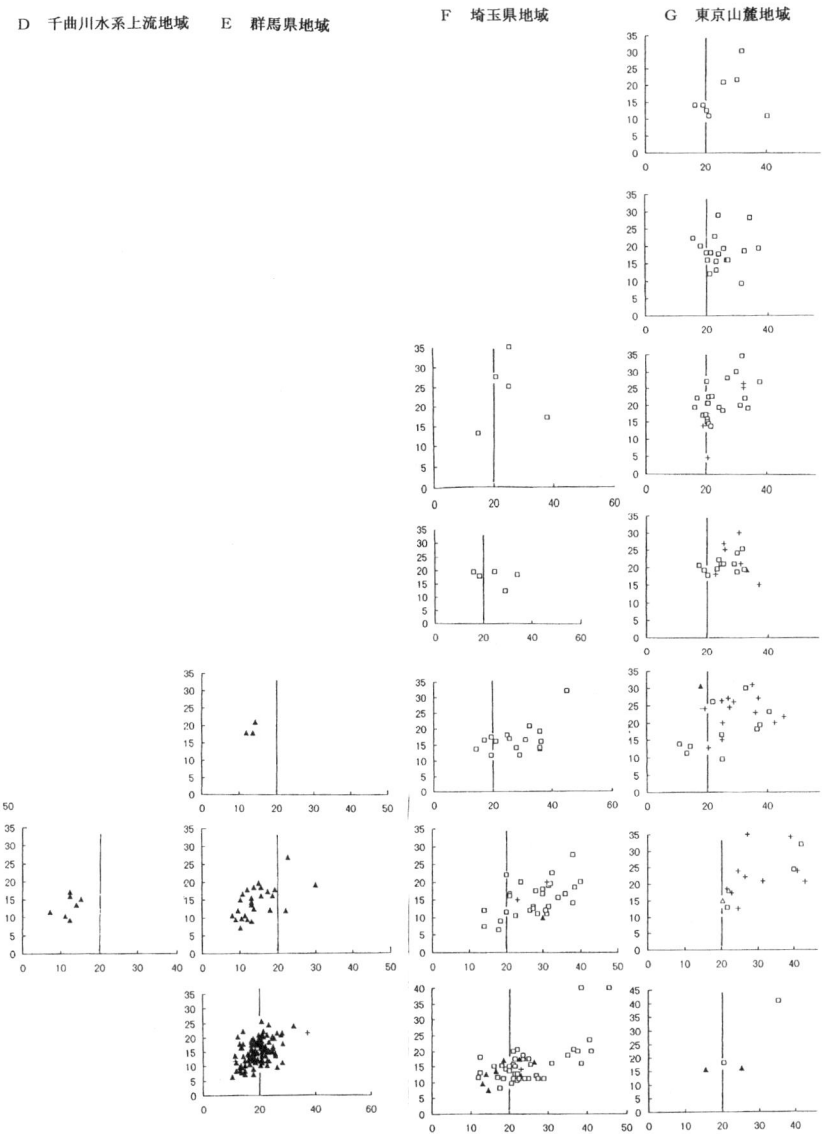

図4-2 炉形態別利用土器法量の地域別変遷図(2)

32 吊るす文化と据える文化

H 神奈川県地域　　I 東京平野部地域　　J 千葉県地域

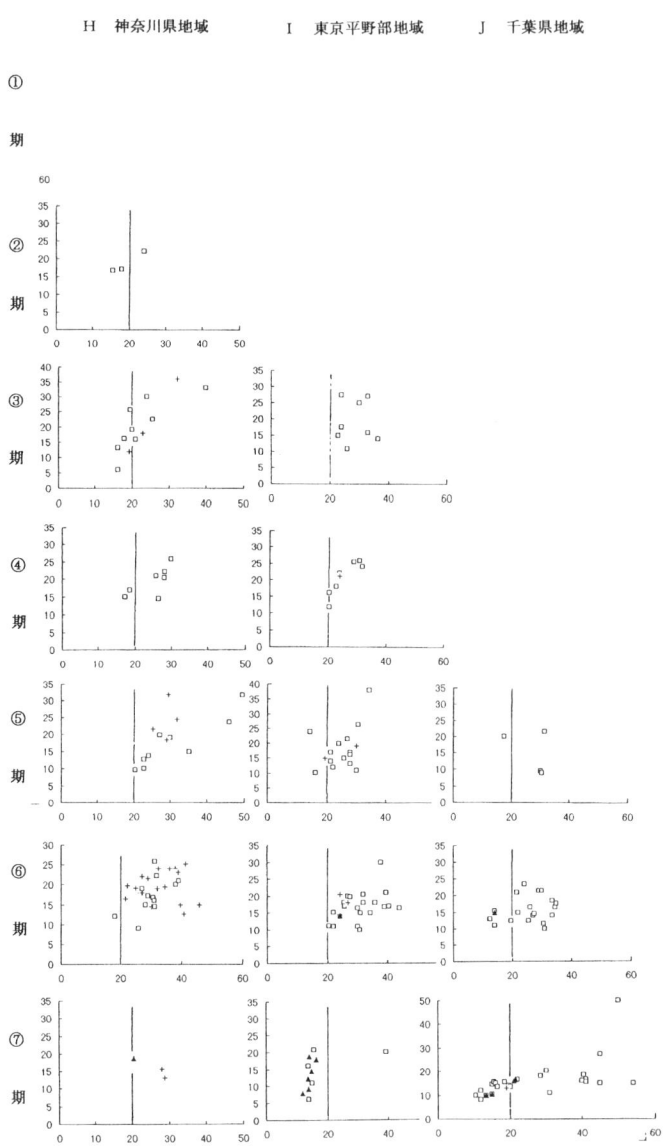

図4-3　炉形態別利用土器法量の地域別変遷図(3)

	A地域 伊那	B地域 諏訪	C地域 甲府	D地域 千曲	E地域 群馬	F地域 埼玉	G地域 東京山	H地域 神奈川	I地域 東京平	J地域 千葉
①期	□	□	□			□				
②期	□	□	□				□	□		
③期	□+	□	□			□	□+	□+	□	
④期	▲+					□	□+	□	□	
⑤期	▲	▲	□+		▲	□	□+	□+	□	□
⑥期	▲	▲	□+	▲	▲	□	□+	□+	□	□
⑦期					▲	□▲	□▲	▲+	□▲	□▲

□－埋甕炉　▲－石囲埋甕炉　＋－埋甕石囲炉

図5　炉形態と地域との関係

⑤期－この時期に石囲埋甕炉が出現する。土器の径はやはり径20cm以下。

⑥期－石囲埋甕炉の主流継続。土器の径はやはり径20cm以下を圧倒的とする。

⑦期－石囲埋甕炉の主流継続はかわらないが、ただし、20cm以上の径をもつ土器の利用も多く、例外的といえるが、その背景については註(15)で若干触れた。

F　埼玉県地域

③～⑦期－圧倒的な埋甕炉主体地域で、利用される土器の径はいずれも20～40cmである。

G　東京山麓地域

①～④期－埋甕炉が圧倒的である。③期に若干の埋甕石囲炉が出現するが、その埋甕石囲炉に利用される土器の径は20cm以上である。

⑤期－埋甕炉と埋甕石囲炉の比率を相半ばする。埋甕石囲炉に利用される土器の径は20cm以上である。

⑥期－埋甕石囲炉を主流とする。利用される土器の大きさは同様である。

⑦期－埋甕石囲炉も少なくなり、土器利用炉自体、消滅したといえるほどに減少する。

H　神奈川県地域

②～④期－ほぼ埋甕炉のみといえる。

⑤期－埋甕炉主体に若干の埋甕石囲炉を交える。

⑥期－隣接する東京山麓地域に一時期遅れるかのように、埋甕炉と埋甕石囲炉の比率を相半ばする。埋甕石囲炉に利用される土器の径は20cm

以上である。

⑦期－埋甕石囲炉も激減する。東京山麓地域同様、土器利用炉自体消滅の傾向を示す。

I　東京平野部地域

③〜⑥期－埋甕炉が大半を占める。土器は径20cm以上を主流とする。

⑦期－様相が大きく変わる。それまでほとんど無かった石囲埋甕炉が出現して埋甕炉と相半ばする。同時に土器の径も20cm以下と従来とまったく逆転させる、という極端な変化を示す。

J　千葉県地域

⑤〜⑦期－この地域の主流は埋甕炉であるが、⑦期にわずかに石囲埋甕炉を交える。

10地域について概観した。以上から2点の所見を指摘できる。第1点は、炉の形態と土器、特にその径の大小にきわめて緊密な相関関係を認めること。第2点は、炉形態の採用は、とくに③期以降地域性が顕現すること。この2点について次に考察を加えたい。

3　炉形態と土器の相関とその意義

(1) 土器利用炉の形態と煮沸方法

吊るす使用法と、据える使用法の想定

炉形態と土器の、特に径との関係は、次のように整理できる。①・②期の主流であった埋甕炉に使用された土器は、その径が10cmから40cmと大きな幅を認める。石囲埋甕炉に使用された土器は、いずれも径20cm以下に限られた。逆に埋甕石囲炉の土器は径20cm以上が選択された。このように石囲埋甕炉と埋甕石囲炉とでは、きわめて対照的な数値を示す。この点を重視し、石囲埋甕炉と埋甕石囲炉に、具体的な使用法を探ってみたい。

石囲埋甕炉に使用された土器は、径20cm以下で平均値は約15cmとなる。土器は若干例を除いて炉内のほぼ中央に埋設され、石との間には空間を生む。ここでの煮沸方法は図6のように中央に煮炊きの土器を据え、その回りに薪を置

く、と想定できる。その際、埋められた土器の機能は、かつては「火種入れ」などと考えられたこともあったが、図7の長野県棚畑・判ノ木山東遺跡例を代表に観察できる、土器内部に焼土のない点は、ここに火種を入れた可能性に否定的である。この中には火以外のものが入れられたか、置かれたのである。中央という位置から、またその大きさからしても、煮沸する土器の底部を入れ子状に入れ、安定

図6　炉の使われ方の一例
（児玉幸多総監修、あおむら純漫画『まんが日本の歴史』1　小学館版　1991より）

的に据える機能を担っていたものと考えたい。回りに火を置くスペースをできるだけ広く確保するため、底部だけが入り、底が安定すれば足りる大きさとして20cm以下の土器部位が選択されたのである。

　埋甕石囲炉に使用された土器は、石囲埋甕炉とは逆に径20cm以上で、平均値では約35cm、高さ（深さ）も平均値で約23cmあり、比較的大きめの土器を採用している。しかし、土器と回りの石は接しているため、炉としての機能面積は、この土器の径の範囲に限られる。ということは、この土器の中に、煮沸するための土器を入れると、23cm前後の深さでは、煮沸する土器の胴部最大径あたりまでスッポリ入ってしまい、すでに回りには薪を入れるスペースはほとんど残されていないことになる。つまり土器で煮沸するためには、先の石囲埋甕炉と同じ要領では機能を果たさないことになる。ではどのような方法が、この炉での煮沸を可能とするのであろうか。唯一の可能性は炉の中にオキ火を入れ、土器を上から吊るして煮沸する方法ではあるまいか。

　あくまでも仮説として詳しくは後述するが、炉形態の違いは、使われていた土器の法量からして、以上のような使用方法の違いに由来する、という仮説を導きたい。

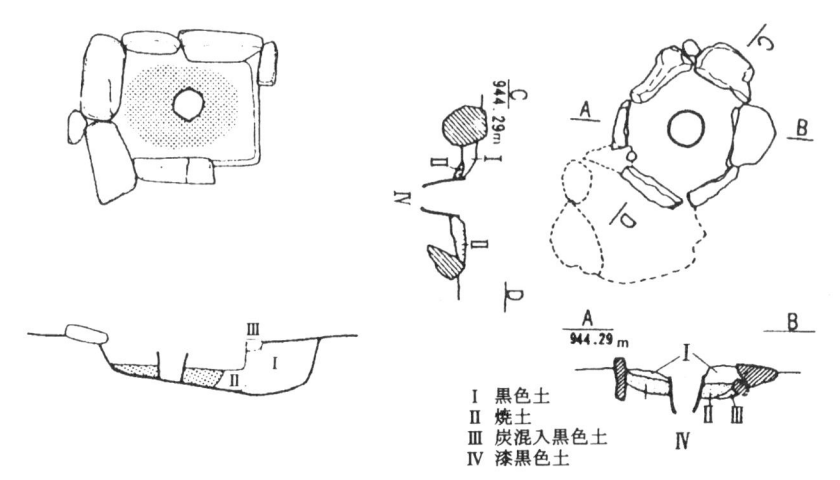

図7　石囲埋甕炉　左：棚畑遺跡　右：判ノ木山東遺跡

I　黒色土
II　焼土
III　炭混入黒色土
IV　漆黒色土

埋甕炉の二つの様相

さてこのことは、先に埋甕炉に二つの様相があるとした点とも微妙に関連する。その二つとは、埋甕炉の内側に焼土の認められるものと、外側に認められるものとである。内側に焼土のあるものは、火が埋設された土器の内側にあったことを示す。とすると、煮沸用土器は埋設された土器の内部にあったのではなく、上から吊るして使用されたのではないだろうか。一方、外側に焼土の残る場合は、埋設された土器の外に火が置かれていたことを示す。したがって、煮沸する土器は、埋められた土器の内側に入れ子状に据えられていたのであろう。

埋甕炉の径に10cmから40cmに及ぶ幅が認められたのは、実はこうした使用方法の違いに基づく二者を同時に扱ったことによるものと考えたい。この観察が厳密になされたならば、埋甕炉も、焼土が内側にあるものを埋甕炉（図1-1）、外側にあるものを埋甕地床炉（図1-2）として区別すべきであろう。

土器利用炉の種類・形態の違いは、それが煮沸する土器を、据える・吊るす、という使用方法の別に起因してつくられたのではないかという仮説を提示した。次に、この仮説でもっとも問題となり、かつ現在までほとんど考察されることのなかった煮沸形態である「吊るす」、という点の可能性を探る。

(2) 吊るす方法の可能性

果たして「吊るす」使用が可能であったか。紐などで吊るした場合の燃焼の危惧も含め、吊るされた可能性について、以下3点の視点に沿って考える。第1点目は土器の器形および文様にみられる吊るし紐存在の想定、第2点目は煮沸実験によるオキ火使用の有効性と蓋然性、第3点目は土器の器形分化からの想定、である。

土器の器形および文様にみられる吊るし紐存在の想定

土器にかける紐の位置を想定すると、土器の胴部には火を受けるため、口縁部分が望ましい。実態として、その紐が土器に掛かった状態で残った例はないので、現段階では状況証拠からの可能性の推測にとどまらざるを得ない。

小林達雄は土器が出現した時期の形や装飾は、それ以前に存在した編み籠や、獣皮袋をイメージしたものではないかと説明した[6]。爪形文は籠の編み目を、豆粒文は獣皮袋を綴じ合わせた紐が、表面に出ては隠れる縫い目を彷彿させる、との推測である。土器という容器にかかわるある事象が、その文様に転化すること自体は、あながち否定できない。それが草創期以降の土器に存在しても不思議はない。

そうした観点で改めて中期の土器に注目してみた。新道式土器の口縁部文様帯にある重三角文とよばれるモチーフは、口縁にかけた紐を想起させるのである。図8に使用法を想定してみた。深鉢形土器の口縁部はキャリパー状に膨らんでおり、まさに紐を掛けて抜けにくい形状となる。上下2本の紐を、波状に

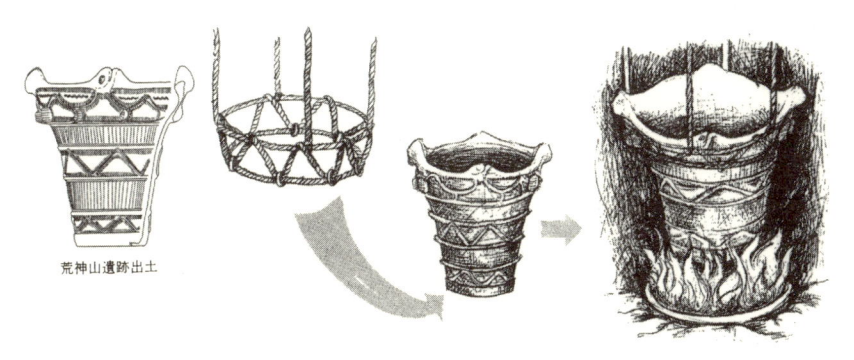

荒神山遺跡出土

図8 吊るす使用法の想定図（谷奈津子氏作成図ほか）

もう1本の紐で結ぶ。その結び目も肉厚に、リアルに表現されているかのようである。そして、4本の紐でそれを吊るしたのであろう。口縁部の四単位の突起が物語る。こうした事例から逆に、土器論的には文様帯と器形の密接な相関や意義についての示唆が得られるとも考える(7)。

「吊るし紐」の存在を知る手がかりは、現状ではこの一点に限られる。

煮沸実験によるオキ火使用の有効性について

吊るし紐について、前述の想定が許されても、火が大きければやはり紐の燃焼に不安が残る。このことについて、煮沸実験が興味深い事例を紹介する。小林正史によると(8)、「外面のスス付着は大きな炎による加熱を反映するのに対し、スス消失部はオキによりトロトロじっくり炊きあげる加熱を反映する」。縄文土器の外面には顕著なスス付着痕は認められず、こうした点から縄文土器には「顕著なスス消失を形成しやすいオキを重視した加熱方法」を想定し、弥生土器に「炎が主体の加熱方法へ変化」した可能性を説く。有機質の吊るし紐であっても、炎による加熱でなければ紐の焦げる確率は小さく、炎から遠い口縁部であればいっそうその心配は軽減する。オキ火使用の想定は、「吊るす」可能性・蓋然性を一段と高める。

土器の器形分化からの想定

かつて筆者が縄文時代中期中葉の土器を分析した際、中部地方と西関東地方とで、後半の時期に向かうにつれて、図9のように、土器の器種構成に違いを大きくする傾向を指摘した(9)。その中でも特に「H」とした器形に注目したい。これは口縁部に四つの大型把手をもつことを特徴とする器形で、八ヶ岳周辺にはほとんどないものの、甲府盆地から西関東地方にかけての、勝坂式終末期の遺跡からは一般的に出土する、ことを特性とする。かつてこのタイプの土器は、器形自体や豪華にみえる装飾から、特別視される傾向の強い一群であった。しかし、最近の次のような観察所見は、従来の認識に若干の変更を促す。

まず、出土例が多いこと。次に、コゲやススなどの使用痕が「底部屈折部以下にススが付着」(10)と認められるなど、一般の深鉢形土器との同質性を強調する（図9）。ということは、この大型把手は器と中身を支えるため、また紐を火からよけるための、より効果的な機能を生む実用的形態、という仮説を可能とする。

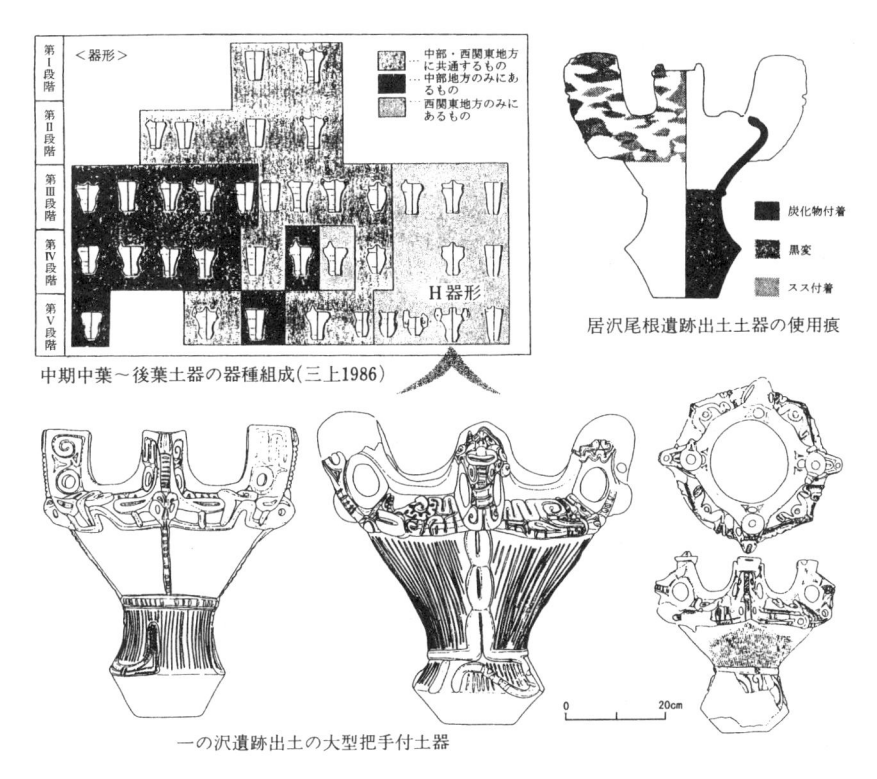

図9 大型把手付土器とその使用法

　この際、頭でっかちの不安定性も、据える使用には大きな支障といえるが、吊るしてしまえば問題ない。図10の山梨県釈迦堂遺跡群の野呂原遺跡19号住居のこの大型把手をもつ土器は、「炉石に乗るかたちで出土している」[11]が、その出土状況はあたかもその使用法を物語るかのようにもみえる。
　そもそも、大型把手をもつ深鉢形土器が石囲埋甕炉を主体とする長野県中・南部地域にはなく、埋甕石囲炉主体の甲府盆地以東に分布することは、偶然の一致とは考えにくい。吊るす文化と密接にかかわって生まれた産物、と考える所以である。
　以上の諸点のいずれも、仮説の域を出るものではない。が、吊るす使用を示唆する指標としたい。

(3) 土器利用炉つくり分けの地域性

　埋甕石囲炉と石囲埋甕炉に、吊るす・据えるという使用方法の別はさておき、いずれにせよ両者の地域的なつくり分けは明らかである。この観点から、再度地域ごとの特性を整理したい。

据える地域と吊るす地域

　地域性を認めるのは③期以降である。Aとした伊那盆地と、地域を隔てたG＝東京山麓地域・H＝神奈川県地域では、他の地域に先駆けて埋甕石囲炉が出現する。次の④期に、伊那盆地では埋甕石囲炉が、早くも石囲埋甕炉にとって代わり、⑤期には一気に地域性を顕著とす

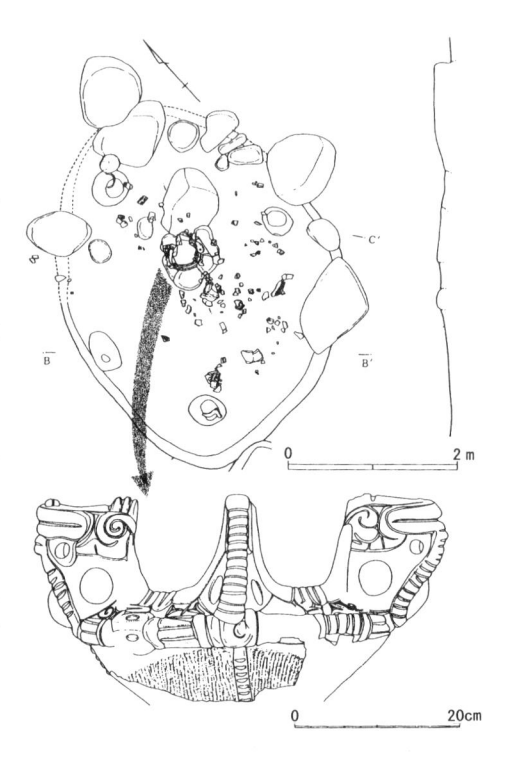

図10　野呂原遺跡19号の炉上より出土の土器

る。B＝諏訪盆地〜八ヶ岳周辺と、E＝群馬県地域で石囲埋甕炉がつくられる。一方、C＝甲府盆地地域・G＝東京山麓地域・H＝神奈川県地域は埋甕石囲炉を、またF＝埼玉県地域・I＝東京平野部地域・J＝千葉県地域では埋甕炉といった具合である。続く⑥期もほぼこの状況を踏襲し、最後⑦期には、当初土器利用炉の無かった地域に石囲埋甕炉をもって終焉に向かった。

　こうした土器利用炉の分類・分布と、想定した吊るす・据えるという使用法を、炉形態の別に結びつけて理解することが許されるならば、その地域性をいっそう際立たせることができる。③期には伊那盆地、東京・神奈川県地域では吊るす文化を認める。④〜⑥期かけては伊那盆地および諏訪から八ヶ岳さらに、千曲川上流・群馬県といった、いわば列島内陸部で据える文化が定着したのに対し、甲府盆地から海岸部にかけてのいわば平野部では吊るす文化が根付いて

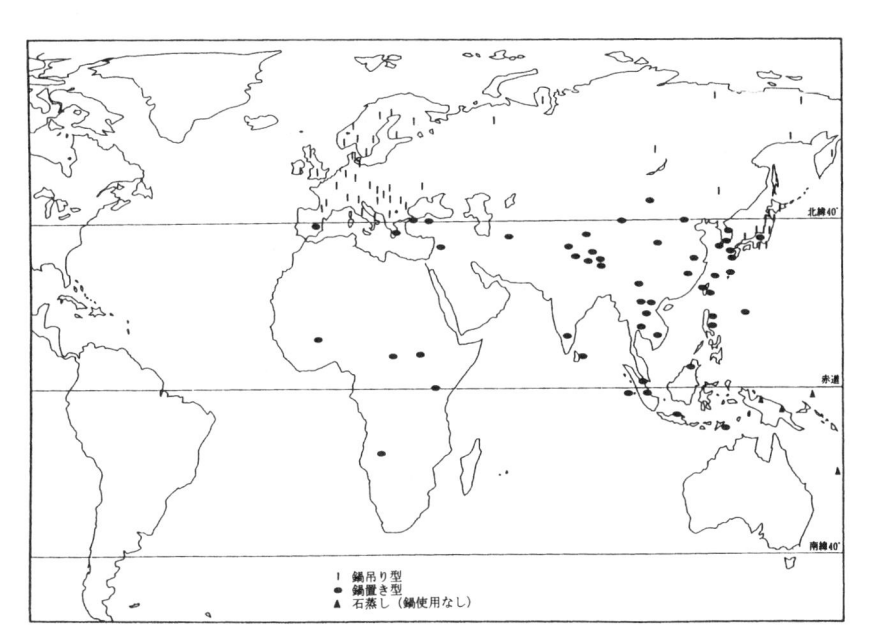

図11 鍋の使い方の分布（宮崎玲子『世界の台所博物館』柏書房 1988より）

いたと考えられるのである。

このように、土器利用炉は、縄文時代中期における調理文化の大きな二者を示す資料といえそうなのである。

世界的にみた置く文化と吊るす文化

話は飛躍するが、全世界的、ないし地球規模的に調理文化を捉えようとする試みがある。地域ごとに、太陽から受ける温度と光の違いに由来するために起こる自然条件の特徴は、人類の生活を直接・間接に左右する。まさに鍋を置くか吊るすかという調理文化の違いを、世界的に分類した宮崎玲子の成果によると[12]、図11に示すように、北緯40度前後が北と南の境になり、それより北の地方では吊るす文化、南では置く文化に分かれる。そして日本列島には、地域によって置く文化と吊るす文化がみられる、という。この宮崎の民族例にもとづく、置く・吊るすと、今回分析した縄文時代の使用法とを、直接的に関連付けることはもちろんできない。が、少なくとも、きわめて示唆に富む事例であると考えたい。

従来、暖房ないし調理のための、あまりに当然の遺構として、分析や研究の

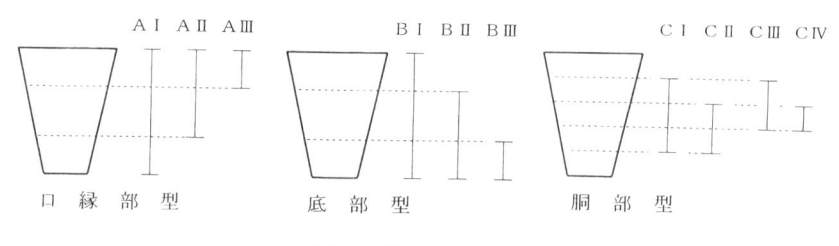

```
AⅠ AⅡ AⅢ       BⅠ BⅡ BⅢ         CⅠ CⅡ CⅢ CⅣ
```

口　縁　部　型　　　　底　部　型　　　　胴　部　型

図12　利用土器の分類

対象となりにくかった「炉」である。しかし、炉形態の違いが地域の調理文化の一端をあらわしている可能性の強いこと、したがって逆に、地域文化の理解にはかなり有効な資料であること、を指摘しておきたい。

4　利用土器部位の様相

土器利用炉の形態の分類は、みてきた通り、煮沸の方法といった炉の第一義的な機能を反映した。一方、分類学という視点に立つと、もう一つの試みが可能である。再利用という形で用いられた土器が、どの部位を選択されたかという視点である。この点について若干触れておきたい。

(1) 利用土器の分類

再利用品である土器の部位を次のように分類した。A－口縁部中心に残存、B－底部中心に残存、C－胴部のみ残存。残存部の細分として図12のように分けてはみたが、しかし結果的に有効性を認めたのは、口縁部中心型か、底部中心型か、胴部中心型かという、A～Cレベルの分類までである。したがって、データ上では細分項目まで表示したが、以下の記述にあたってはこのA～C分類の記述を中心として、その意義を探ってみたい。

(2) 利用土器部位の様相

図13に全地域の部位別比率をグラフとして提示した。これに基づいて各時期の特徴を以下にまとめる。

①②期－G地域は東京でも山麓側であることから、傾向として中部高地を

中心に土器利用炉が登場する、といえる。口縁部か胴部が圧倒的で、底部の使用はきわめて少ない。

③期－ＡＢＣ地域、つまりより長野県側の地域で胴部利用率が多く、ＦＧＩ地域つまり関東地方では口縁部の使用が圧倒的に多い。Ｈとした神奈川県地域でその中間的様相を示す。

④期－ＧＩという関東地方での口縁部優勢は変わらない。同じ関東地方でもより奥部のＦ＝埼玉県地域で、底部使用が比率を高め、またＡ＝伊那盆地地域で底部が他と比率を3分する形で占めるようになる点に注目したい。

⑤期－Ａ地域の底部優勢は加速する。同じ中部圏でありながら、ＢＣ地域は口縁部を多くして、対照的である。また、④期に底部を用いたＦ地域であったが、この時期にその底部はなくなり、隣のＥ地域でこの時期から出現する土器利用炉の、ほぼすべてが底部である点は情報伝達的視点から興味深い。

⑥期－土器利用炉全盛期といえ、同

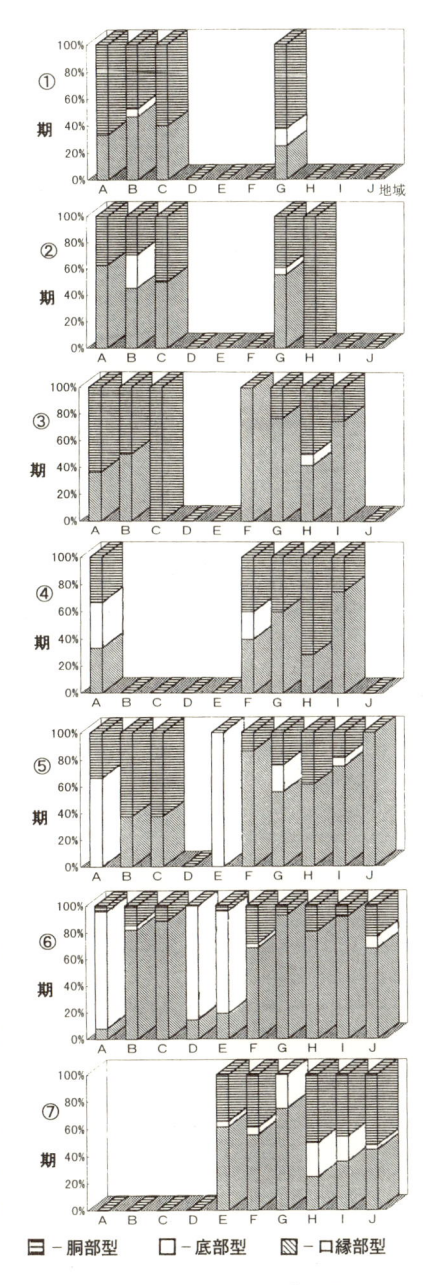

図13　利用土器部位変遷図

時に対象地域は、口縁部優勢型か、底部優勢型かに2分される。A
DE地域は底部優勢である。DE地域は隣接するが、A地域は離れ
る。他はすべて口縁部優勢地域となる。
⑦期－土器利用炉自体が出現期とは逆に、関東地方で最後まで残る。⑥期
でみられたような顕著な相違性はもはやなく、口縁部、胴部そして
わずかに底部が使われる、という傾向は残った地域に共通する。

(3) 炉形態と利用土器部位からの所見

ここでもっとも注目すべき点は、同一の炉形態でありながら、利用する土器の部位に相違を示す傾向を確認できる点にある。具体的に炉形態との関係に照らし、その相関について整理してみたい。

利用土器部位と炉形態の相互関係

先に、埋甕石囲炉と石囲埋甕炉に使われる土器の、径を主とする大きさについて述べた。前者は20cm以上、後者は20cm以下を目安とした違いを認めた。さて、縄文土器の一般的形状は、底部がもっとも小さく、口縁部に向かうにつれて広がりを示す、いわばラッパ状の深鉢形である。最大径はしたがって、口縁部まれに胴部にある。よって埋甕石囲炉に使用される土器部位は、機能的必然性も含め、胴部から口縁部にかけての選択が合理的である。埋甕石囲炉を主体とするCG地域の⑥期に、圧倒的に口縁部の多い点はこの点を裏付ける。

さて一方、石囲埋甕炉は、径20cm以下の土器が選択された。小さいという場合は、底部か、または比較的小型の土器が選択肢となる。その中からどのような基準で選択されるのであろう。

具体的に説明したい。長野県で隣接し合う、A＝伊那盆地地域とB＝諏訪盆地～八ヶ岳西麓地域の⑥期は、いずれも石囲埋甕炉である。しかし利用される土器は、A地域では土器底部を、B地域では口縁部を、というようにその選択はまったく異なる（図3参照）。もちろん土器の径はいずれも20cm以下であるため、口縁部か底部かの選択は、機能を離れて行われた、といえる。

こうした以上の点は、土器利用炉に使用される土器の選択にあたっては、採用する集団が、二つの側面の選択肢をもったことを想定させる。一つが炉形態の機能を満たす、つまり大きさを重視するいわば「実用的側面」。もう一つが、

土器のどの部位を採用するかという側面。この場合はすでに機能を離れての選択であると思われるため、それを集団の嗜好の問題、に関わると理解し「嗜好的側面」と仮定した。土器利用炉の設置にあたっては、この二つの側面からの選択がなされたことを想定できるのである。

さてこの点と、今まで分析してきた内容を、ごく概念的に図14にまとめてみた。地域と、炉形態・利用土器部位の関係がおおよそどのようになっているのかを、大ざっぱではあっても把握でき安いように図式化した。この図でもっとも注意したい点は、次のa・bの二点である。

　a－地域間に、炉形態を共通しながらも、利用土器部位を違えている場合のあること。

　b－逆に、地域間に、利用土器部位は共通しながら、炉形態に相違を示す場合のあること。

具体的にみたい。aに関しては、⑥期の炉形態はDEAB地域で石囲埋甕炉を共通するが、DEA地域では底部を利用したのに対し、B地域では口縁部を使用した。また、⑤期のCGH地域では埋甕石囲炉で共通しながら、土器部位はGH地域では口縁部優勢に対し、C地域では胴部が優勢である。

bについてみれば、⑤・⑥期のGHIFJ地域で、共通的に口縁部を優勢にもつ。しかしGH地域は埋甕石囲炉優勢に対し、IFJ地域では埋甕炉優勢となるのである。

土器型式の範囲と炉形態

このことをさらに試みとして⑤・⑥期に、土器型式の広がりと重ねてみた。結果的に、土器型式・炉形態・利用土器部位の三者が必ずしも一致しないことを認めるのである。たとえば同じ勝坂式土器圏内であっても、埋甕炉優勢地域と埋甕石囲炉優勢地域のあることが示す。

そしてそのことは、従来の型式概念に多少の変更や見直しを認める必要性を感じさせる。土器型式の共通性は「一つの社会的な構造を反映する」[13]、または、「共通の生活基盤＝伝統＝をもつ人々の集まり」[14]という状況とは、若干矛盾したデータであるからである。以上のことを踏まえると、土器型式や集団の意義を改めて考える上でも、この土器利用炉の示唆する点は少なくない、と考えるのである。

46　吊るす文化と据える文化

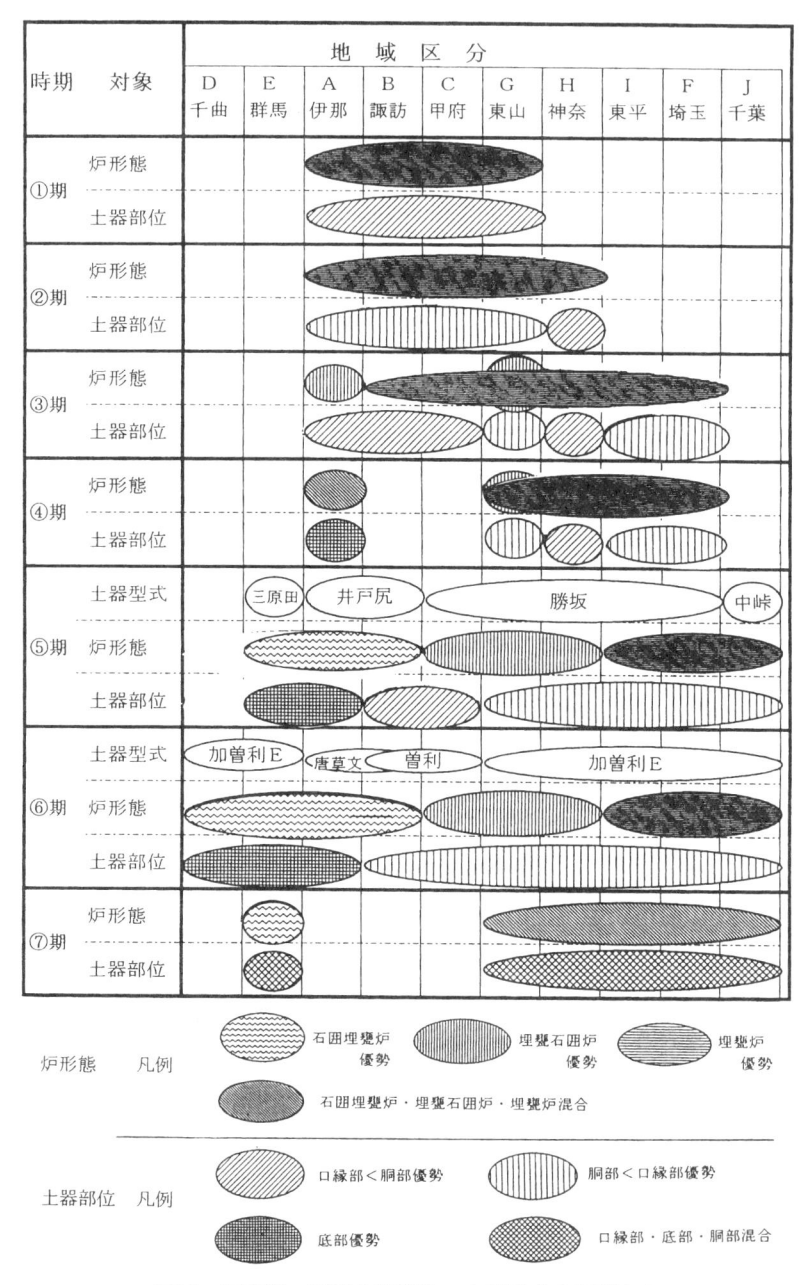

時期	対象	地域区分									
		D 千曲	E 群馬	A 伊那	B 諏訪	C 甲府	G 東山	H 神奈	I 東平	F 埼玉	J 千葉
①期	炉形態										
	土器部位										
②期	炉形態										
	土器部位										
③期	炉形態										
	土器部位										
④期	炉形態										
	土器部位										
⑤期	土器型式		三原田	井戸尻		勝坂				中峠	
	炉形態										
	土器部位										
⑥期	土器型式	加曽利E		唐草文	曽利		加曽利E				
	炉形態										
	土器部位										
⑦期	炉形態										
	土器部位										

炉形態　凡例　石囲埋甕炉優勢／埋甕石囲炉優勢／埋甕炉優勢／石囲埋甕炉・埋甕石囲炉・埋甕炉混合

土器部位　凡例　口縁部＜胴部優勢／胴部＜口縁部優勢／底部優勢／口縁部・底部・胴部混合

図14　炉形態・利用土器部位・土器型式の地域占有

5 土器利用炉の分析意義と今後の展望

　分析を通して、以下の3点を成果として改めて整理し、まとめとしたい。
吊るす方法・据える方法から囲炉裏・竈へ
　土器利用炉の分類から、その煮沸方法に吊るす方法と、据える方法という二者のあった可能性が強いこと。地域的・時間的に中期中葉後半にＡＢＤＥ地域といった、長野県を中心とした列島内陸地帯に石囲埋甕炉が登場して据える方法が定着する一方、関東平野部地域においては吊るす方法が優勢であった。しかし、中期後半の時期になると、その関東平野部地域でも据える方法を積極的に採用するようになった。全体的な傾向として、北緯40度以南を生活の主要舞台とする列島では、この時期を一つのはずみとして、据える方向へじわりと傾いていったことをうかがわせる。やがて訪れる竈の出現は、この延長に位置付けられるという見方は無謀であろうか。現実的に、縄文土器に始まる長胴の什器は、竈の出現時期まで続く。そこを一つのピークとして、やがて器は、丈を短く、底の広く安定した形へと変わっていくことは、長い器の歴史を眺めたときに、見逃し得ない転換期であることは間違いない。中期の実用的な大型把手が、中期後半、さらに後期土器へと以後ほとんど消滅している事実も、このことと無関係ではないと推測したい。
　さて、吊るす伝統自体が、まったく消滅するわけではない、とも考える。日本にはその後、自在鍵と一体となった囲炉裏文化の発達することも周知の通りである。住居内の位置や機能の一部は、縄文時代の炉に多くの共通性を示すと考える。吊るす方法自体も、潜在的に根強く残ったと予測したい[15]。
　こうしてみると、縄文時代中期にみる、この土器利用炉の機能性は、日本のその後の、竈・囲炉裏といった火を扱う調理施設文化の大きな二つの、いわば遡源的姿を現出したものと考察しておきたい。
機能および嗜好的側面からみた炉形態と利用土器部位の地域性
　煮沸形態の採用は、地域ごとに一定のまとまりを示した。その地域の環境・対象食料等に見合った、機能的な炉形態の採用である。しかし一方で、機能を満たしさえすれば、利用する土器は必要な大きさであれば充分のはずで、土器

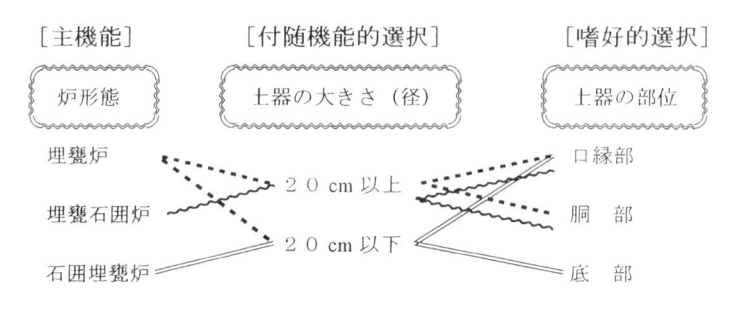

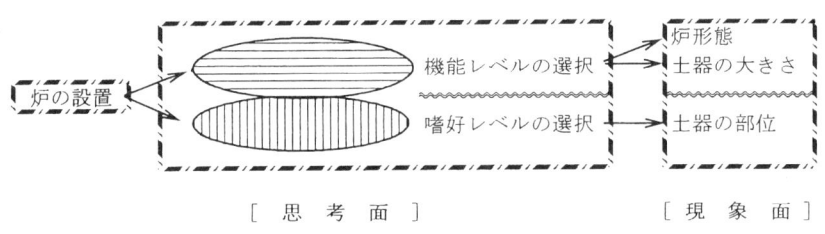

図15　炉形態・利用土器部位の相互関係

部位はどこでもかまわない、と思われた。しかしそうでなかった点は興味深い。口縁部を使うのか、底部を使うのかに、ある程度、地域のこだわりのあることを認めたからである。つまり図15に示したように、機能レベル・嗜好レベルの二つの局面を以て炉は築かれ、その選択の特徴に地域性をみせる点を指摘した。そしてこのことは、場合によってはたとえ隣接の地域であろうとも譲らず、また共通の土器型式を用いていたとしても独自性を堅持したのであった。縄文社会の複雑な一面を、改めて垣間見ることができる。

地域性における異質要素混入の意味するもの

炉形態にしろ、利用土器部位にしろ、地域集団の規制が一定程度強く働く事を認めた。そうした中にあって、まさにポツンと他地域の要素が存在する場合のあることに気付く。付表を参考に探すと一目瞭然である。実用的側面では、石囲埋甕炉中心のB地域の⑥期、下ノ原遺跡5号住居に、わずかこの1例のみ埋甕石囲炉を認める。逆に埋甕石囲炉主体のC地域⑥期の、一の沢西遺跡9号住居に石囲埋甕炉が存在し、報告者も「やや様相を異にし」とその異質性を認める[16]。

嗜好的側面でも同様である。底部主体のA地域の⑥期、丸山南遺跡6号住

居・反目遺跡83号住居に口縁部の使用が認められ、逆に、口縁部使用のＢ地域・⑥期の中原遺跡53号住居には、底部が使用される。

このように異質な要素がごくわずかに紛れるという事実は、選択レベルとは異なった、たとえば人そのものの直接的な移動の想定、を可能にすると考える。とすれば、たとえば婚姻・家族論といったテーマに答える切り口となりうる可能性も秘める、との期待もしたい。

従来ほとんど研究の対象にされにくかった炉であるが、いくつかの研究上重要なテーマに迫り、また、当時の生活復元に少なからぬ意義をもつ見通しを述べてきた。しかし、この研究は緒に就いたばかりであることも間違いない。最後に導いた３点の山の頂上は高く、いずれも仮説の域を出るものではない。確認は今後の継続的な課題である。

現在の日本考古学の研究視点は、豊富な遺物研究に比すると、遺構研究の実態は貧弱にさえある。最大の原因は、遺跡調査後も遺物は残るが、遺構は消える、という一点に由来しよう。炉においてもしかり、調査が終われば二度とその観察はできない。調査の視点に積極的に組み込まれることを期待するとともに、さらなるデータの蓄積と検証を試みたい。

本稿は旧稿「土器利用炉の分類とその意義」（『長野県立歴史館研究紀要』第１号　1995年）と「縄文人の実用と嗜好」（『考古学研究』第45巻第４号　1999年）を合わせた形で再構成した。参考にしていただければ幸いである。

註

（１）塚田　光 1966 「縄文時代の共同体」『歴史教育』14－3
（２）三上徹也 1993 「縄文時代居住システムの一様相」『駿台史学』88
（３）従来、石囲埋甕炉と埋甕石囲炉の厳密な区分は行われていなかった。その区分を試みた。
（４）同一地域内にあって、土器を利用した炉と、そうでない炉との違いについては、これまた大きな課題である。註(2)の論考で一部触れてあるが、今後もさらに追究したい。
（５）東京都は多摩川を軸として、その上流部と下流部における地域色の違いが確認できた。したがって、中流域である日野市周辺を境に、その上流部寄りのいわば山麓部と、下流寄りのいわば平野部とに分けて検討した。ただし、

全般的にこの空間分割にあたっては、不十分な資料故にきわめて恣意的な設定である点を誤解のないよう明記しておきたい。
(6) 小林達雄 1986 「土器文様が語る縄文人の世界観」『日本古代史 3　宇宙への祈り：古代人の心を読む』集英社
(7) 川崎　保 1995 「縄文土器の機能・用途と口縁部文様帯の装飾・形態」『信濃』47 - 9
(8) 小林正史 1992 「煮沸実験に基づく先史時代の調理方法の研究」『北陸古代土器研究』第 2 号
(9) 三上徹也 1986 「中部・西関東地方における縄文時代中期中葉土器の変遷と後葉土器への移行」『長野県考古学会誌』51
(10) 長沢昌宏ほか 1986 「一の沢西遺跡」『一の沢西遺跡・村上遺跡・後呂遺跡・浜井場遺跡』山梨県教育委員会
(11) 長沢昌宏ほか 1987 『釈迦堂Ⅲ』山梨県教育委員会
(12) 宮崎玲子 1988 『世界の台所博物館』柏書房
(13) 高橋　護 1958 「土器とその型式」『考古学手帳』1
(14) 小林達雄 1966 「縄文早期前半に関する問題」『多摩ニュータウン遺跡調査報告Ⅱ』
(15) 吊るすという行為自体は、据える炉である石囲埋甕炉でも可能である。したがって、実は吊るす行為のあった可能性の否定は困難である。土器の形態差等に基づく機能的観察が鍵を握るとともに、今後への慎重な課題としたい。
(16)　前掲註（10）文献

付表 土器利用炉の集成（1）

A 伊那盆地地域

時期	遺跡名	住居NO	土器部位	炉形態	径	高さ
1	羽場下遺跡	2号	AⅠ	埋甕炉	15.9	15.6
1	桜畑遺跡	1号	AⅡ	埋甕炉	25.0	16.0
1	堂地遺跡	1号	CⅣ	埋甕炉	18.0	15.0
1	大芝東遺跡	2号	CⅣ	埋甕炉	20.4	12.0
1	中道遺跡	1号	CⅣ	埋甕炉	21.2	17.6
1	樋口五反田遺跡	15号	CⅣ	埋甕炉	23.2	10.0
2	荒神社矢沢遺跡	4号	AⅠ	埋甕炉	34.8	49.2
2	高見原遺跡	4号	AⅡ	埋甕炉	15.6	12.0
2	月見松遺跡	60号	AⅡ	埋甕炉	21.6	17.2
2	反目遺跡	81号	AⅡ	埋甕炉	28.0	24.0
2	月見松遺跡	62号	AⅡ	埋甕炉	32.5	25.0
2	月見松遺跡	65号	CⅢ	埋甕炉	14.0	12.0
2	月見松遺跡	66号	CⅣ	埋甕炉	14.0	13.0
2	高見原遺跡	9号	CⅣ	埋甕炉	22.8	13.8
3	中山遺跡	炉	AⅡ	埋甕石囲炉	24.0	26.0
3	南原遺跡	2号	AⅡ	埋甕石囲炉	28.0	23.4
3	天庄Ⅱ遺跡	1号	AⅡ	埋甕石囲炉	31.5	27.6
3	南原遺跡	1号	AⅡ	埋甕石囲炉	34.8	21.0
3	南原遺跡	7号	CⅣ	埋甕炉	30.6	17.0
3	反目遺跡	32号	CⅢ	埋甕石囲炉	35.4	19.2
3	丸山遺跡	22号	CⅣ	埋甕炉	38.0	20.0
3	丸山遺跡	13号	CⅣ	埋甕石囲炉	48.0	34.0
3	南原遺跡	8号	CⅣ	埋甕炉	20.4	9.0
3	三つ塚上遺跡	3号	CⅣ	埋甕炉	21.0	15.0
3	丸山遺跡	8号	CⅣ	埋甕炉	30.0	24.0
4	中越遺跡	1号	AⅡ	埋甕石囲炉	37.0	28.0
4	丸山南遺跡	48号	AⅡ	埋甕石囲炉	40.0	63.0
4	丸山遺跡	6号	AⅡ	埋甕炉	40.0	24.0
4	南原遺跡	4号	BⅣ	石囲埋甕炉	14.0	18.0
4	南原遺跡	6号	BⅢ	石囲埋甕炉	13.2	12.0
4	南原遺跡	3号	BⅢ	石囲埋甕炉	16.0	9.0
4	中越遺跡	4号	CⅢ	埋甕炉	33.0	12.0
4	反目遺跡	123号	CⅢ	埋甕石囲炉	34.8	19.2
4	南原遺跡	5号	CⅣ	埋甕炉	15.0	14.0
5	大城林遺跡	11号	BⅢ	石囲埋甕炉	10.2	10.8
5	反目遺跡	136号	BⅢ	石囲埋甕炉	14.4	15.6
5	境外遺跡	20号	CⅣ	埋甕炉	15.0	7.6
6	反目遺跡	83号	AⅡ	石囲埋甕炉	19.0	17.0
6	丸山南遺跡	1号	AⅡ	石囲埋甕炉	16.0	8.0
6	天伯A遺跡	15号	BⅠ	石囲埋甕炉	13.2	16.2
6	反目遺跡	80号	BⅡ	石囲埋甕炉	12.6	19.8
6	丸山南遺跡	37号	BⅢ	石囲埋甕炉	17.4	17.4
6	尾越遺跡	7号	BⅢ	石囲埋甕炉	9.0	5.4
6	丸山南遺跡	6号	BⅢ	石囲埋甕炉	12.0	5.4
6	丸山南遺跡	14号	BⅢ	石囲埋甕炉	12.0	14.4
6	原垣外遺跡	12号	BⅢ	石囲埋甕炉	12.0	12.0
6	尾越遺跡	15号	BⅢ	石囲埋甕炉	12.0	18.0
6	丸山南遺跡	13号	BⅢ	石囲埋甕炉	13.8	12.0
6	丸山南遺跡	35号	BⅢ	石囲埋甕炉	13.8	12.0
6	反目遺跡	113号	BⅢ	石囲埋甕炉	13.8	10.8
6	横吹遺跡	12号	BⅢ	石囲埋甕炉	15.6	10.0
6	大城林遺跡	6号	BⅢ	石囲埋甕炉	18.6	10.8
6	北高根A遺跡	11号	BⅢ	石囲埋甕炉	19.2	15.0
6	丸山南遺跡	10号	BⅢ	石囲埋甕炉	19.8	14.4
6	尾越遺跡	16号	BⅢ	石囲埋甕炉	19.8	9.0
6	尾越遺跡	26号	BⅢ	石囲埋甕炉	19.8	9.0
6	大城林遺跡	25号	BⅢ	石囲埋甕炉	21.0	10.8
6	丸山南遺跡	38号	BⅢ	石囲埋甕炉	22.2	9.6
6	原垣外遺跡	32号	BⅢ	石囲埋甕炉	30.0	19.2
6	尾越遺跡	22号	BⅢ	石囲埋甕炉図なし		
6	大城林遺跡	1号	BⅢ	石囲埋甕炉不明		
6	高見原遺跡	2号	CⅣ	石囲埋甕炉	10.8	10.8
6	原垣外遺跡	32号	不明	石囲埋甕炉不明		

B 諏訪盆地〜八ヶ岳西麓地域

時期	遺跡名	住居NO	土器部位	炉形態	径	高さ
1	頃殿沢遺跡	15号	AⅠ	埋甕炉	12.4	13.6
1	大石遺跡	18号	AⅡ	埋甕炉	16.2	17.0
1	頃殿沢遺跡	14号	AⅡ	埋甕炉	16.4	16.8
1	頃殿沢遺跡	10号	AⅡ	埋甕炉	20.4	16.0
1	頃殿沢遺跡	12号	AⅡ	埋甕炉	20.8	10.8
1	船室社遺跡	10号	AⅡ	埋甕炉	26.0	19.0
1	高部遺跡	1号	AⅢ	埋甕炉	18.0	13.2
1	大石遺跡	28号	AⅢ	埋甕炉	24.6	13.8
1	大石遺跡	5号旧	BⅡ	埋甕炉	20.4	16.0
1	中原遺跡	27号	CⅢ	埋甕炉	不明	不明
1	大石遺跡	7号	CⅣ	埋甕炉	13.2	8.4
1	高部遺跡	13号	CⅣ	埋甕炉	13.8	9.0
1	九兵尾根遺跡	5・6号	CⅣ	埋甕炉	14.0	11.0
1	大石遺跡	47号旧	CⅣ	埋甕炉	22.8	12.0
1	棚畑遺跡	40号	CⅣ	埋甕炉	28.0	18.0
1	中原遺跡	47号	CⅣ	埋甕炉	不明	不明
1	中原遺跡	37号	CⅣ	埋甕炉	不明	不明
2	井戸尻遺跡	2号	AⅠ	埋甕炉	22.5	21.0
2	九兵尾根遺跡	1号	AⅡ	埋甕炉	18.3	16.7
2	大石遺跡	16号	AⅡ	埋甕炉	18.6	21.0
2	大石遺跡	21号	AⅡ	埋甕炉	21.6	17.4
2	大石遺跡	40号	AⅡ	埋甕炉	22.0	14.4
2	大石遺跡	22号	AⅡ	埋甕炉	24.6	20.4
2	大石遺跡	43号	AⅡ	埋甕炉	26.4	19.2
2	大石遺跡	3号	AⅡ	埋甕炉	27.6	20.4
2	大石遺跡	36号	AⅡ	埋甕炉	29.4	20.4
2	頃殿沢遺跡	4号	AⅡ	埋甕炉	29.6	18.0
2	大石遺跡	15号	AⅡ	埋甕炉	31.0	27.0
2	棚畑遺跡	103号	AⅢ	埋甕炉	29.3	21.0
2	棚畑遺跡	156号	AⅢ	埋甕炉	27.0	16.0
2	中原遺跡	26号	AⅢ	埋甕炉	不明	不明
2	九兵尾根遺跡	6号	BⅡ	埋甕炉	12.5	17.5
2	大石遺跡	48号	BⅡ	埋甕炉	12.4	9.2
2	頃殿沢遺跡	3号	BⅡ	埋甕炉	14.4	10.4
2	頃殿沢遺跡	9号	BⅡ	埋甕炉	15.0	6.8
2	大石遺跡	26号	BⅡ	埋甕炉	15.0	12.6
2	大石遺跡	44号	BⅡ	埋甕炉	15.6	13.8
2	高部遺跡	32号	BⅡ	埋甕炉	17.4	16.8
2	棚畑遺跡	145号	BⅡ	埋甕炉	20.0	10.0
2	井戸尻遺跡	2号	CⅣ	埋甕炉	15.0	8.0
2	大石遺跡	20号	CⅣ	埋甕炉	15.6	14.4
2	大石遺跡	4号	CⅣ	埋甕炉	18.0	13.2
2	九兵尾根遺跡	4号	CⅣ	埋甕炉	18.0	16.7
2	大石遺跡	23号	CⅣ	埋甕炉	19.8	22.0
2	大石遺跡	3号	CⅣ	埋甕炉	21.6	10.8
2	大石遺跡	38号	CⅣ	埋甕炉	22.8	15.0
2	大石遺跡	13号	CⅣ	埋甕炉	24.0	15.6
2	棚畑遺跡	104号	CⅣ	埋甕炉	38.0	20.0
2	大石遺跡	17号	不明			
3	中原遺跡	33号	AⅢ	石囲埋甕炉	不明	不明
3	中原遺跡	64号	AⅢ	埋甕炉	不明	不明
3	堂の前遺跡	2号	CⅣ	埋甕炉	20.0	24
3	堂の前遺跡	4号	CⅣ	埋甕炉	20.5	17.5
5	中原遺跡	35号	AⅡ	石囲埋甕炉	不明	不明
5	中原遺跡	61号	AⅡ	石囲埋甕炉	不明	不明
5	中原遺跡	17号	AⅡ	埋甕炉	不明	不明
5	居沢尾根遺跡	22号	CⅡ	石囲埋甕炉	9.0	16
5	棚畑遺跡	96号	CⅡ	石囲埋甕炉	23.0	18.4
5	棚畑遺跡	60号	CⅣ	石囲埋甕炉	12.4	12.4
5	棚畑遺跡	83号	CⅣ	石囲埋甕炉	18.0	7
5	棚畑遺跡	89号	CⅣ	石囲埋甕炉	20.0	9
6	曽利遺跡	18号	AⅠ	石囲埋甕炉	13.0	18
6	曽利遺跡	5号	AⅠ	石囲埋甕炉	13.0	23
6	判の木山東遺跡	9(新)号	AⅠ	石囲埋甕炉	15.6	33.6
6	居沢尾根遺跡	7号	AⅠ	石囲埋甕炉	16.2	19.8
6	棚畑遺跡	73号	AⅡ	石囲埋甕炉	10.4	16
6	居沢尾根遺跡	13号	AⅡ	石囲埋甕炉	12.0	18
6	居沢尾根遺跡	27号	AⅡ	石囲埋甕炉	12.0	14.4
6	崩遺跡	1号	AⅡ	石囲埋甕炉	13.2	20
6	棚畑遺跡	114号	AⅡ	石囲埋甕炉	13.5	14.5
6	唐渡宮遺跡	18号	AⅡ	石囲埋甕炉	13.8	18
6	居沢尾根遺跡	25号	AⅡ	石囲埋甕炉	14.0	19.8
6	鴨田遺跡	4号	AⅡ	石囲埋甕炉	16.0	14
6	高見呂遺跡	21号	AⅡ	石囲埋甕炉	16.2	17.4
6	崩遺跡	2号	AⅡ	石囲埋甕炉	16.2	18
6	鴨田遺跡	9号	AⅡ	石囲埋甕炉	19.0	28.8
6	下ノ原遺跡	5号	AⅢ	埋甕石囲炉	36.0	27.6
6	坂上遺跡	6号	AⅢ	石囲埋甕炉	10.0	6.6
6	広域遺跡	1号	AⅢ	石囲埋甕炉	12.0	11.5
6	棚畑遺跡	133号	AⅢ	石囲埋甕炉	16.0	8.5
6	柿沢東遺跡	16号	AⅢ	石囲埋甕炉	19.0	13.5
6	小丸山遺跡	10号	AⅢ	石囲埋甕炉図なし		
6	藤内遺跡	4号	AⅣ	石囲埋甕炉	10.4	17.5
6	中原遺跡	53号	BⅡ	埋甕炉	不明	不明
6	棚畑遺跡	81号	CⅢ	石囲埋甕炉	8.4	12.4

付表　土器利用炉の集成 (2)

時期	遺跡名	住居No	土器部位	炉形態	径	高さ
6	柿沢東遺跡	12号	CⅣ	石囲埋甕炉	10.0	10.5
6	棚畑遺跡	159号	CⅣ	石囲埋甕炉	11.0	14
6	高風呂遺跡	10号	CⅣ	石囲埋甕炉	13.8	12

C　甲府盆地地域

時期	遺跡名	住居No	土器部位	炉形態	径	高さ
1	上の平遺跡	13号	AⅡ	埋甕炉	25.0	20.4
1	上の平遺跡	22号	AⅡ	埋甕炉	30.0	20.0
1	上の平遺跡	34号	AⅡ	埋甕炉	34.8	27.0
1	釈迦堂遺跡	29号	AⅢ	埋甕炉	33.6	12.0
1	上の平遺跡	34号	CⅢ	埋甕炉	18.6	18.0
1	上の平遺跡	13号	CⅢ	埋甕炉	24.6	21.6
1	上の平遺跡	29号	CⅢ	埋甕炉	25.0	18.0
1	上の平遺跡	13号	CⅣ	埋甕炉	16.8	12.0
1	上の平遺跡	12号	CⅣ	埋甕炉	22.2	7.2
1	上の平遺跡	12号	CⅣ	埋甕炉	24.0	13.2
2	釈迦堂遺跡	20号	AⅢ	埋甕炉	33.0	24.0
2	釈迦堂遺跡	73号	AⅢ	埋甕炉	34.0	20.4
2	釈迦堂遺跡	53号	AⅢ	埋甕炉	34.8	21.0
2	釈迦堂遺跡	81号	AⅢ	埋甕炉	37.0	20.0
2	上の山遺跡	9号	CⅢ	埋甕炉	23.2	15.2
2	釈迦堂遺跡	18号	CⅣ	埋甕炉	30.0	15.0
2	釈迦堂遺跡	80号	CⅣ	埋甕炉	32.4	14.4
2	釈迦堂遺跡	78号	CⅣ	埋甕炉	34.8	24.0
3	上野原遺跡	13号	CⅢ	埋甕炉	39.6	24.0
3	上野原遺跡	5号	CⅣ	埋甕炉	24.0	6.0
5	上野原遺跡	8号	AⅡ	埋甕石囲炉	34.2	30.0
5	野呂原遺跡	10号	AⅡ	埋甕炉	37.2	42.0
5	一の沢西遺跡	1号	AⅢ	埋甕石囲炉	37.0	9.6
5	上野原遺跡	6号	CⅢ	埋甕石囲炉	39.0	18.0
5	上の山遺跡	8号	CⅣ	埋甕炉	28.0	20.4
5	上の平遺跡	17号	CⅣ	埋甕炉	34.8	25.2
5	釈迦堂遺跡	34号	CⅣ	埋甕炉	36.0	36.0
5	釈迦堂遺跡	36号	CⅣ	埋甕炉	46.0	25.2
5	釈迦堂遺跡	35号	紛失	埋甕石囲炉		
6	一の沢西遺跡	9号	AⅡ	石囲埋甕炉	15.6	20.4
6	一の沢西遺跡	7号	AⅡ	石囲埋甕炉	45.6	40.8
6	野呂原遺跡	12号	AⅢ	石囲埋甕炉	34.2	17.4
6	釈迦堂遺跡	11号	AⅢ	石囲埋甕炉	36.6	29.0
6	釈迦堂遺跡	96号	AⅢ	埋甕石囲炉	37.8	22.0
6	上野原遺跡	10号	AⅢ	石囲埋甕炉	45.6	20.0
6	釈迦堂遺跡	10号	AⅢ	埋甕炉	43.8	19.8
6	釈迦堂遺跡	34号	AⅢ	石囲埋甕炉	45.0	16.0
6	釈迦堂遺跡	29号	CⅢ	石囲埋甕炉	27.0	21.6

D　千曲川水系上流地域

時期	遺跡名	住居NO	土器部位	炉形態	径	高さ
3	寄山遺跡	H104	CⅣ	埋甕石囲炉	22.8	26.0
5	寄山遺跡	H18	AⅢ	埋甕炉	19.2	6.8
6	勝負沢遺跡	H17	AⅡ	石囲埋甕炉	12.4	16.0
6	勝負沢遺跡	H35	BⅠ	石囲埋甕炉	7.2	11.6
6	寄山遺跡	H10	BⅠ	石囲埋甕炉	12.4	17.2
6	寄山遺跡	H57	BⅡ	石囲埋甕炉	15.2	15.2
6	寄山遺跡	H11	BⅢ	石囲埋甕炉	11.2	10.4
6	勝負沢遺跡	H14	BⅢ	石囲埋甕炉	12.4	9.2
6	寄山遺跡	H5	BⅢ	石囲埋甕炉	14.0	13.6

E　群馬県地域

時期	遺跡名	住居NO	土器部位	炉形態	径	高さ
5	三原田遺跡	1-7号	BⅡ	石囲埋甕炉	12.0	18.0
5	三原田遺跡	2-30号	BⅡ	石囲埋甕炉	14.4	21.0
5	三原田遺跡	7-20号	BⅢ	石囲埋甕炉	13.8	18.0
6	三原田遺跡	1-8号	AⅡ	石囲埋甕炉	13.2	14.4
6	三原田遺跡	6-3号	AⅡ	石囲埋甕炉	13.8	12.6
6	三原田遺跡	3-41号	AⅡ	石囲埋甕炉	17.4	17.4
6	三原田遺跡	1-10号	AⅢ	石囲埋甕炉	15.6	16.2
6	三原田遺跡	6-9号	AⅢ	石囲埋甕炉	22.2	12.0
6	西小路遺跡	16号	BⅠ	石囲埋甕炉	10.5	9.9
6	三原田遺跡	3-24号	BⅡ	石囲埋甕炉	12.0	18.0
6	三原田遺跡	7-30号	BⅡ	石囲埋甕炉	13.2	13.8
6	三原田遺跡	4-17号	BⅡ	石囲埋甕炉	13.8	18.6
6	三原田遺跡	7-4号	BⅡ	石囲埋甕炉	15.0	19.8
6	西小路遺跡	9号	BⅡ	石囲埋甕炉	9.0	9.6
6	西小路遺跡	11号	BⅡ	石囲埋甕炉	8.1	10.8
6	上ノ山遺跡	18号	BⅡ	石囲埋甕炉	22.8	27.0
6	三原田遺跡	3-44号	BⅢ	石囲埋甕炉	9.6	12.0
6	三原田遺跡	4-22号	BⅢ	石囲埋甕炉	10.2	15.0
6	三原田遺跡	2-38号	BⅢ	石囲埋甕炉	10.2	7.2
6	三原田遺跡	1-9号	BⅢ	石囲埋甕炉	10.8	16.8
6	三原田遺跡	7-30号	BⅢ	石囲埋甕炉	11.4	10.8
6	三原田遺跡	1-4号	BⅢ	石囲埋甕炉	12.0	9.6
6	三原田遺跡	7-5号	BⅢ	石囲埋甕炉	13.2	15.6
6	三原田遺跡	1-6号	BⅢ	石囲埋甕炉	13.2	9.0
6	三原田遺跡	3-23号	BⅢ	石囲埋甕炉	15.6	18.6
6	三原田遺跡	1-9号	BⅢ	石囲埋甕炉	18.6	16.2
6	三原田遺跡	1-70号	BⅢ	石囲埋甕炉	19.2	18.0
6	上ノ山遺跡	10号	CⅡ	石囲埋甕炉	18.0	12.3
6	三原田遺跡	4-8号	CⅢ	石囲埋甕炉	30.0	19.2
7	三原田遺跡	2-R1号	AⅠ	石囲埋甕炉	12.6	20.4
7	上ノ山遺跡	46号	AⅠ	石囲埋甕炉	13.2	18.6
7	三原田遺跡	2-39号	AⅠ	石囲埋甕炉	14.4	22.2
7	三原田遺跡	7-33号	AⅠ	石囲埋甕炉	21.0	11.4
7	三原田遺跡	1-33号	AⅠ	石囲埋甕炉	21.0	25.8
7	三原田遺跡	3-12号	AⅡ	石囲埋甕炉	11.4	13.8
7	三原田遺跡	6-42号	AⅡ	石囲埋甕炉	12.0	8.4
7	三原田遺跡	6-31A号	AⅡ	石囲埋甕炉	16.2	12.0
7	三原田遺跡	1-21号	AⅡ	石囲埋甕炉	16.8	13.2
7	三原田遺跡	3-4号	AⅡ	石囲埋甕炉	16.8	10.8
7	三原田遺跡	6-15号	AⅡ	石囲埋甕炉	17.4	19.2
7	三原田遺跡	2-48号	AⅡ	石囲埋甕炉	17.4	18.6
7	三原田遺跡	1-33号	AⅡ	石囲埋甕炉	17.4	14.4
7	三原田遺跡	3-16B号	AⅡ	石囲埋甕炉	17.4	15.6
7	三原田遺跡	7-R7号	AⅡ	石囲埋甕炉	17.4	16.2
7	三原田遺跡	7-1B号	AⅡ	石囲埋甕炉	18.0	13.8
7	三原田遺跡	1-73号	AⅡ	石囲埋甕炉	18.0	19.8
7	三原田遺跡	3-33号	AⅡ	石囲埋甕炉	18.6	18.0
7	三原田遺跡	6-12号	AⅡ	石囲埋甕炉	18.6	18.6
7	三原田遺跡	1-76号	AⅡ	石囲埋甕炉	18.6	17.4
7	三原田遺跡	6-6号	AⅡ	石囲埋甕炉	18.6	12.6
7	三原田遺跡	3-31号	AⅡ	石囲埋甕炉	19.2	17.4
7	三原田遺跡	1-52号	AⅡ	石囲埋甕炉	19.2	16.8
7	三原田遺跡	5-14号	AⅡ	石囲埋甕炉	19.8	18.0
7	三原田遺跡	1-20号	AⅡ	石囲埋甕炉	20.4	19.8
7	三原田遺跡	5-15号	AⅡ	石囲埋甕炉	20.4	10.2
7	三原田遺跡	2-45号	AⅡ	石囲埋甕炉	20.4	20.4
7	三原田遺跡	3-6号	AⅡ	石囲埋甕炉	21.0	18.0
7	三原田遺跡	6-38A号	AⅡ	石囲埋甕炉	21.0	21.0
7	三原田遺跡	1-49号	AⅡ	石囲埋甕炉	21.0	17.4
7	三原田遺跡	1-49号	AⅡ	石囲埋甕炉	21.0	16.2
7	三原田遺跡	3-8号	AⅡ	石囲埋甕炉	21.0	15.0
7	三原田遺跡	3-8号	AⅡ	石囲埋甕炉	21.0	18.0
7	三原田遺跡	1-52号	AⅡ	石囲埋甕炉	21.6	15.6
7	三原田遺跡	7-32号	AⅡ	石囲埋甕炉	21.6	16.2
7	三原田遺跡	2-37A号	AⅡ	石囲埋甕炉	22.8	21.0
7	三原田遺跡	2-13号	AⅡ	石囲埋甕炉	23.4	24.6
7	三原田遺跡	3-36号	AⅡ	石囲埋甕炉	24.6	20.4
7	三原田遺跡	6-41号	AⅡ	石囲埋甕炉	24.6	19.8
7	三原田遺跡	3-19号	AⅡ	石囲埋甕炉	25.2	19.8
7	三原田遺跡	5-2号	AⅡ	石囲埋甕炉	26.4	21.6
7	三原田遺跡	3-52号	AⅡ	石囲埋甕炉	28.2	21.6
7	三原田遺跡	6-28号	AⅡ	石囲埋甕炉	30.0	21.6
7	三原田遺跡	7-32号	AⅡ	石囲埋甕炉	36.0	21.6
7	西小路遺跡	13号	AⅡ	石囲埋甕炉	24.9	16.8
7	西小路遺跡	17号	AⅡ	石囲埋甕炉	13.5	16.5
7	上ノ山遺跡	9号	AⅡ	石囲埋甕炉	32.4	24.0
7	上ノ山遺跡	14号	AⅡ	石囲埋甕炉	21.0	17.4
7	上ノ山遺跡	22号	AⅡ	石囲埋甕炉	22.2	17.1
7	上ノ山遺跡	27号	AⅡ	石囲埋甕炉	19.8	19.5
7	上ノ山遺跡	30号-1	AⅡ	石囲埋甕炉	16.5	14.1
7	上ノ山遺跡	30号-2	AⅡ	石囲埋甕炉	19.2	14.7
7	上ノ山遺跡	32号	AⅡ	石囲埋甕炉	21.0	18.9
7	上ノ山遺跡	46号	AⅡ	石囲埋甕炉	27.9	21.0
7	上ノ山遺跡	46号	AⅡ	石囲埋甕炉	14.4	18.0
7	上ノ山遺跡	48号	AⅡ	石囲埋甕炉	14.1	16.5
7	上ノ山遺跡	59号	AⅡ	石囲埋甕炉	18.0	17.4
7	上ノ山遺跡	24号	AⅡ	埋甕石囲炉	37.2	21.6
7	三原田遺跡	6-11号	AⅢ	石囲埋甕炉	15.0	8.4
7	三原田遺跡	6-10号	AⅢ	石囲埋甕炉	17.4	13.2
7	三原田遺跡	3-36号	AⅢ	石囲埋甕炉	18.6	12.0
7	三原田遺跡	1-16・41号	AⅢ	石囲埋甕炉	19.2	15.0
7	三原田遺跡	3-7号	AⅢ	石囲埋甕炉	23.4	18.6
7	三原田遺跡	1-25号	AⅢ	石囲埋甕炉	24.6	15.0
7	三原田遺跡	1-16・41号	AⅢ	石囲埋甕炉	24.6	15.0

付表 土器利用炉の集成 (3)

時期	遺跡名	住居NO	土器部位	炉形態	径	高さ
7	三原田遺跡	6-18号	AⅢ	石囲埋甕炉	25.8	14.4
7	三原田遺跡	5-17号	AⅢ	石囲埋甕炉	28.2	11.4
7	三原田遺跡	6-29号	AⅢ	石囲埋甕炉	29.4	18.0
7	上ノ山遺跡	28号	AⅢ	石囲埋甕炉	23.7	15.3
7	上ノ山遺跡	30号-2	AⅢ	石囲埋甕炉	21.0	12.3
7	上ノ山遺跡	34号	AⅢ	石囲埋甕炉	22.8	10.2
7	上ノ山遺跡	36号	AⅢ	石囲埋甕炉	17.4	12.6
i	上ノ山遺跡	38号	AⅢ	石囲埋甕炉	19.5	12.6
7	上ノ山遺跡	51号	AⅢ	石囲埋甕炉	17.7	13.8
7	上ノ山遺跡	62号	AⅢ	埋甕石囲炉	19.8	17.1
7	三原田遺跡	3-38号	BⅢ	石囲埋甕炉	15.0	12.0
7	三原田遺跡	6-2号	BⅢ	石囲埋甕炉	15.0	7.2
7	三原田遺跡	1-14号	BⅢ	石囲埋甕炉	16.2	12.0
7	三原田遺跡	7-13号	BⅢ	石囲埋甕炉	18.0	12.0
7	三原田遺跡	6-4号	BⅢ	石囲埋甕炉	24.6	16.2
7	三原田遺跡	5-5号	CⅡ	石囲埋甕炉	21.6	20.4
7	三原田遺跡	2-52号	CⅡ	石囲埋甕炉	24.6	20.4
7	三原田遺跡	1-42号	CⅢ	石囲埋甕炉	12.0	11.4
7	三原田遺跡	3-48号	CⅢ	石囲埋甕炉	16.2	12.0
7	三原田遺跡	7-6号	CⅢ	石囲埋甕炉	17.4	16.2
7	三原田遺跡	2-49号	CⅢ	石囲埋甕炉	18.0	14.4
7	三原田遺跡	3-14A号	CⅢ	石囲埋甕炉	18.0	7.2
7	三原田遺跡	1-82号	CⅢ	石囲埋甕炉	18.0	9.0
7	三原田遺跡	1-38号	CⅢ	石囲埋甕炉	18.6	15.6
7	三原田遺跡	1-51号	CⅢ	石囲埋甕炉	19.2	18.0
7	三原田遺跡	1-3号	CⅢ	石囲埋甕炉	21.0	12.0
7	三原田遺跡	3-14A号	CⅢ	石囲埋甕炉	21.0	12.6
7	三原田遺跡	3-20号	CⅢ	石囲埋甕炉	21.6	22.2
7	三原田遺跡	1-13号	CⅢ	石囲埋甕炉	22.2	13.8
7	三原田遺跡	3-43号	CⅢ	石囲埋甕炉	22.8	15.6
7	三原田遺跡	3-48号	CⅢ	石囲埋甕炉	22.8	15.0
7	三原田遺跡	5-16号	CⅢ	石囲埋甕炉	23.4	15.6
7	三原田遺跡	6-2号	CⅢ	石囲埋甕炉	25.8	13.8
7	三原田遺跡	1-58号	CⅢ	石囲埋甕炉	26.4	9.6
7	上ノ山遺跡	61号	CⅢ	石囲埋甕炉	28.5	18.0
7	三原田遺跡	3-26号	CⅣ	石囲埋甕炉	13.2	8.4
7	三原田遺跡	1-75号	CⅣ	石囲埋甕炉	13.2	9.6
7	三原田遺跡	5-13号	CⅣ	石囲埋甕炉	13.8	9.6
7	三原田遺跡	1-77号	CⅣ	石囲埋甕炉	13.8	7.8
7	三原田遺跡	7-1A号	CⅣ	石囲埋甕炉	15.0	10.2
7	三原田遺跡	2-25号	CⅣ	石囲埋甕炉	16.2	14.4
7	三原田遺跡	5-3号	CⅣ	石囲埋甕炉	16.8	10.8
7	三原田遺跡	4-9号	CⅣ	石囲埋甕炉	17.4	13.8
7	三原田遺跡	5-9号	CⅣ	石囲埋甕炉	18.6	11.4
7	三原田遺跡	3-13B号	CⅣ	石囲埋甕炉	19.8	21.0
7	三原田遺跡	1-16・41号	CⅣ	石囲埋甕炉	20.4	12.0
7	三原田遺跡	3-36号	CⅣ	石囲埋甕炉	21.0	12.0
7	三原田遺跡	1-31号	CⅣ	石囲埋甕炉	21.0	13.8
7	三原田遺跡	2-22号	CⅣ	石囲埋甕炉	21.0	12.0
7	三原田遺跡	3-11号	CⅣ	石囲埋甕炉	22.2	15.6
7	三原田遺跡	3-37号	CⅣ	石囲埋甕炉	22.8	12.0
7	三原田遺跡	5-8A号	CⅣ	石囲埋甕炉	23.4	12.0
7	三原田遺跡	1-16・41号	CⅣ	石囲埋甕炉	32.4	19.2
7	三原田遺跡	3-35B号	CⅣ	石囲埋甕炉	33.6	15.0
7	西小路遺跡	3号	CⅣ	石囲埋甕炉	10.5	6.3
7	上ノ山遺跡	60号	CⅣ	石囲埋甕炉	13.5	10.2
7	西小路遺跡	4号	CⅣ	石囲埋甕炉	11.4	11.7
7	三原田遺跡	5-5号	混難	石囲埋甕炉		

F 埼玉県地域

時期	遺跡名	住居NO	土器部位	炉形態	径	高さ
3	北遺跡	59号	AⅠ	埋甕炉	25.5	35.0
3	北遺跡	55号	AⅡ	埋甕炉	21.0	27.5
3	北遺跡	54号	AⅡ	埋甕炉	38.0	17.0
3	池田遺跡	7号	AⅢ	埋甕炉	15.0	13.2
3	下加遺跡	8号	AⅢ	埋甕炉	25.2	25.2
4	北遺跡	62号	AⅢ	埋甕炉	34.0	18.5
4	西ノ原遺跡	14号	AⅢ	埋甕炉	29.0	12.3
4	池田遺跡	2号	BⅡ	埋甕炉	16.0	19.5
4	西ノ原遺跡	32号	CⅡ	埋甕炉	17.2	19.5
4	下加遺跡	18号	CⅣ	埋甕炉	18.4	18.0
5	下加遺跡	16号	AⅢ	埋甕炉	29.2	11.6
5	北遺跡	70号	AⅢ	埋甕炉	36.0	13.5
5	西ノ原遺跡	16号	AⅢ	埋甕炉	36.0	19.2
5	西ノ原遺跡	53号	AⅢ	埋甕炉	36.0	15.0
5	下加遺跡	19号	AⅢ	埋甕炉	14.4	13.6
5	下加遺跡	15号	AⅢ	埋甕炉	17.2	16.4
5	原遺跡	3号	AⅢ	埋甕炉	19.5	17.5
5	原遺跡	1号	AⅢ	埋甕炉	21.0	16.0
5	北遺跡	2号	AⅢ	埋甕炉	31.0	16.5
5	西ノ原遺跡	22号	AⅢ	埋甕炉	28.0	14.0
5	西ノ原遺跡	20号	AⅢ	埋甕炉	32.4	20.8
5	西ノ原遺跡	45号	AⅢ	埋甕炉	25.6	16.8
5	西ノ原遺跡	117号	AⅢ	埋甕炉	19.5	11.7
5	西ノ原遺跡	11号	CⅢ	埋甕炉	24.8	18.0
5	西ノ原遺跡	17号	CⅢ	埋甕炉	36.3	15.9
6	北遺跡	52号	AⅡ	埋甕炉	24.0	20.0
6	将監塚遺跡	106号	AⅢ	石囲埋甕炉	30.0	10.0
6	池田遺跡	17号	AⅢ	埋甕炉	23.0	15.0
6	池田遺跡	19号	AⅢ	埋甕石囲炉	31.0	20.0
6	将監塚遺跡	1号	AⅢ	埋甕炉	18.5	9.0
6	池田遺跡	15号	AⅢ	埋甕炉	26.5	12.0
6	北遺跡	48号	AⅢ	埋甕炉	27.5	15.0
6	原遺跡	8号	AⅢ	埋甕炉	28.0	17.5
6	北遺跡	49号	AⅢ	埋甕炉	28.5	11.0
6	北遺跡	53号	AⅢ	埋甕炉	30.0	16.5
6	北遺跡	16号	AⅢ	埋甕炉	31.5	19.0
6	原遺跡	5号	AⅢ	埋甕炉	31.5	13.0
6	北遺跡	8号	AⅢ	埋甕炉	32.0	19.5
6	池田遺跡	18号	AⅢ	埋甕炉	32.5	22.5
6	北遺跡	29号	AⅢ	埋甕炉	34.0	15.5
6	原遺跡	4号	AⅢ	埋甕炉	36.0	16.5
6	北遺跡	15号	AⅢ	埋甕炉	38.0	27.5
6	北遺跡	67号	AⅢ	埋甕炉	38.0	14.0
6	将監塚遺跡	63号	AⅢ	埋甕炉	38.5	18.5
6	北遺跡	7号	AⅢ	埋甕炉	40.0	20.0
6	西ノ原遺跡	15号	AⅢ	埋甕炉	22.5	10.5
6	西ノ原遺跡	60号	AⅢ	埋甕炉	30.8	12.0
6	将監塚遺跡	89号	BⅢ	埋甕炉	14.0	12.0
6	将監塚遺跡	118号	CⅢ	埋甕炉	20.0	22.0
6	北遺跡	29号	CⅢ	埋甕炉	21.0	16.0
6	北遺跡	48号	CⅢ	埋甕炉	31.0	11.0
6	将監塚遺跡	44号	CⅣ	埋甕炉	14.0	7.5
6	台耕地遺跡	17号	CⅣ	埋甕炉	18.0	6.5
6	北遺跡	34号	CⅣ	埋甕炉	20.0	11.5
6	将監塚遺跡	4号	CⅣ	埋甕炉	21.0	16.5
6	北遺跡	52号	CⅣ	埋甕炉	27.5	12.5
6	将監塚遺跡	41a号	CⅣ	埋甕炉	30.0	18.0
6	将監塚遺跡	61号				
7	将監塚遺跡	38号	AⅠ	埋甕炉	12.5	13.0
7	将監塚遺跡	80号	AⅠ	埋甕炉	13.5	13.8
7	台耕地遺跡	39号	AⅡ	石囲埋甕炉	16.5	13.5
7	将監塚遺跡	100号	AⅡ	埋甕炉	18.5	17.0
7	将監塚遺跡	6号	AⅡ	埋甕炉	20.5	16.0
7	将監塚遺跡	71号	AⅡ	石囲埋甕炉	22.5	17.5
7	池田遺跡	23号	AⅡ	石囲埋甕炉	22.5	17.5
7	台耕地遺跡	40号	AⅡ	埋甕石囲炉	23.0	14.0
7	将監塚遺跡	107号	AⅡ	埋甕炉	16.0	15.0
7	下加遺跡	10号	AⅡ	埋甕炉	18.0	15.2
7	将監塚遺跡	78号	AⅡ	埋甕炉	20.0	15.0
7	将監塚遺跡	64号	AⅡ	埋甕炉	21.0	15.5
7	将監塚遺跡	87号	AⅡ	埋甕炉	21.0	20.0
7	将監塚遺跡	28号	AⅡ	埋甕炉	21.5	17.5
7	将監塚遺跡	87号	AⅡ	埋甕炉	22.0	20.5
7	将監塚遺跡	40号	AⅡ	埋甕炉	23.5	17.5
7	将監塚遺跡	21号	AⅡ	埋甕炉	25.0	17.5
7	将監塚遺跡	20号	AⅡ	埋甕炉	25.5	15.5
7	将監塚遺跡	48号	AⅡ	埋甕炉	36.5	20.5
7	北遺跡	39号	AⅡ	埋甕炉	38.5	40.0
7	北遺跡	45号	AⅡ	埋甕炉	45.5	40.0
7	将監塚遺跡	116号	AⅢ	石囲埋甕炉	14.0	12.5
7	将監塚遺跡	86号	AⅢ	埋甕炉	21.0	11.0
7	将監塚遺跡	38号	AⅢ	埋甕炉	21.5	12.5
7	将監塚遺跡	68号	AⅢ	埋甕炉	22.0	10.5
7	将監塚遺跡	68号	AⅢ	埋甕炉	22.5	11.0
7	将監塚遺跡	79号	AⅢ	埋甕炉	27.0	12.0
7	将監塚遺跡	68号	AⅢ	埋甕炉	29.0	11.0
7	将監塚遺跡	13号	AⅢ	埋甕炉	40.5	23.5
7	将監塚遺跡	21号	BⅡ	埋甕炉	12.0	11.5
7	将監塚遺跡	101号	BⅢ	埋甕炉	17.5	8.0
7	将監塚遺跡	80号	BⅢ	埋甕炉	27.5	11.0
7	将監塚遺跡	60号	CⅡ	埋甕炉	13.0	16.0
7	将監塚遺跡	111号	CⅢ	石囲埋甕炉	23.0	12.0
7	将監塚遺跡	7号	CⅢ	埋甕炉	26.5	16.5
7	将監塚遺跡	23号	CⅢ	埋甕石囲炉	20.0	14.0

付表　土器利用炉の集成（4）

時期	遺跡名	住居NO	土器部位	炉形態	径	高さ
7	将監塚遺跡	8号	CⅢ	埋甕炉	18.5	11.0
7	将監塚遺跡	35号	CⅢ	埋甕炉	20.0	13.5
7	将監塚遺跡	37号	CⅢ	埋甕炉	21.5	15.0
7	池田遺跡	22号	CⅢ	埋甕炉	22.0	12.5
7	将監塚遺跡	107号	CⅢ	埋甕炉	23.5	18.5
7	将監塚遺跡	52号	CⅢ	埋甕炉	41.0	20.0
7	台耕地遺跡	45号	CⅣ	石囲埋甕炉	13.0	9.5
7	池田遺跡	13号	CⅣ	石囲埋甕炉	14.5	7.5
7	台耕地遺跡	31号	CⅣ	埋甕炉	17.0	11.5
7	将監塚遺跡	88号	CⅣ	埋甕炉	19.0	14.0
7	将監塚遺跡	107号	CⅣ	埋甕炉	20.5	9.5
7	将監塚遺跡	115号	CⅣ	埋甕炉	24.0	11.0
7	将監塚遺跡	97号	CⅣ	埋甕炉	25.0	11.0
7	北遺跡	30号	CⅣ	埋甕炉	35.0	18.5
7	将監塚遺跡	121号	CⅣ	埋甕炉	37.5	20.0
7	将監塚遺跡	32号	CⅣ	埋甕炉	38.5	16.0

G　東京山麓地域

時期	遺跡名	住居NO	土器部位	炉形態	径	高さ
1	郷田原遺跡	J-13号	AⅡ	埋甕炉	30.4	21.6
1	神谷原遺跡	10号	AⅡ	埋甕炉	32.0	30.4
1	郷田原遺跡	J-1号	BⅢ	埋甕炉	26.0	21.0
1	郷田原遺跡	J-2号	CⅢ	埋甕炉	40.4	10.8
1	郷田原遺跡	J-18号	CⅣ	埋甕炉	16.4	14.0
1	神谷原遺跡	113号	CⅣ	埋甕炉	19.2	14.0
1	郷田原遺跡	J-1号	CⅣ	埋甕炉	20.4	12.4
1	郷田原遺跡	J-2号	CⅣ	埋甕炉	21.2	10.8
2	宇津木台遺跡	106号	AⅠ	埋甕炉	15.6	22.2
2	神谷原遺跡	123号	AⅠ	埋甕炉	24.0	28.8
2	神谷原遺跡	148号	AⅡ	埋甕炉	18.0	20.0
2	神谷原遺跡	202号	AⅡ	埋甕炉	22.8	22.8
2	郷田原遺跡	J-8号	AⅡ	埋甕炉	32.5	18.5
2	宇津木台遺跡	102号	AⅡ	埋甕炉	34.2	28.2
2	神谷原遺跡	178号	AⅡ	埋甕炉	20.4	16.0
2	神谷原遺跡	182号	AⅢ	埋甕炉	26.8	16.0
2	神谷原遺跡	147号	AⅢ	埋甕炉	31.6	9.2
2	神谷原遺跡	122号	AⅢ	埋甕炉	37.2	19.2
2	神谷原遺跡	122号	BⅢ	埋甕炉	20.0	18.0
2	神谷原遺跡	160号	CⅢ	埋甕炉	24.0	17.6
2	神谷原遺跡	178号	CⅣ	埋甕炉	21.2	12.0
2	宇津木台遺跡	105号	CⅣ	埋甕炉	21.6	18.0
2	神谷原遺跡	112号	CⅣ	埋甕炉	23.2	15.6
2	神谷原遺跡	155A号	CⅣ	埋甕炉	23.2	15.6
2	宇津木台遺跡	105号	CⅣ	埋甕炉	25.8	19.2
2	神谷原遺跡	155A号	CⅣ	埋甕炉	27.2	16.0
3	大原D遺跡	12号	AⅡ	埋甕炉	20.5	4.7
3	宇津木台遺跡	11号	AⅡ	埋甕石囲炉	32.4	25.2
3	宇津木台遺跡	72号	AⅡ	埋甕炉	16.2	19.2
3	滑坂遺跡	26号	AⅡ	埋甕炉	19.0	17.0
3	宇津木台遺跡	50号	AⅡ	埋甕炉	20.4	27.0
3	大原D遺跡	8号	AⅡ	埋甕炉	20.5	20.5
3	郷田原遺跡	J-11号	AⅡ	埋甕炉	20.4	20.8
3	滑坂遺跡	42号	AⅡ	埋甕炉	21.0	22.4
3	郷田原遺跡	J-5号	AⅡ	埋甕炉	22.0	22.5
3	郷田原遺跡	J-3号	AⅡ	埋甕炉	24.4	19.2
3	神谷原遺跡	158号	AⅡ	埋甕炉	27.2	28.0
3	精進バケ遺跡	26号	AⅡ	埋甕炉	30.0	30.0
3	神谷原遺跡	55号	AⅡ	埋甕炉	32.0	34.4
3	滑坂遺跡	33号	AⅡ	埋甕炉	33.0	22.0
3	滑坂遺跡	54号	AⅡ	埋甕炉	38.0	26.8
3	滑坂遺跡	60号	AⅡ	埋甕炉	20.0	17.2
3	大原D遺跡	3号	AⅢ	埋甕炉	25.5	16.0
3	大原D遺跡	11号	AⅢ	埋甕炉	21.0	14.5
3	神谷原遺跡	67号	AⅢ	埋甕炉	25.6	18.4
3	滑坂遺跡	60号	AⅢ	埋甕炉	34.0	19.0
3	大原D遺跡	10号	CⅡ	埋甕炉	20.5	15.0
3	宇津木台遺跡	38号	CⅡ	石囲埋甕炉	32.4	26.4
3	滑坂遺跡	64号	CⅣ	埋甕炉	19.0	14.0
3	滑坂遺跡	15号	CⅣ	埋甕炉	17.0	22.0
3	留原	7号	CⅣ	埋甕炉	21.6	13.8
3	大原D遺跡	6号	CⅣ	埋甕炉	31.5	20.0
4	宇津木台遺跡	46号	AⅡ	石囲埋甕炉	22.8	18.0
4	滑坂遺跡	47号	AⅡ	埋甕炉	25.6	26.8
4	滑坂遺跡	57号	AⅡ	埋甕炉	26.0	25.0
4	宇津木台遺跡	62A号	AⅡ	石囲埋甕炉	30.6	30.0
4	滑坂遺跡	28号	AⅡ	埋甕炉	24.0	22.0
4	宇津木台遺跡	78号	AⅡ	埋甕炉	31.8	25.2
4	精進バケ遺跡	14号1	AⅢ	石囲埋甕炉	33.0	19.2
4	宇津木台遺跡	62B号	AⅢ	埋甕炉	31.2	21.0
4	神谷原遺跡	110号	AⅢ	埋甕炉	20.4	17.6
4	神谷原遺跡	142号	AⅢ	埋甕炉	24.8	20.8
4	滑坂遺跡	87号	AⅢ	埋甕炉	29.0	20.8
4	精進バケ遺跡	14号5	AⅢ	埋甕炉	破片	
4	宇津木台遺跡	62A号	CⅢ	埋甕炉	23.4	19.4
4	滑坂遺跡	66号	CⅢ	埋甕炉	30.0	24.0
4	宇津木台遺跡	83号	CⅣ	埋甕炉	37.2	15.0
4	精進バケ遺跡	14号4	CⅣ	埋甕炉	17.4	20.4
4	滑坂遺跡	11号	CⅣ	埋甕炉	19.2	19.0
4	滑坂遺跡	46号	CⅣ	埋甕炉	25.6	20.8
4	精進バケ遺跡	14号3	CⅣ	埋甕炉	30.0	18.6
4	精進バケ遺跡	14号2	CⅣ	埋甕炉	32.4	19.2
4	滑坂遺跡	89号		埋甕炉		
5	留原	5号	AⅠ?	埋甕炉	19.2	24.0
5	宇津木台遺跡	92号	AⅡ	石囲埋甕炉	18.0	30.6
5	滑坂遺跡	22号	AⅡ	埋甕石囲炉	25.0	26.4
5	西上遺跡	1号	AⅡ	埋甕炉	27.5	24.5
5	精進バケ遺跡	19号1	AⅡ	埋甕炉	36.6	18.0
5	精進バケ遺跡	13a号	AⅢ	埋甕炉	18.6	24.0
5	滑坂遺跡	14号	AⅢ	埋甕炉	20.4	12.8
5	滑坂遺跡	8号	AⅢ	埋甕炉	25.0	15.0
5	精進バケ遺跡	16号	AⅢ	埋甕炉	25.2	20.0
5	精進バケ遺跡	17号	AⅢ	埋甕炉	27.0	27.0
5	滑坂遺跡	13号	AⅢ	埋甕石囲炉	28.8	26.0
5	滑坂遺跡	27号	AⅢ	埋甕石囲炉	35.0	31.0
5	滑坂遺跡	70号	AⅢ	埋甕炉	25.0	16.4
5	滑坂遺跡	17号	AⅢ	埋甕炉	37.6	19.2
5	宇津木台遺跡	45A号	BⅡ	埋甕炉	10.8	13.8
5	滑坂遺跡	12号	BⅡ	埋甕炉	22.0	26.0
5	滑坂遺跡	25号	BⅡ	埋甕炉	40.8	23.0
5	滑坂遺跡	37号	BⅢ	埋甕炉	13.2	11.2
5	滑坂遺跡	12号	BⅢ	埋甕炉	14.4	13.2
5	宇津木台遺跡	64号	CⅢ	埋甕炉	36.0	22.8
5	滑坂遺跡	61号	CⅢ	埋甕石囲炉	37.0	27.0
5	西上遺跡	2号	CⅢ	埋甕石囲炉	42.5	20.0
5	留原	3a号	CⅢ	埋甕炉	45.6	21.6
5	精進バケ遺跡	19号2	CⅢ	埋甕炉	33.0	30.0
5	宇津木台遺跡	09C号	CⅣ	埋甕炉	25.2	9.6
6	滑坂遺跡	48号	AⅠ	埋甕石囲炉	27.0	35.0
6	滑坂遺跡	36号	AⅡ	石囲埋甕炉	22.0	18.0
6	長沢遺跡	1号	AⅡ	埋甕炉	21.5	18.5
6	精進バケ遺跡	32号	AⅡ	埋甕炉	24.6	15.2
6	宇津木台遺跡	75号	AⅡ	埋甕炉	26.4	22.2
6	留原	3b号	AⅡ	埋甕炉	39.0	34.2
6	宇津木台遺跡	43号	AⅡ	石囲埋甕炉	24.0	15.0
6	精進バケ遺跡	5b号	AⅢ	埋甕炉	22.8	17.4
6	精進バケ遺跡	5d号	AⅢ	埋甕炉	24.6	24.0
6	宇津木台遺跡	32号	AⅢ	埋甕炉	31.2	21.0
6	滑坂遺跡	19号	AⅢ	埋甕炉	41.0	24.0
6	滑坂遺跡	20号	AⅢ	埋甕炉	43.0	20.8
6	滑坂遺跡	67号	AⅢ	埋甕炉	40.0	24.4
6	滑坂遺跡	84号	AⅢ	埋甕炉	42.0	32.0
6	滑坂遺跡	52号	CⅣ	埋甕炉	21.6	12.8
7	宇津木台遺跡	84号	AⅡ	石囲埋甕炉	15.6	15.6
7	滑坂遺跡	66号	AⅡ	埋甕炉	20.4	18.0
7	精進バケ遺跡	16号	AⅢ	石囲埋甕炉	25.2	16.0
7	滑坂遺跡	66号	BⅡ	埋甕炉	35.4	40.8

H　神奈川県地域

時期	遺跡名	住居NO	土器部位	炉形態	径	高さ
2	当麻遺跡	33号	CⅠ	埋甕炉	15.6	16.8
2	川尻遺跡	3号	CⅣ	埋甕炉	18.0	17.0
2	当麻遺跡	48号	CⅣ	埋甕炉	24.0	22.0
3	谷川遺跡	9号	AⅠ	埋甕炉	19.6	25.6
3	上白根おもて遺跡	60号	AⅡ	埋甕石囲炉	22.8	18.0
3	大口台遺跡	11号	AⅡ	埋甕炉	24.0	30.0
3	大口台遺跡	31号	AⅡ	埋甕炉	40.0	33.0
3	上白根おもて遺跡	29号	AⅢ	埋甕炉	20.0	19.2
3	上白根おもて遺跡	38号	BⅢ	埋甕炉	16.2	6.0
3	尾崎遺跡	9号	CⅢ	埋甕炉	32.4	36.0
3	上白根おもて遺跡	27号	CⅢ	埋甕炉	25.6	22.4
3	上白根おもて遺跡	51号	CⅣ	石囲埋甕炉	19.2	12.0
3	上白根おもて遺跡	38号	CⅣ	埋甕炉	16.2	13.2
3	上白根おもて遺跡	74号	CⅣ	埋甕炉	18.0	16.2
3	上白根おもて遺跡	25号	CⅣ	埋甕炉	21.0	16.0

付表　土器利用炉の集成　55

付表　土器利用炉の集成（5）

時期	遺跡名	住居NO	土器部位	炉形態	径	高さ
4	上白根おもて遺跡	28号	AⅡ	埋甕炉	28.0	20.4
4	上白根おもて遺跡	52号	AⅡ	埋甕炉	30.0	25.8
4	上白根おもて遺跡	45号	CⅢ	埋甕炉	17.4	15.0
4	上白根おもて遺跡	61号	CⅣ	埋甕炉	18.6	16.8
4	上白根おもて遺跡	23号	CⅣ	埋甕炉	25.8	21.0
4	上白根おもて遺跡	18号	CⅣ	埋甕炉	26.4	14.4
4	上白根おもて遺跡	26号	CⅣ	埋甕炉	28.2	22.2
5	上白根おもて遺跡	31号	AⅠ	埋甕炉	22.8	10.0
5	川尻遺跡	29号	AⅡ	埋甕石囲炉	29.5	32.0
5	上白根おもて遺跡	24号	AⅢ	埋甕炉	25.2	21.6
5	川尻遺跡	40号	AⅢ	埋甕炉	29.0	18.5
5	上白根おもて遺跡	27号	AⅢ	埋甕炉	31.8	24.6
5	山田大塚遺跡	15号	AⅢ	埋甕炉	35.2	15.0
5	上白根おもて遺跡	62号	AⅢ	埋甕炉	30.0	19.2
5	当麻遺跡	63号	AⅢ	埋甕炉	46.0	24.0
5	山田大塚遺跡	1号	CⅡ	埋甕炉	49.6	32.0
5	上白根おもて遺跡	37号	CⅢ	埋甕炉	24.0	13.8
5	上白根おもて遺跡	43号	CⅣ	埋甕炉	20.4	9.6
5	上白根おもて遺跡	43号	CⅣ	埋甕炉	24.8	12.6
5	上白根おもて遺跡	37号	CⅣ	埋甕炉	27.0	19.8
5	当麻遺跡	23号		埋甕炉		
6	谷川遺跡	10号	AⅠ	埋甕石囲炉	32.0	19.0
6	大口台遺跡	43号	AⅡ	埋甕炉	21.6	16.4
6	大口台遺跡	26号	AⅡ	埋甕炉	24.8	19.2
6	大口台遺跡	38号	AⅡ	埋甕炉	26.4	18.0
6	当麻遺跡	74号	AⅡ	埋甕炉	27.0	18.0
6	上白根おもて遺跡	30号	AⅡ	埋甕炉	27.0	22.0
6	当麻遺跡	30号	AⅡ	埋甕炉	28.8	21.6
6	大口台遺跡	28号	AⅡ	埋甕炉	32.4	24.0
6	大口台遺跡	30号	AⅡ	埋甕炉	36.0	24.0
6	当麻遺跡	14号	AⅡ	埋甕炉	37.8	24.0
6	大口台遺跡	42号	AⅡ	埋甕炉	38.8	23.0
6	上白根おもて遺跡	36号	AⅡ	埋甕炉	27.0	19.0
6	当麻遺跡	73号	AⅡ	埋甕炉	31.0	16.0
6	上白根おもて遺跡	21号	AⅡ	埋甕炉	31.8	22.2
6	大口台遺跡	14号	AⅡ	埋甕炉	38.0	20.0
6	上白根おもて遺跡	22号	AⅡ	埋甕炉	26.4	18.0
6	川尻遺跡	34号	AⅡ	埋甕炉	34.4	19.5
6	上白根おもて遺跡	4号	AⅡ	埋甕炉	39.6	15.0
6	上白根おもて遺跡	33号	AⅡ	埋甕炉	40.8	12.6
6	当麻遺跡	7号A	AⅡ	埋甕炉	41.4	25.2
6	山田大塚遺跡	16号	AⅡ	埋甕炉	18.0	12.0
6	山田大塚遺跡	3号	AⅡ	埋甕炉	28.8	17.2
6	当麻遺跡	7号B	AⅡ	埋甕炉	31.2	25.8
6	上白根おもて遺跡	5号	AⅡ	埋甕炉	31.2	14.4
6	上白根おもて遺跡	53号	AⅡ	埋甕炉	39.0	21.0
6	当麻遺跡	8号A	CⅢ	埋甕炉	22.2	19.8
6	上白根おもて遺跡	11号	CⅣ	埋甕炉	30.0	14.4
6	上白根おもて遺跡	3号	CⅣ	埋甕炉	46.0	15.0
6	当麻遺跡	8号B	CⅣ	埋甕炉	25.8	9.0
6	谷川遺跡	15号	CⅣ	埋甕炉	28.0	15.0
6	上白根おもて遺跡	20号	CⅣ	埋甕炉	30.6	16.8
7	向原事業地内遺跡		AⅡ	石囲埋甕炉	20.4	18.6
7	当麻遺跡	38号	BⅡ	埋甕炉	28.8	13.0
7	当麻遺跡	69号	CⅡ	石囲埋甕炉		
7	当麻遺跡	46号	CⅣ	埋甕石囲炉	28.0	15.6

Ⅰ 東京平野部地域

時期	遺跡名	住居NO	土器部位	炉形態	径	高さ
1	はらやま遺跡	5号	BⅢ	埋甕炉	27.0	24.0
2	自由学園南遺跡	23号	CⅣ	埋甕炉	13.5	7.5
3	自由学園南遺跡	15号	AⅡ	埋甕炉	24.0	27.5
3	貫井遺跡	11号	AⅡ	埋甕炉	30.0	25.0
3	中山谷遺跡	7号	AⅡ	埋甕炉	33.0	27.0
3	南養寺遺跡	3号	AⅡ	埋甕炉	36.4	14.0
3	南養寺遺跡	2号	AⅢ	埋甕炉	22.8	15.0
3	第五中学校遺跡	11号	AⅢ	埋甕炉	33.0	16.0
3	南養寺遺跡	6号(旧)	CⅢ	埋甕炉	24.0	17.6
3	自由学園南遺跡	5号(旧)	CⅣ	埋甕炉	20.4	19.8
4	はらやま遺跡	27B号	AⅡ	埋甕炉	20.4	12.0
4	はらやま遺跡	33号	AⅡ	埋甕炉	24.0	16.2
4	はらやま遺跡	27B号	AⅡ	埋甕炉	22.8	18.0
4	はらやま遺跡	25号	AⅡ	埋甕炉	24.0	22.0
4	自由学園南遺跡	5号(新)	AⅡ	埋甕炉	22.0	25.5
4	頌訪山遺跡Ⅱ	54号	AⅡ	埋甕炉	32.0	24.0
4	貫井遺跡	1号	CⅡ	埋甕炉	31.0	25.8
4	貫井遺跡	6号	CⅣ	埋甕石囲炉	24.0	21.0
5	はらやま遺跡	30号	AⅡ	埋甕炉	14.4	24.0
5	自由学園南遺跡	7号	AⅡ	埋甕炉	34.5	38.0
5	南養寺遺跡	1号	AⅢ	埋甕石囲炉	19.2	15.0
5	堂ケ谷戸遺跡	21号	AⅢ	埋甕炉	21.2	17.0
5	扇山遺跡	8号	AⅢ	埋甕炉	21.2	14.0
5	蛇崩遺跡	18号	AⅡ	埋甕炉	24.0	20.0
5	勅坂遺跡	4号	AⅡ	埋甕炉	25.8	15.0
5	はらやま遺跡	17号	AⅢ	埋甕炉	28.0	13.2
5	堂ケ谷戸遺跡	22号	AⅢ	埋甕炉	28.0	17.0
5	中山谷遺跡	3号	AⅢ	埋甕炉	28.0	16.2
5	蛇崩遺跡	13号	AⅢ	埋甕炉	30.0	11.0
5	中山谷遺跡	1号	AⅢ	埋甕石囲炉	30.6	26.4
5	はらやま遺跡	10号	BⅡ	埋甕炉	30.0	19.2
5	中山谷遺跡	15号	CⅡ	埋甕炉	27.0	21.6
5	はらやま遺跡	17号	CⅣ	埋甕炉	16.2	10.2
5	第五中学校遺跡	17号	CⅣ	埋甕炉	22.0	12.0
6	はらやま遺跡	28A号	AⅡ	埋甕石囲炉	24.0	20.4
6	自由学園南遺跡	17号	AⅡ	埋甕炉	25.5	18.0
6	はらやま遺跡	31号	AⅡ	埋甕炉	27.6	19.8
6	はらやま遺跡	7A号	AⅡ	埋甕炉	37.8	30.0
6	はらやま遺跡	9号	AⅢ	石囲埋甕炉	24.0	14.4
6	蛇崩遺跡	15号	AⅢ	埋甕炉	26.8	18.0
6	下野毛遺跡	25号	AⅢ	埋甕炉	35.0	14.4
6	はらやま遺跡	4B号	AⅢ	埋甕炉	39.0	16.8
6	中山谷遺跡	4号	AⅢ	埋甕炉	22.0	11.0
6	扇山遺跡	26号	AⅢ	埋甕炉	22.0	15.2
6	蛇崩遺跡	19号	AⅢ	埋甕炉	24.0	14.0
6	蛇崩遺跡	5号	AⅢ	埋甕炉	25.6	17.0
6	下野毛遺跡	19号	AⅢ	埋甕炉	26.8	20.0
6	自由学園南遺跡	35号	AⅢ	埋甕炉	30.0	16.5
6	中山谷遺跡	9号	AⅢ	埋甕炉	30.0	11.0
6	自由学園南遺跡	16号	AⅢ	埋甕炉	31.0	15.0
6	下野毛遺跡	19号	AⅢ	埋甕炉	32.0	18.0
6	下野毛遺跡	23号	AⅢ	埋甕炉	32.0	20.4
6	扇山遺跡	22号	AⅢ	埋甕炉	34.4	15.0
6	自由学園南遺跡	24号	AⅢ	埋甕炉	36.0	18.0
6	中山谷遺跡	10号	AⅢ	埋甕炉	39.6	21.0
6	堂ケ谷戸遺跡	20b号	AⅢ	埋甕炉	40.5	17.0
6	下野毛遺跡	21号	AⅢ	埋甕炉	44.0	16.4
6	下野毛遺跡	16号	CⅢ	埋甕炉	30.8	10.0
6	下野毛遺跡	59号	CⅣ	埋甕炉	20.4	11.2
7	頌訪山遺跡Ⅱ	53号		土器紛失埋甕炉		
7	頌訪山遺跡Ⅱ	59号	AⅠ	埋甕炉	15.6	20.8
7	頌訪山遺跡Ⅱ	50号	AⅡ	石囲埋甕炉	14.8	14.4
7	扇山遺跡	9号	AⅡ	埋甕炉	4.6	18
7	自由学園南遺跡	20号	AⅢ	埋甕炉	39.5	20
7	頌訪山遺跡Ⅱ	51号	BⅡ	石囲埋甕炉	14.0	18.8
7	頌訪山遺跡Ⅱ	59号	BⅡ	埋甕炉	13.6	16
7	はらやま遺跡	4A号	CⅣ	埋甕炉	12.0	7.8
7	扇山遺跡	21号	CⅣ	埋甕炉	13.6	12
7	はらやま遺跡	12A号	CⅣ	埋甕炉	13.8	9
7	はらやま遺跡	20号	CⅣ	埋甕炉	13.8	6
7	はらやま遺跡	26号	CⅣ	埋甕炉	15.0	10.8
6	第五中学校遺跡	8号		土器不明石囲埋甕炉		
6	第五中学校遺跡	12号		土器不明埋甕炉		

J 千葉県地域

時期	遺跡名	住居NO	土器部位	炉形態	径	高さ
3	草刈遺跡	190B号	AⅡ	埋甕炉	24.0	22.0
3	草刈遺跡	190A号	AⅡ	埋甕炉	23.5	13.0
5	草刈遺跡	493号	AⅠ	埋甕炉	30.5	9.0
5	草刈遺跡	202号	AⅡ	埋甕炉	17.5	20.0
5	草刈遺跡	207A号	AⅡ	埋甕炉	31.5	21.5
5	草刈遺跡	681号	AⅡ	埋甕炉	30.0	9.5
6	高根木戸遺跡	69号	AⅠ	埋甕炉	26.0	16.5
6	草刈遺跡	205A号	AⅡ	埋甕炉	12.5	13.0
6	草刈遺跡	478号	AⅡ	埋甕炉	14.0	11.0
6	草刈遺跡	187C号	AⅡ	埋甕炉	21.5	21.0
6	草刈遺跡	205B号	AⅡ	埋甕炉	27.5	14.5
6	草刈遺跡	195号	AⅡ	埋甕炉	30.0	21.5
6	草刈遺跡	197A号	AⅡ	埋甕炉	19.5	12.5
6	草刈遺跡	210A号	AⅢ	埋甕炉	22.0	15.0
6	草刈遺跡	163B号	AⅢ	埋甕炉	26.0	16.5
6	高根木戸遺跡	43号	AⅢ	埋甕炉	29.0	21.5
6	草刈遺跡	211号	AⅢ	埋甕炉	31.0	10.0
6	高根木戸遺跡	38号	AⅢ	埋甕炉	33.5	14.0
6	高根木戸遺跡	71号	AⅢ	埋甕炉	33.5	18.5

付表　土器利用炉の集成 (6)

6	高根木戸遺跡	47号	AⅢ	埋甕炉	34.5	16.5	7	草刈遺跡	203B号	AⅢ	埋甕炉	45.0	15.0
6	草刈遺跡	203A号	AⅢ	埋甕炉	35.0	17.5	7	草刈遺跡	124B号	BⅢ	埋甕炉	15.0	10.5
6	高根木戸遺跡	2号	BⅡ	埋甕炉	14.0	15.5	7	草刈遺跡	248号	CⅢ	石囲埋甕炉	21.0	16.0
6	高根木戸遺跡	13号	BⅢ	埋甕炉			7	草刈遺跡	299号	CⅢ	埋甕炉	15.5	15.5
6	高根木戸遺跡	67号	CⅡ	埋甕炉	24.0	23.5	7	草刈遺跡	509号	CⅢ	埋甕炉	16.0	15.0
6	草刈遺跡	118B号	CⅢ	埋甕炉	27.0	14.0	7	草刈遺跡	237号	CⅢ	埋甕炉	41.0	15.5
6	草刈遺跡	207B号	CⅣ	石囲埋甕炉	14.0	15.0	7	高根木戸遺跡	31号	CⅣ	石囲埋甕炉	13.5	10.0
6	草刈遺跡	39号	CⅣ	埋甕炉	25.5	12.5	7	高根木戸遺跡	208E号	CⅣ	埋甕炉	15.0	10.5
6	草刈遺跡	208B号	CⅣ	埋甕炉	30.5	11.5	7	高根木戸遺跡	11号	CⅣ	埋甕炉	10.5	10.0
7	草刈遺跡	477B号	AⅡ	埋甕炉	18.5	15.5	7	草刈遺跡	505B号	CⅣ	埋甕炉	12.0	8.0
7	草刈遺跡	209F号	AⅡ	埋甕炉	19.5	14.0	7	草刈遺跡	518号	CⅣ	埋甕炉	12.0	12.0
7	高根木戸遺跡	48号	AⅡ	埋甕炉	22.0	16.5	7	草刈遺跡	347B号	CⅣ	埋甕炉	13.5	10.0
7	高根木戸遺跡	245A号	AⅡ	埋甕炉	28.5	18.0	7	草刈遺跡	170号	CⅣ	埋甕炉	15.0	14.5
7	高根木戸遺跡	26号	AⅡ	埋甕炉	30.0	20.4	7	草刈遺跡	163A号	CⅣ	埋甕炉	16.5	13.5
7	草刈遺跡	260号	AⅡ	埋甕炉	45.0	27.5	7	草刈遺跡	23号	CⅣ	埋甕炉	20.0	13.5
7	草刈遺跡	268A号	AⅡ	埋甕炉	50.0	50.0	7	草刈遺跡	147号	CⅣ	埋甕炉	31.0	11.0
7	草刈遺跡	171A号	AⅢ	石囲埋甕炉	21.5	16.5	7	草刈遺跡	14号	CⅣ	埋甕炉	54.0	15.0
7	草刈遺跡	178B号	AⅢ	埋甕石囲炉	19.0	13.0	7	高根木戸遺跡	28号		埋甕炉		
7	高根木戸遺跡	30号	AⅢ	埋甕炉	40.0	16.0							
7	草刈遺跡	477A号	AⅢ	埋甕炉	40.5	18.5							
7	草刈遺跡	259号	AⅢ	埋甕炉	41.0	16.5							

（集計データは 1998 年 10 月現在）

資料出典

A 伊那谷地域

●南原遺跡「南原」1977　駒ヶ根市教育委員会　●丸山南遺跡「丸山南遺跡」1977　駒ヶ根市教育委員会　●反目遺跡「反目・遊光・殿村・小林遺跡」1990　駒ヶ根市教育委員会　●丸山遺跡「丸山遺跡」1990・1994　箕輪町教育委員会　●尾越遺跡「昭和46年度長野県中央道埋蔵文化財包蔵地発掘調査報告書—上伊那郡飯島町地内その1—」1972　長野県教育委員会　●原垣外遺跡「原垣外遺跡」1978　駒ヶ根市教育委員会　●大城林遺跡「大城林・北方Ⅰ・Ⅱ・湯原・射殿場・南原・横前新田・塩木・北原・富士山」1974　駒ヶ根市教育委員会　●月見松遺跡「昭和48年度長野県中央道埋蔵文化財包蔵地発掘調査報告書—伊那市内その2—」1974　長野県教育委員会　●中山遺跡「中山遺跡」1985　箕輪町教育委員会　●横吹遺跡「鳥井田・横吹・城の腰・安岡城遺跡」1983　伊那市教育委員会　●天庄Ⅱ遺跡「宮垣外・天庄Ⅱ・堀の内・小花岡遺跡」1980　伊那市教育委員会　●荒神社矢沢遺跡「昭和48年度長野県中央道埋蔵文化財包蔵地発掘調査報告書—辰野町その2—」1974　長野県教育委員会　●大芝東遺跡「昭和47年度長野県中央道埋蔵文化財包蔵地発掘調査報告書—上伊那郡南箕輪村その1,その2—」1973　長野県教育委員会　●樋口五反田遺跡「昭和47年度長野県中央道埋蔵文化財包蔵地発掘調査報告書—上伊那郡辰野町その1—」1973　長野県教育委員会　●高見原遺跡「高見原遺跡」1987　駒ヶ根市教育委員会　●堂地遺跡「昭和48年度長野県中央道埋蔵文化財包蔵地発掘調査報告書—上伊那郡箕輪町—」1974　長野県教育委員会　●三つ塚上遺跡「三つ塚・田中上」1979　宮田村教育委員会　●羽場下遺跡「羽場下・舟山」1972　駒ヶ根市教育委員会　●上の林遺跡「上の林遺跡」1981　箕輪町教育委員会　●中道遺跡「堂地遺跡・中道遺跡」1989　箕輪町教育委員会　●垣外遺跡「ツルサシ遺跡・ミカド遺跡・増田遺跡・垣外遺跡」1989　上郷町教育委員会　●桜畑遺跡「桜畑遺跡」1981　伊那市教育委員会　●上の山遺跡「上の山遺跡Ⅲ」1990　辰野町教育委員会　●中越遺跡「第10次発掘調査報告書(中越遺跡)」1991　宮田村教育委員会　●北高根A遺跡「昭和47年度長野県中央道埋蔵文化財包蔵地発掘調査報告書—上伊那郡南箕輪村その1・2—」1973　長野県教育委員会　●天伯A遺跡「下伊那郡鼎町天伯A遺跡」1975　鼎町教育委員会

B 諏訪盆地〜八ヶ岳西麓地域

●広畑遺跡「榎垣外・広畑・新井南遺跡発掘調査報告書(概報)」1991　岡谷市教育委員会　●船霊社遺跡「昭和52・53年度長野県中央道埋蔵文化財包蔵地発掘調査報告書—岡谷市その4—」1980　長野県教育委員会　●棚畑遺跡「棚畑」1990　茅野市教育委員会　●居ియự尾根遺跡「昭和51・52年度長野県中央道埋蔵文化財包蔵地発掘調査報告書—原村その4—」1980　長野県教育委員会　●高部遺跡「高部遺跡」1983　茅野市教育委員会　●唐渡宮遺跡「唐渡宮」1983　富士見町教育委員会　●坂上遺跡「唐渡宮」1899　富士見町教育委員会　●鴨田遺跡「鴨田遺跡」1992　茅野市教育委員会　●中ツ原遺跡「中ツ原遺跡」1993　茅野市教育委員会　●判の木山東遺跡「昭和51年度長野県中央道埋蔵文化財包蔵地発掘調査報告書—茅野市・原町その2—」1979　長野県教育委員会　●高風呂遺跡「高風呂遺跡」1986　茅野市教育委員会　●下ノ原遺跡「下ノ原遺跡・川久保古墳」1975　茅野市教育委員会　●九兵衛尾根遺跡「井戸尻」1965　中央公論美術出版　●洛沢遺跡「井戸尻」1965　中央公論美術出版　●井戸尻遺跡「井戸尻」1965　中央公論美術出版　●藤内遺跡「井戸尻」1965　中央公論美術出版　●曽利遺跡「井戸尻」1965　中央公論美術出版　●頭殿沢遺跡「昭和51〜53年度長野県中央道埋蔵文化財包蔵地発掘調査報告書—茅野市・原村その3・茅野市その4・富士見町その3—」1981　長野県教育委員会　●大石遺跡「昭和50年度長野県中央道埋蔵文化財包蔵地発掘調査報告書—茅野市・原村その1・富士見町その2—」1976　長野県教育委員会　●堂の前遺跡「堂の前・福沢・青木沢」1985　塩尻市教育委員会　●崩越遺跡「崩越」1982　木曽郡大滝村教育委員会　●柿沢東遺跡「糠塚大塚・柿沢東遺跡・大原遺跡・中島遺跡」1984　塩尻市教育委員会　●小丸山遺跡「長野県塩尻市小丸山遺跡緊急発掘調査報告」1970　長野県考古学会誌8

C 甲府盆地地域

●釈迦堂遺跡「釈迦堂Ⅰ」1986「釈迦堂Ⅱ」1987　山梨県教育委員会　●野呂原遺跡「釈迦堂Ⅲ」1987　山梨県教育委員会　●上の平遺跡「上の平遺跡」1987　山梨県教育委員会　●上野原遺跡「上野原遺跡・智光寺遺跡・切附遺跡」1987　山梨県教育委員会　●一の沢西遺跡「一の沢西遺跡・村上遺跡・後呂遺跡・浜井場遺跡」1986　山梨県教育委員会　●上の山遺跡「上の山遺跡」1985　櫛形町教育委員会

D 千曲川水系上流地域

●寄山遺跡「寄山」1995　佐久市教育委員会　●勝負沢遺跡「寄山」1995　佐久市教育委員会

E 群馬県地域
- ●三原田遺跡「三原田遺跡　第2巻・第3巻」1990・92　群馬県企業局　●西小路遺跡「西小路遺跡」1994　大胡町教育委員会　●上ノ山遺跡「上ノ山遺跡」1992　大胡町教育委員会

F 埼玉県地域
- ●将監塚遺跡「将監塚」1986　埼玉県埋蔵文化財事業団　●北遺跡「北・八幡谷・相野谷」1987　埼玉県埋蔵文化財事業団　●北塚屋遺跡「北塚谷（Ⅱ）」1985　埼玉県埋蔵文化財事業団　●原遺跡「原・丸山」1895　埼玉県埋蔵文化財事業団　●下加遺跡「下加遺跡」1988　大宮市教育委員会　●池田遺跡「池田遺跡発掘調査報告書」1976　新座市教育委員会　●台耕地遺跡「台耕地(1)」1983　埼玉県埋蔵文化財事業団　●西ノ原遺跡「西ノ原遺跡」1996　埼玉県大井町遺跡調査会

G 東京山麓部地域
- ●郷田原遺跡「南八王子地区遺跡調査報告10　郷田原遺跡」1996　八王子市南部地区遺跡調査会　●大原D遺跡「南八王子地区遺跡調査報告9」1995　八王子市南部地区遺跡調査会　●神谷原遺跡「神谷原Ⅱ」1982　八王子市椚田遺跡調査会　●宇津木台遺跡「宇津木台遺跡群Ⅷ」1989　八王子市宇津木台地区遺跡調査会　●滑坂遺跡「南八王子地区遺跡調査報告4　滑坂遺跡」1988　八王子市南部地区遺跡調査会　●精進バケ遺跡「精進バケ遺跡と縄文時代」1992　羽村市教育委員会　●留原遺跡「留原」1987　都道32号線留原遺跡遺跡調査団　●西上遺跡「西上遺跡」1975　昭島市教育委員会　●長沢遺跡「長沢」1981　福生市教育委員会

H 神奈川県地域
- ●山田大塚遺跡「山田大塚遺跡」1990　横浜市埋蔵文化財センター　●川尻遺跡「川尻遺跡」1992　神奈川県立埋蔵文化財センター　●尾崎遺跡「尾崎遺跡」1977　神奈川県教育委員会　●当麻遺跡「当麻遺跡・上依知遺跡」1977　神奈川県教育委員会　●大口台遺跡「大口台遺跡」1992　横浜市埋蔵文化財センター　●上白根おもて遺跡「上白根おもて遺跡」1984　横浜市埋蔵文化財調査委員会　●谷川遺跡「谷川遺跡」1990　黒川地区遺跡調査団　●向原土地区画整理事業地内遺跡「向原土地区画整理事業地内遺跡発掘調査報告書」1996　川崎市向原土地区画整理事業地内遺跡発掘調査団

I 東京平野部地域
- ●はらやま遺跡「はらやま」1993　調布市原山遺跡調査会　●自由学園南遺跡「自由学園南遺跡」1983　自由学園　●貫井遺跡「貫井」1978　小金井市教育委員会　●中山谷遺跡「中山谷」1971　小金井市教育委員会　●南養寺遺跡「南養寺遺跡Ⅱ」1985　国立市教育委員会　●三鷹市第五中学校遺跡「三鷹市第五中学校遺跡発掘調査報告書」1979　三鷹市遺跡調査会　●諏訪山遺跡「諏訪山遺跡Ⅱ」1991　世田谷区教育委員会　●堂ケ谷戸遺跡「堂ケ谷戸遺跡Ⅱ」1982　世田谷区教育委員会　●扇山遺跡「扇山遺跡」1982　東京医科大学　●蛇崩遺跡「蛇崩遺跡」1991　世田谷区教育委員会　●動坂遺跡「動坂遺跡」1978　動坂貝塚調査会　●下野毛遺跡「下野毛遺跡Ⅱ」1992　世田谷区教育委員会

J 千葉県地域
- ●草刈遺跡「千原台ニュータウンⅢ　草刈遺跡」1986　㈶千葉県文化財センター　●高根木戸遺跡「高根木戸」1971　船橋市教育委員会

飾られない縄文土器
――長野県大清水遺跡の再検討を通してみえてくるもの――

百瀬　新治

1 30年来のこだわり ―なぜ縄文土器なのに飾られないのだ―

常識とまったく異なる遺跡イメージ

　縄文時代の遺跡の宝庫といわれる長野県に生まれたことが幸いしたのか、私には高校のクラブ活動ですでに数回の遺跡発掘調査に参加させてもらう機会があった。大学は教員養成系に進学したが、大規模開発が盛んになった時期でもあり、1年に10遺跡程度の調査に加わり経験を積むことができた。大学4年になった時、当時長野県内で実施された著名な遺跡の発掘調査のいくつかにも参加し、特に縄文時代の遺跡については、一応の理解や対処ができるようになってきているという自信めいたものが生まれていた。

　昭和48年の夏、私は卒論として縄文土器をテーマに書こうと決め、そろそろ準備を進めていた時であった。大学の先輩で長野市教育委員会の埋蔵文化財担当をしていた矢口忠良さんから、緊急での発掘調査協力の依頼があった。長野市でも南西端の山間部で、水田の圃場整備事業を実施していて、思いがけない場所から遺物が出てきたという。学部で同好会的に活動してきた何人かの仲間とともに、さっそく現場に行ってみることにした。

　現場に立って、これまで得てきた縄文時代遺跡のイメージとまったく違う次の2点に戸惑ってしまった。まず、遺跡が南側に山が迫る北向き傾斜面に位置していたことだ。谷川をはさんで対岸をみると、日当たりが良く温かそうな南向きの土地はいっぱいある。常識的に縄文時代の遺跡はそちらに営まれるはずなのに、寒い山間にもかかわらず北風が当たり日当たりの悪い場所を選んでいるのだ（写真1）。また、多数の土器片が散乱しているのは、大清水の地名のとおり湧き出すように水の流れる湿地である。これも、竪穴住居に暮らす縄文時代の遺跡立地からは考えにくい条件である。どんな内容の遺跡なのか見当もつかず、調査をどのように進めたらよいか判断に困ったのが、遺跡を前にしての正直な姿だった。

　長野県では、中部山岳地帯の名が示すように、県境を中心に険しい山岳が連なる。対して、県の中部から北部にかけての中央部分は、盆地周辺になだらかな丘陵状の山地がみられる。大清水遺跡は、長野県の中央部からやや北寄り、

62 飾られない縄文土器

写真1 大清水遺跡遠望 (北より) (長野市教育委員会 1981より)

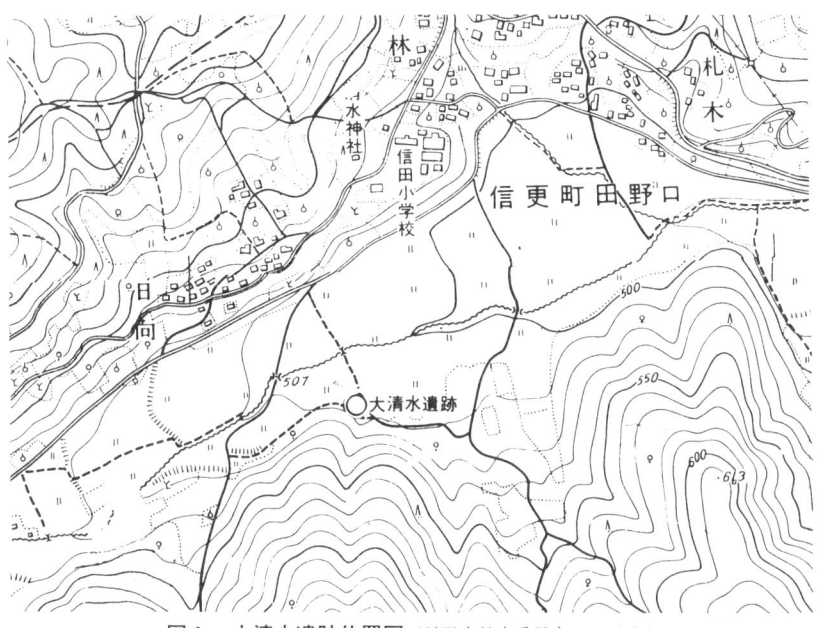

図1 大清水遺跡位置図 (長野市教育委員会 1981より)

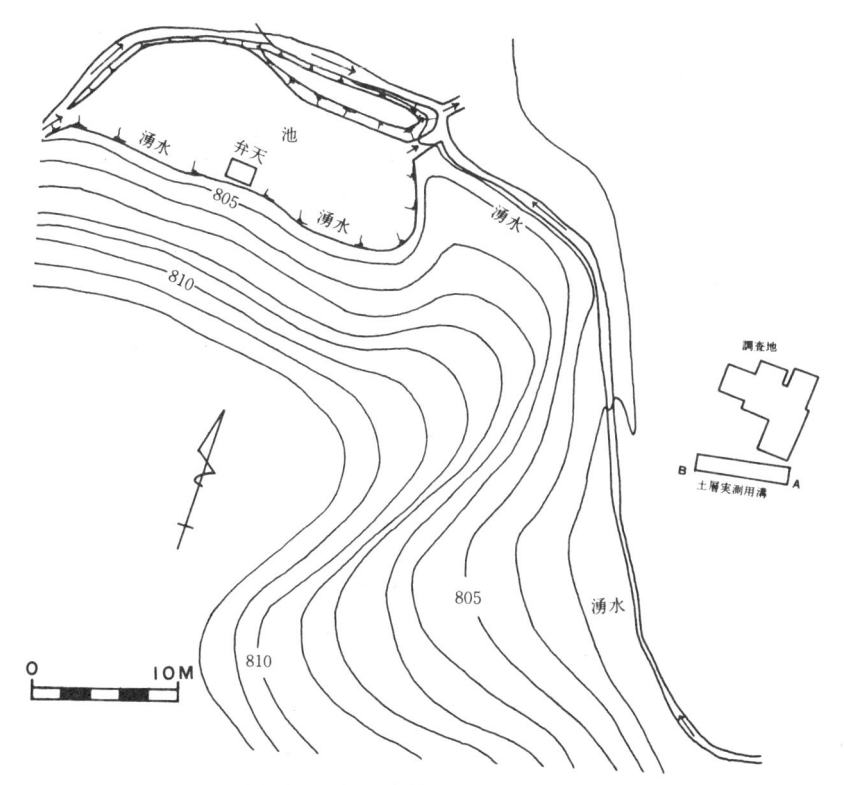

図2　大清水遺跡発掘調査範囲（長野市教育委員会 1981より）

丘状の山に囲まれた長野市篠ノ井信更町に所在する（図1）。信更町は西から東に流れる聖川に沿って細長い谷間にいくつかの集落と水田が展開する。幅350mと谷のなかでも比較的開けた場所で圃場整備事業が進められ、その基礎造成工事も終えようとする時期に、突然本遺跡の存在が明らかになったのである。雪の来る冬季前に工事を終わらせないと来年の作付けに大きな影響が出てしまう。さらに、工事費は国・県からの補助があるものの決して少額でない地主による費用負担での事業のため、予算に余裕はまったく無い。つまり、調査が必要ではあるが、期間も費用もきわめて厳しい状況にあった。そんななかで、矢口さんが即時に集団で対応できる可能性のあった私たち大学生に、ＳＯＳともいえる協力依頼をしてきたのである。5日間という調査期間と、必要最低限の調査費用ということで調整がつき、さっそく手探りともいえる調査が開始さ

れた[1]。

おびただしい無文土器片を観察するなかで

　半分水没している遺跡の状況を把握するため、まず排水溝を掘ってから調査を進めることにした。しかし、遺跡が氾濫原における湧水帯の中に位置するため（図2）、溝へ湧き出す水の勢いが強く溝の壁が崩れてきたり、排水ポンプが止まってしまう夜には再び水没状態になるなど、悪戦苦闘が続いた。ついには水泳用のパンツ姿になり、泥水の中から遺物を引き抜くような調査となった。9月初旬とはいえ、冷たい湧き水に浸かりながらの調査は身体にこたえた。

　このような状況のもとで調査が進められ、ようやく遺跡の全体像をつかむことができた。そもそもなぜ今まで遺跡としてわからなかったのか、水と格闘しながら調査をしなければならないかが、土層観察の結果から判明した。遺跡が営まれた後、この地は大規模な洪水に襲われている。旧地表を削り、新たに厚い土砂を堆積させた。おそらく、地表に露出していた遺構などは押し流され、幸運にも残された土層（灰層）と土器片が今回部分的に明らかになったのであろう。砂礫の間は湧水が流れるので、溝を掘るようにして行われた今回の調査で、遺跡はさらに破壊が進んだのである。

　この聖川の氾濫による砂礫層は、現地表の下約1mに及ぶ。その下に当時の地表である泥炭層がみられる。泥炭層（黒色土）に乗るようにして、長径約6m、短径約4mの楕円形をした範囲に灰混じりの土層が存在し、土器片を中心とした遺物が大量に含まれていた。全体で50cm近くある厚い灰層は、4層に細分することができ、人為的に動かして周囲の黒色土と混ぜたことが確認できた。ただし、Ⅵ層だけは、ほぼ純粋な灰で構成されている灰白色灰層であり、直径3mあまりの円形に広がる。レンズ状の堆積は、もっとも厚い部分で25cmほどの厚さがあった（図3）。その上下及び周辺に黒色土混じりの灰層が堆積しており、その層の中に大小の土器片が積み重なるように残されていた。Ⅵ層には土器片等がほとんど認められない。また、木材等の炭化物は認められるものの、火を焚くことに直接結びつく焼土はほとんどみられない。土器片とともに、ドングリ類、オニグルミ・クリ・モモなどの表皮や果実、動物や鳥類の骨が多く混入していた。それに対し、石器の類は非常に数が少なかった。灰層を中心に、限られた部分で土器片中心の遺物が密集している状況であり、周

1 30年来のこだわり 65

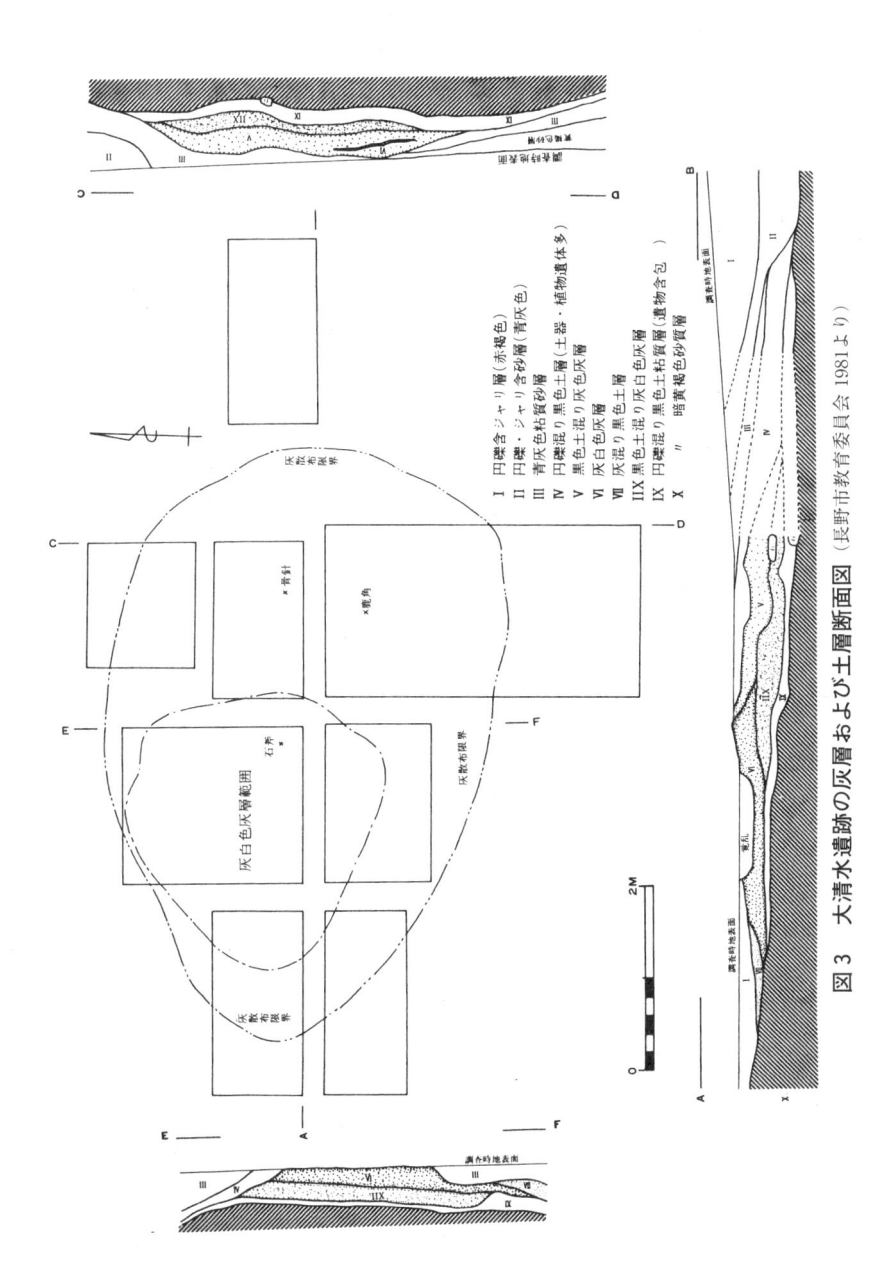

図3 大清水遺跡の灰層および土層断面図（長野市教育委員会 1981 より）

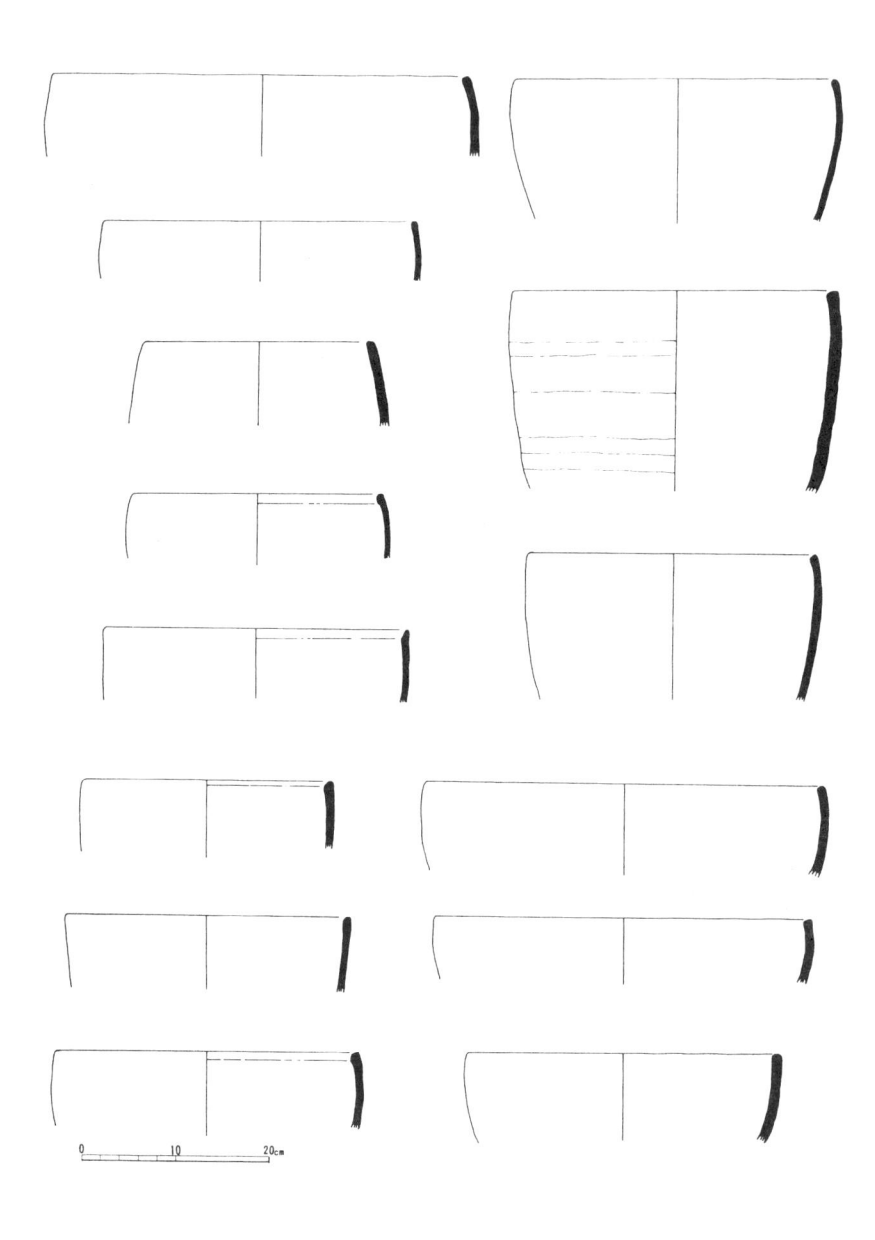

図 4　大清水遺跡出土無文土器実測図（長野市教育委員会 1981 より）

図 5　大清水遺跡出土有文土器実測図（長野市教育委員会 1981 より）

辺では遺構や遺物は確認されなかった。

　大量の土器片は、後に口縁部から個体数を割り出してみた結果、500個体以上は確実にあることが判明した。しかも、そのすべてが欠損品で完形土器にはほど遠く、表面に文様を施さない無文土器であった。さらに無文土器の表面を観察すると、内面のていねいな調整に対し、外面の輪積み痕を残すような粗い器面調整のものが多数認められた（図4）。また、土器片の特に断面を観察すると、風化など劣化はみられず、新鮮な割れ口を呈していた。量的には少ない施文してある土器から時期を判断すると、縄文時代後期中葉から晩期中葉のなかに収まった。なかでも後期中葉から後葉の時期のものが多い（図5）。

　調査結果から特徴的な内容をまとめると、次の3点となる。

①南に山の迫る北向き傾斜面、周囲は湧水の多い湿地という、縄文時代の集落等の立地条件とは異なる場所に遺跡が存在する。

68 飾られない縄文土器

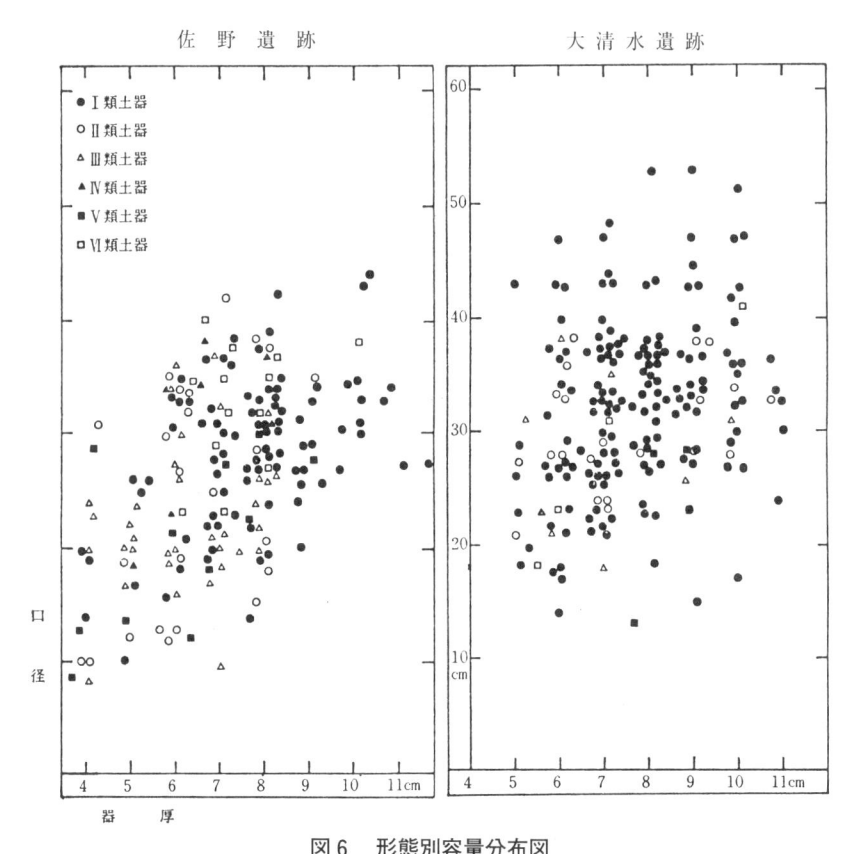

佐野遺跡　　　　　　　　　大清水遺跡

凡例:
● I 類土器
○ II 類土器
△ III 類土器
▲ IV 類土器
■ V 類土器
□ VI 類土器

口径 / 器厚

図6　形態別容量分布図

②面積にして20m^{2}程度の範囲に、層を成す大量の灰とともに無文土器片がおびただしい量で残されていた。多量の灰が堆積しているが、火を焚いた痕跡は明確でなく、灰だけの層には遺物が残されていない。

③遺跡の営まれた時期は、縄文時代後期から晩期と幅があるが、主体は後期の半ばから後半である。遺構として明確に確認できるものはなく、周囲を含め集落などに結びつく所見は認められない。

具体的にどのような性格の遺跡なのか、謎を残したまま調査は終了し水田の下に埋め戻されてしまった。残された無文土器の山をみて、何とかこれを観察分析して卒論にしようと心に決めるまでに時間はかからなかった。市教育委員会の許可を得ると、土器洗いなどの整理準備作業を大至急で済ませ、土器との

格闘の日々に入った。

　文様が施されない土器を理解するために、器形・容量・器厚・器面調整などの項目について、分類基準を設定し定量的分析を試みた。

　その結果認められた本遺跡における無文土器の特質は、器形と大きさにおいて斉一性が強いことである。それは、後続する縄文時代晩期の長野県内における代表的な遺跡である佐野遺跡の無文粗製土器との比較[2]でも認められる（図6）。器形は、口縁部に最大径があり直線的に小さな底部へつながる、いわゆるバケツ形の深鉢が圧倒的に多数である。大きさでは、口径が25〜40cmのものに集中する。つまり、形も大きさもよく似た土器ばかりが使われているのである。しかも内面はていねいに仕上げているのに、外面には継ぎ目が残っていても平気なくらい粗略につくられる、飾ることにまったく注意を払われない土器である。

遺跡の評価から始まったこだわり

　この頃、藤森栄一さんが提唱した縄文農耕論に傾倒していたこともあり、私は遺跡の検討会などで、その性格について次のような推論を強調した。

＊生活の上で悪条件となる日当たりの悪い北向き斜面に成立した遺跡ということは、それに勝る価値として湧水があったからで、湧水こそ遺跡存在の必須条件であった。

＊湧水に加え、厚い堆積の灰層と多量の堅果類が残っていたことから、木の実を調理加工する前処理として、土器で加熱し中に灰を入れてアク（灰汁）抜きをしていたのではないか。

＊多量の木の実を短時間に処理することを目的とする土器として、内面だけをていねいに仕上げる無文の粗製土器が集中的に製作消費されたのではないか。

＊すでに初期農耕段階に入っていた縄文人が、食料獲得のシステムのなかで、労働生産性を重要視した結果、飾らない土器すなわち機能を目的とした土器が選択された。

　以上から、この遺跡は、初期農耕によって毎年大量に獲得できる木の実をアク抜きして食料としていく食料加工場の一部ではないかと考えられる。

　しかし、調査担当者の矢口さんを中心に、以下の根拠をもとにした検討結果

をまとめ、報告書に記した。私にとっては、自分の考えている遺跡評価とはかなり異なる内容[3]に思えた。

* 通常の集落遺跡とはまったく趣を異にしているが、湧水地という条件を考えると、動物の通過地点（水飲み場）としての意味を考えることができる。
* 遺存している動物の骨の検討から四肢骨を中心としていること、石器など利器が目立って少ないことから、直接動物を捕獲した場所というより解体した脚部などをもち込んで調理した場所であろう。
* 植物遺体（堅果類の表皮及び果実）はこの遺跡に関係するという証拠はない。ただし灰層中にもその一部が認められたので、食用とされていた可能性はある。
* 生産・居住の場所ではないにもかかわらず、大量の燃料を燃やし続けた痕跡の灰層が存在することは、想像もできない量の材木を燃やし続けている。

以上から、この遺跡は祭祀的な要素も色濃くもった継続する一時的キャンプの跡、とその性格を想定している。

もちろん私も調査参加者の一員ではあるが、大量の無文粗製土器に注目し分析しながら考えたことやそこで抱いた疑問に対して、報告書の結論はすんなりとは納得できないものであった。以来、なぜ飾られない縄文土器があのように大量に残されたのか、湧水地帯に厚く堆積した灰層が土器とどう関係するのか、そもそも縄文土器なのになぜ飾られないんだ、胸の底にそのこだわりが住み続けた。

2　飾られてこそ縄文土器 ―文様をめぐる研究略史―

縄文土器にみる文様の初源

縄文土器は、最近の分析結果より今から1万5000年以上前のものが確認されるなど、世界史的にもっとも古い段階で出現している。初源段階から文様を施しており、なぜ文様で飾られるのか、施文の意味について長い研究の蓄積をまとめてみたい[4]。

文様が初源期の縄文土器からあることについて、すでに存在した容器である竹籠や革袋を模倣したとする小林達雄さん他の考えや、編み目や縄紐をかけたありさまをヒントにしたとする甲野勇さんの主張などがある。古い時期の縄文土器は、撚り紐（縄）や棒（管）そして貝殻などを施文原体として用いている。単一の原体を器面に押しつける方法を採ることが多く、縄の撚り方や棒への彫刻の形など、原体そのものへのこだわりが強い。やがて、原体にこだわることから、棒やへら状・管状の工具を用い、器面をキャンバスにして多様なモチーフを描く施文方法に変化していく。

なぜ、器面を飾るのか

　なぜ縄文土器の器面に文様を描くのか、土器を飾る意味や理由についても、様々な方向から論究が進められている。

　初源期の縄文土器文様の意味を籠や袋の模倣に求めた小林達雄さんは、口縁部文様に注目し、一貫して編み籠のかがり部分の文様的変遷とみなせるとする。同じくかがりの機能的な役割に注目した岡本孝之さんは、土器を破壊から守る呪いあるいは祈りの意味が込められていると意味づけた。

　国分直一さんは台湾ヤミ族の土器使用例から、空間がこわいという観念のあらわれ（不安定な生活状況への強迫概念）として、器面を文様で埋め尽したのではないかとする。その論証として、やがて外から安定的に食料が供給されるようになると、土器に文様をつけなくなった点を指摘する。同じく海外民族の事例をもとに、社会生活上の制約（タブー）と関連し、土器に盛る品物ごとに器形や文様が定まっていることに着目する研究者は多い。

　坪井清足さん等は、一つの住居から出土した同じ器形の土器でもわざわざ文様を変えている事実から、文様の意味は土器における用途などの区別を目的としていると考えている。

　藤森栄一さんは、中部高地における中期の土器に多く認められる具象文様について、越冬した生命（冬眠・卵・種）が春に奇跡のようによみがえる現象を、蛇身や太陽や神（人面）などの文様として表現していると説明する。桐原健さんはさらに論を進め、有孔鍔付土器などで認められる広い無施文部分も、具象的な文様が描かれていたり無施文部分を覆うように装飾が付けられていた可能性を指摘する。

縄文土器の器面を飾る意味・理由については、藤村東男さんによる以下の解釈が基本的な理解認識とできるように思う。圧倒的に煮沸具として使われる縄文土器には、装飾性のある文様は機能的には不用であり、むしろ不便をきたす。表面の文様に器面調整の結果が示されていることは、弥生時代以後の多くの土器類に認められる。よって、調整の結果以外の文様加飾は、機能以外のことにも力を注いでつくられた結果である。

土器に文様を施す意味を、わかりやすく納得できる形で述べることができない現状が明らかになったように思う[5]。1万年もの長い間生産消費され続けた縄文土器であるので、文様をつける意味を単純に絞り込むことに無理があるのかもしれない。しかし、膨大なエネルギーを使って器面に文様を描き続けてきたことも確かである。その文様が表面調整など機能面以外で加えられていない土器群について、飾ろうとしないあるいは飾ることのできない意味をさらに考えてみたい。

3 焦点を無文土器に ―その変遷と特性を追って―

無文土器とは

飾られない土器の一つとして、土器の表面を無文地に仕上げるだけの土器を、有文土器に対しての無文土器と定義されている。もう一方で、学史的なことを踏まえると、縄文時代早期の関東地方における土器型式として、無文土器（群）が用いられてきた経緯がある。また、九州の縄文時代早期においては、押型文土器の前にほぼ無文土器だけで構成される時期があり、単純期無文土器と称されている。九州では縄文時代を通して、文様を施さない無文土器が、構成比率に変化はあるが普遍的に存在する。

大清水遺跡の無文土器を問題とする本論では、東日本とりわけ中部高地の縄文時代後期から晩期の無施文の土器を対象として考えている。当地域の縄文時代前期から中期の段階では、有文土器が圧倒的な割合を保ち、文様を施すことが縄文文化の特質の一つともいえる。そのなかで、いわゆる無文土器の土器組成に占める割合が次第に高くなっていく状況、無文土器が圧倒的に多い大清水遺跡のあり方について、その意味を考えていきたい。したがって、飾られない

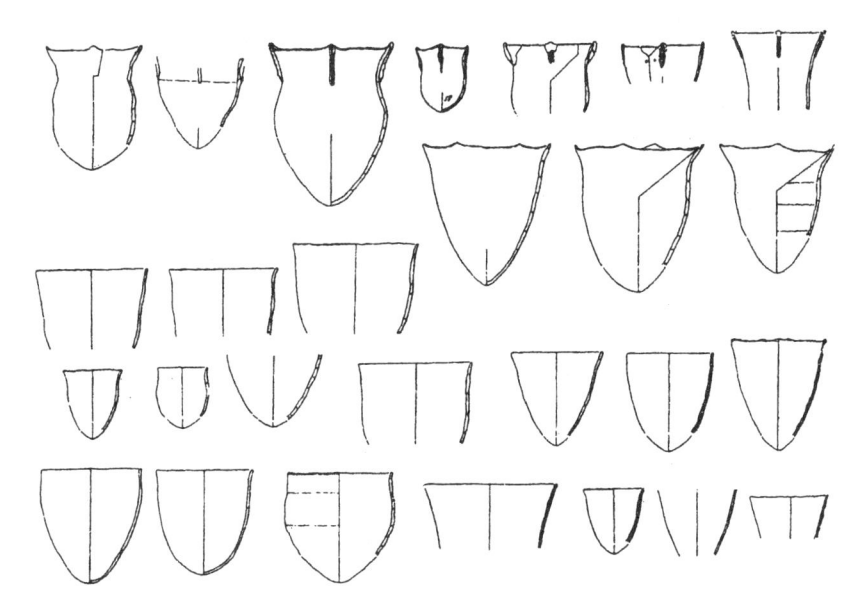

図7　各遺跡から出土した中越式の無文土器

土器ということでは、全面を調整具で粗く施文する土器群や、口縁部にわずかな加飾のある土器群も、同様の機能や役割をもつ土器としてとらえていく必要も感じている。

先駆的無文土器の実像

　縄文時代の前期初頭、長野県の南半分には特徴的な土器がみられる。口縁部にわずかな加飾があるものもあるが、基本的に無文の尖底深鉢で構成される土器群である。中越式土器と呼ばれるこれらの土器群は、東海地方の木島式土器などの影響を受けながら成立してくる。最初は上半部に格子目状の文様などが施されるが、次第に完全な無文のものに変わっていく。無文というだけでなく、尖り底で口縁がラッパ状に大きく開く器形や、際立って器厚を薄くつくる点など、斉一性の強い土器群である（図7）。

　同時期、長野県の北半分をはじめ関東地方から東北地方などでは、器面いっぱいに縄文を施し、上半部には沈線で幾何学的な文様を描く土器が分布する。胎土に植物繊維を混ぜた分厚い器厚で、底は尖底から平底へと移り変わるという、中越式土器とはまったく逆の方向に特徴をもつ土器群といえよう。文様と

いう観点で、その中の関山式土器を取り上げる。縄（撚り紐）の端部を横方向に一つずつ押しつけて、それを何周かすることで一つの文様帯とするループ文に示されるように、文様の細部にまでこだわり莫大なエネルギーを費やしている。そして、対極ともいえるこの二つの土器が、長野県の中央部では同一住居から混在して出土することも珍しくない。

　縄文時代後期から晩期にかけて無文土器が主体となっていくことが広く知られているが、それに先駆ける無文土器の先輩格として、中越式土器を含む東海地方中心の土器無文化現象がここに認められる。ところが、次の段階前期の中葉になると、文様のある平底の土器に取り込まれるように変化してしまう。長年にわたり中越遺跡とかかわって追究を進めている小池孝さんは、興味深い現象を指摘する。胎土や器形そして成形技法まで中越式土器そのものなのに、器表に縄文を施している土器の存在である。縄文など施文土器をもつ集落に近接する位置で営まれた中越式土器をもつ集落で認められる。このことから、小池は、土器に施文する文化を取り入れること＝同化することで、異文化圏に住むことがゆるされたのではないかと考えたのである。

　重要なことは、熱効率を考えた薄い器厚や省力化のあらわれである無施文など、機能を重要視したと思われる無文土器主体の文化が継続しないという点である。逆に、文様を施すことにこだわりをもちエネルギーを注入する文化に戻るように同化していってしまう。どうして土器の無文化は定着しなかったのであろうか？無文化を土器製作における合理性などでは説明しきれない、縄文文化の奥深さを感じる。それとともに、縄文時代の特質と文様で飾ることの密接な関係が再確認できる。

いわゆる無文粗製土器

　縄文時代中期を中心に、豪華とも絢爛とも称される縄文土器文化が花開く。それは、器形の多様性などにも認められるが、中心は立体的かつ複雑に組み合わされた文様が代表している。その中でも、先述した有孔鍔付土器や浅鉢などで、無文あるいは文様をほとんど施さない土器が存在している。ただし、土器全体の主体になるような内容ではない。

　後期から晩期における土器の特徴の一つとして、精製土器と粗製土器のつくり分けが顕在化する点がある。精製土器は、深鉢とともに浅鉢・台付き鉢・

壺・注口土器と器種が豊富なこと、研磨などていねいな器面調整をして装飾性豊かなで細密な文様を施すこと、口縁に突起を付けたり波状口縁にすること、等の共通点をもつ。対して粗製土器は、深鉢という単一器種に限られ、無施文あるいは縄・櫛・植物繊維などの施文具を一つだけ粗く用い全面に施文するという共通した特質がある。さらに口縁が水平につくられるものが圧倒的に多い。

　土器の組成における精粗の差は、後期から晩期と時代を経るに従ってより明確になる傾向がある。また、新しくなるにつれて粗製土器の割合が高まり、精製土器の数倍の生産・使用がなされるようになる例も認められる。外面に大きく注意を払わない飾られない土器としての粗製土器の存在が、やがて訪れる弥生文化（非縄文文化）の先駆的な現象としてあらわれるのである。粗製土器が必ずしも無文土器と同一にはならないが、長野県を中心とする一帯では基本的に粗製土器は無文である。さらにいえば、鈴木正博さんが指摘するように「器面全面を施文するとなると、もはや格好などはお構いなしで、おそらく口縁から底部に向かって唯ひたすらに縄文原体を転がしていたようである。」と器面調整への意識による行為とすると、指などで表面を調整する無文土器と縄文を施すことで器面調整する土器に本質的な差は認められない。

頑固な粗製土器にも目を向けて

　精製土器と粗製土器の差異は、文様の継続性や地域的拡がりという点でも大きな違いが認められる。精製土器は、共通の文様が大きく地域を越えて広がるので、時には本州全体が同じような文様の土器を使うというような現象がみられる。また、文様が比較的短時間のなかで連続した変化を遂げていくことが多く"時間のものさし"に土器文様の変化が用いられる根拠ともなっている。対して粗製土器は、地域的に独自の施文具を用いる例が目立つなど独自性が強く、同じ器形や施文技法が伝統的に長く受け継がれていく。共通性や柔軟性が際立ち流行的変化に敏感なのが精製土器であり、独自の地域性を保ち保守的に伝統を守るのが粗製土器である。

　この差異は、日常で圧倒的に使われる粗製土器が、煮沸専用の消耗品であることに大きな理由がある。機能重視の飾られない土器ゆえに施文方法などの変化に乏しく、毎日使う器だからそれぞれの地域で独特の形態が守られていくのであろう。文様の比較や時期的変遷を追うことが比較的容易な精製土器に対し

て、粗製土器に目が向けられにくい学問的風潮が現実の姿である。しかし、華やかに飾られておらず変化に乏しくても、日常生活に密着した機能重視の粗製土器解明は縄文文化を理解する上で大事な位置を占める。

4 やっぱり無文土器に意味が
―近年の調査で明らかになったこと―

山麓の縄文人は木の実を主食としていた

無文粗製土器の役割や変遷は明確になってきた。依然として解決できない問題は、大清水遺跡のような立地条件のもとで、灰層の中から無文土器ばかりが大量に発見された理由である。私のこだわりは相変わらずのままであった。

その手がかりとなる発掘調査の成果が長野県内でもほぼ中央に位置する安曇野市明科北村遺跡からもたらされた。北村遺跡は、縄文時代後期を中心とする集団墓地および大量の人骨出土で、昭和から平成へと年号が変わる時期に全国的な注目を集めた遺跡である。特に人骨は、酸性の勝るわが国の土中では、洞穴など特殊な条件を除き1000年というような長い間残る例がきわめて少なかった。内陸の平地における集団墓地という条件の人骨として、人類学や医学からの分析的アプローチが試みられた。そのなかで、人骨に含まれるコラーゲンの質量分析がなされ、エネルギーの大半が植物質しかも堅果類であったことが明らかにされた。

北村遺跡の集団墓に葬られた人たちは、堅果類である木の実を主食としていた可能性が高まった。内陸部の縄文時代集落での食生活が具体的に明らかにされたことで、この地域の縄文時代後期では動物狩猟中心とする食料獲得手段は見直しを迫られた。大清水遺跡を木の実の加工施設、無文土器をアク抜き加熱処理の道具と考えてきた私の持論が、北村遺跡の新たな成果により説得力を増したといえよう。

ついに木の実の加工施設が発見された

次いで、今度は長野県の北部中野市栗林遺跡で大きな発見があった。待ち望んでいた植物質食料の加工場およびその貯蔵施設が、具体的な姿をあらわしたのである。栗林遺跡では、日本一長い河川千曲川（信濃川）を見下ろす河岸段丘上に、縄文時代中期末から後期中葉にかけて集落が営まれる。近接して自然

写真2 栗林遺跡の水さらし場状遺構（長野県立歴史館提供）

流路の流れる谷状の低地が位置するが、そこに木製の水さらし場状遺構（写真2）と貯蔵穴群が造られていた。

　内部から堅果類が検出される等明確に貯蔵穴と判断できるものは78基を数える。直径1.5〜2ｍ、深さ30〜70cmの規模の物が多い。23基の堅果類が出土した貯蔵穴のうち、4基にはクルミが多量に残っていた。その他で、クリ・ドングリ（種別不明）・トチが確認できている。穴の底に礫を敷きその上に堅果を入れ、葉や枝で覆いさらに石や粘土を被せるという貯蔵法が、断面観察等から推定復元できている。

　水さらし場状遺構は、湧水から流れ下る小谷川を堰き止めて3ヶ所でつくられている。まず谷底を水平に掘り下げ小砂利を敷く。四隅に丸太杭を打ち込み底板を敷き詰める。最後に側板を挟み込むように置く。出来上がりは、一辺2ｍ余の四角い箱状の構造物となる（図8）。調査を担当した岡村秀雄さんたちは、遺構内から殻の付いたトチが出土したことおよび民俗事例から、トチの表

78 飾られない縄文土器

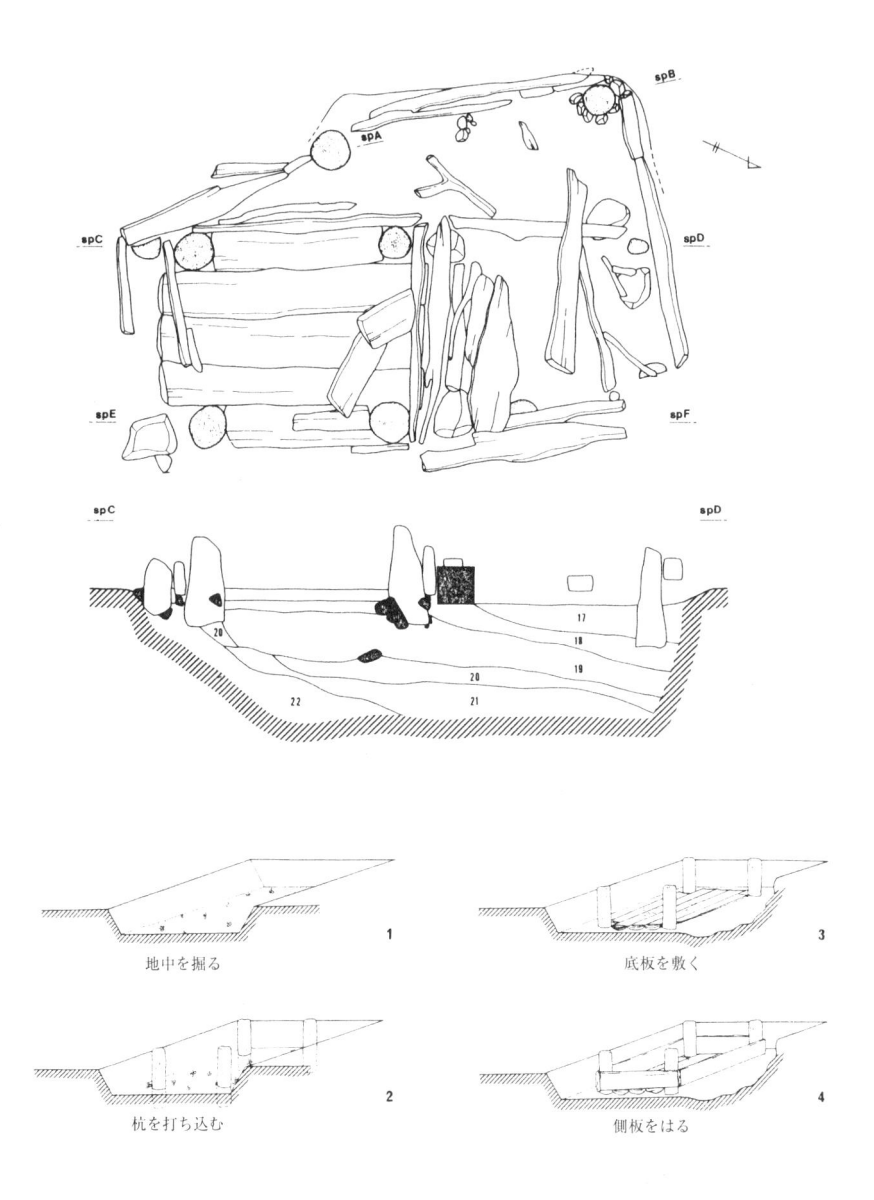

図8 栗林遺跡の水さらし場状遺構実測図とその構築順序
(長野県埋蔵文化財センター 1994より)

皮むきとアク抜き製粉工程がこの構造を用いて行われたと推定している。その他、クルミも出土していることから、外皮を腐らせるためにも使われた可能性や、ワラビなど根茎類からアク抜きしデンプン（澱粉）を採集した場合の工程なども考えている。

北村遺跡で主たる食料としての堅果類が着目されはじめた。程なくして、栗林遺跡で堅果類そのものが多量に貯蔵穴に蓄えられていた事実と、その横からそれを水で加工する施設の存在が明らかになった。これらの施設は、湧水のある低湿地に立地すること、縄文時代後期中葉以後になると集落から遠く離れて存在していたらしいこと、いずれも大清水の謎に少しずつ近づく状況証拠となった。ただし、厚い灰層の問題が残り、まだ無文土器そのものを解明できる内容にはこの段階では出合えていない。

木の実加工と無文土器がつながった！

ところが、ここ10年ほどの間に水さらし場遺構といわれる施設の発見が相次いでいる。縄文時代の植物質食料について追究を続ける渡辺誠さんによると、これまでに水さらし場遺構として把握できる調査例は全国で20ヶ所以上にのぼる（図9）。中部地方から東に集中し、縄文時代後期〜晩期のものが圧倒的に多い。その調査成果において、無文土器や灰層と関連した所見がいくつか明らかになってきている。

山形県寒河江市高瀬山遺跡は、最上川左岸の河岸段丘上に立地している。平成9〜12年の調査で、ここで問題とする縄文時代後期から晩期にかけてのトチの実加工場とみられる遺構が検出されている。遺構は、低位段丘面の後背湿地的な場所に構築され、付近一帯には湧水地が点在している。木組み遺構4基と石組み遺構1基が加工場の全容であるが、長期間継続的に構築使用されていたことが堆積面の検討から判明している。居住域との関係は、200mほど離れた一段高い中位段丘面に後期の集落が確認されており、ある一定の距離を隔てて居住と作業の場が同居している姿が明らかになった。

正式報告書は未刊行であるが、調査担当者の小林圭一さんによると、木組み遺構からは、木材を井桁状に組み合わせ、近くの湧水を導水利用した後、木材に伝わらせて排水をする構造が確認できている（写真3）。石組み遺構は、木材を敷き囲いの井桁を構築したなかに、石を敷き詰めたもので、湿地での足場

80 　飾られない縄文土器

　　　　＜縄文時代＞
 1. 北海道小樽市忍路土場遺跡（後期）
 2. 青森県八戸市是川遺跡（晩期）
 3. 同　　青森市近野遺跡（中期）
 4. 同　　同　岩渡小谷遺跡（前期）
 5. 同　　同　小牧野遺跡（後期）
 6. 秋田県能代市柏子所Ⅱ遺跡（後期）
 7. 同　　本荘市上谷地遺跡（後期）
 8. 山形県寒河江市高瀬山遺跡（後〜晩期）
 9. 福島県いわき市番匠地遺跡（後期）
10. 栃木県鹿沼市明神前遺跡（後期）
11. 同　　小山市寺野東遺跡（後〜晩期）
12. 群馬県利根郡月夜野町矢瀬遺跡（晩期）
13. 同　北群馬郡榛東村茅野遺跡（後〜晩期）
14. 埼玉県比企郡吉見町三ノ耕地遺跡（晩期）
15. 同　　川口市陣屋遺跡（晩期）
16. 神奈川県平塚市北金目遺跡群（後期）
17. 長野県中野市栗林遺跡（後期）
18. 新潟県岩船郡朝日村元屋敷遺跡（後〜晩期）
19. 同　　西頸城郡青海町寺地遺跡（晩期）
20. 富山県小矢部市桜町遺跡（中期）
21. 同　　南砺市矢張下島遺跡（後期）
22. 岐阜県高山市たのもと遺跡（晩期）
23. 同　　同　カクシクレ遺跡（晩期）

　　　　＜弥生時代＞
24. 京都府竹野郡弥栄町奈具谷遺跡（中期）
25. 福岡県北九州市小倉南区小西田遺跡（中〜後期）

図9　水さらし場遺構の分布（渡辺誠原図に大清水遺跡の位置を加筆）

写真3　高瀬山遺跡出土晩期木組み遺構2段目（山形県埋蔵文化財センター提供）

的な意味合いと推定している。遺構の内外からトチの果皮が多量に出土していることから、皮むき等を含めたトチの実の加工工程が豊富な湧水を利用して行われていたと考えられている。栗林遺跡でも同様であったが、構築材のほとんどはクリ材であり、長期間利用に向け耐水性を考えた材質選定という面からも食料確保への執念が感じられる。

　木組み遺構に近接して、多量のトチとともに、同じく多量の粗製土器が出土している。若干の精製土器が混じるが、ほとんどが縄文を粗く全面施文した粗製土器で占められている。土器片には、煤が付着しているものが大多数ということで、加熱処理に使用されたことが想定できる。さらに、細かく砕かれたトチの果皮を大量に含む炭化物の層が広がっていることから、アク抜き処理としての加灰処理との関連を指摘できよう。加えて、焼けた石が多数伴っている点も、この場所で加熱処理が恒常的に行われていた状況を裏付ける所見となろう。

　青森県近野遺跡・埼玉県赤山陣屋遺跡などでも、同様に多量のトチの実と土器の出土が認められている。水にさらすという工程のなかで、加熱や加灰を伴

う作業が存在したこと、そのなかで粗製土器＝無文土器の大量消費がみられることが、複数の遺跡で明らかになってきた。トチの実は、非水溶性のアクを抜くことが食料として利用できる必要条件であることを考えれば、大量の灰と加熱の容器はむしろ存在して当然である。

無文土器と灰層の謎が解けはじめた。

5　おぼろげながらみえてきた無文土器
―大清水遺跡の実像に迫る―

湧水こそ作業場としての大清水遺跡存立のポイント

無文粗製土器と水さらし場遺構を視点に、大清水遺跡において私がこだわり続けたことを追究してきた。ここで、出発点である調査当時の推論からどこまで実像に迫り得たのかをまとめてみる。

生活の上で悪条件となる日当たりの悪い北向き斜面に成立した遺跡ということは、それに勝る価値として湧水があったからで、湧水こそ遺跡存在の必須条件であった。

遺跡立地について当時はこのように評価していた。集落＝居住域中心の遺跡理解から下した結論で、見直さなければならない。栗林遺跡や高瀬山遺跡で確認されているように、集落内には居住域とともに食料加工の作業場が構築されていた。しかも、当時の主たる食料である木の実を食用にするためには、水さらしやアク抜きという重要な工程では、低湿地を選地している。豊富に湧き水のある大清水遺跡一帯は、縄文人にとって悪条件などではなく絶好の作業場に映ったことであろう。

大清水遺跡では、近辺に同時代の集落が存在しないことが大きな疑問の一つであった。高瀬山遺跡では、居住域は200mほど離れた高所にあり、栗林遺跡でも新しくなるにつれて居住域と作業場が離れる傾向にある。たしかに大清水遺跡のすぐ近くに集落を想定できる遺跡は確認できない。しかし、遺跡に立ち目を北側に向けてみると、300mに満たない距離で南向きの緩やかな斜面やテラスを望むことができる。そこで点々と縄文時代の遺物が発見されており、全体では10ヶ所ほどを数える。自然面を残す打製石斧多数が出土した大峰遺跡を

代表例とするが、いずれも正式な調査が実施されておらず遺構などは明確になっていない。丘状の山間地におけるテラスや傾斜面に、比較的小規模な集落が点在していると考えられ、谷間の前進基地的な遺跡として理解されている[6]。大清水遺跡は、それらの遺跡への食料調達の役割を果たしていたと考えたい。

厚い灰層から加工していた物を特定できる

なぜ炭化物や焼土のほとんど混ざらない灰層が厚く何層も堆積しているのかも、遺跡を理解できにくくし、私は次のように考えていた。

湧水に加え、厚い堆積の灰層と多量の堅果類が残っていたことから、木の実を調理加工する前処理として、土器で加熱し中に灰を入れてアク（灰汁）抜きをしていたのではないか。

これを解決する鍵は、トチの実に含まれるアクの性質にある。お茶やドングリなどに一般的に含まれるタンニンなど水溶性のアク（灰汁）に対して、トチの実にはサポニンなど非水溶性のアクが含まれている。トチを人間が食べられるようにするには、アクをアルカリ性水溶液の中に入れ中和させて取り除かなければならない。長野県内では、現在でもトチのアク抜き中和剤として、灰を溶かした水溶液が用いられる例がいくつか報告されている。トチを粒のままあるいは粉にして、灰の液を加え加熱する。そして、大量の水に長時間さらし、澱粉質の粉にしてはじめて食用になる。ドングリなど水溶性のアクは、粉にして水さらしをするだけで食用にできる。対してトチは、灰を用いて加熱し水さらしをするという工程が必要な堅果類なのである。

北村遺跡における人骨のコラーゲン分析を通して、内陸部の縄文人（少なくても中期以降）は木の実のデンプン質を主食にしていたことが判明した。そして、ここで取り上げた高瀬山遺跡をはじめ秋田県柏子所Ⅱ遺跡・青森県近野遺跡など、中期後期から晩期に縄文文化が隆盛する東北地方を中心に、トチの実のアク抜き施設とそれに伴ってトチの大量出土例が相次いでいる。残念ながら、大清水遺跡では水さらし場に相当する施設は確認できなかった。しかし、いわば普遍的な食料であったトチの実を加工するのに多量の灰を必要とする状況を考えるならば、当遺跡の厚い灰層はトチのアク抜き用灰として確保されていた大量の残存灰ととらえたい。

写真4　大清水遺跡発掘風景（長野市教育委員会 1981より）

木の実処理の消耗品が無文土器の実態

いよいよ核心の問題である、居住域でない場所に多量の無文土器片が積み重なるように残されていた理由に迫りたい。当時は以下の推定をしていた。

> 多量の木の実を短時間に処理することを目的とする土器として、内面だけをていねいに仕上げる無文の粗製土器が集中的に製作消費されたのではないか。

前述したように、トチの実におけるアク抜きは、灰の溶液を加熱する工程が不可欠である。実あるいは粉をグツグツと煮る作業であるからには、当然火にかける容器が必要になる。それを具体的に検証できたのが、高瀬山遺跡の粗製土器の大量出土と炭化物や焼け石の共伴である。無施文あるいは粗く器面調整的な施文をするだけの粗製土器と、ていねいに文様などで飾られる精製土器は、明確に区分され使途もきちんと分けられる。その意味で、高瀬山遺跡のアク抜き用土器として、粗く縄文を施文しただけの粗製土器に限って大量に存在するのは、当然の結果といえる。焼け石と炭化物は、石を組み合わせた炉にアク抜き専用の土器が置かれ、継続的に使われていた残骸であろう。

大清水遺跡の無文土器は、灰層中からの出土はほとんど認められず、黒色の

粘質土に集中した。水中から引き抜くようにして採集するという乱暴な調査においては、土器と炭化物あるいは焼土との関係を把握できなかった点に大きな問題を残してしまった（写真4）。ただし、土器片を水洗するなかで、焦げかす状の炭化物が目立っていたことは、無文土器が専ら有機質の物を煮沸することに使われていたことを裏付ける。水の中に無数に浮き沈みしていた植物遺体と理解した物の内容が何であったのか精査できていたらと悔いが残る。状況的には、ごく近い場所で無文土器を使ったアク抜き作業が行われ、大量に出る破損品を一定の場所に捨てていた事になる。

潮干狩り状態の土器採集だけでも、数百個体を数える無文土器であるので、全体とすればその何倍もの土器が消費され廃棄されていたと想定できる。有文土器の検討からは、縄文時代後期中葉から後葉の時期を中心にこれらの行為が行われていたことが判明している。極端に長い時間ではないかもしれないが、この地が継続的な食料加工の作業場であったことはたしかであろう。それを支え続けた容器が無文土器の実態である。

無文土器はアク抜き専用か？

内面は精製土器とほぼ同様の器面調整をするのに、外面には輪積み痕が残るような雑な調整で済ましてしまうのはなぜかという問題である。前にも述べたように、縄文中期農耕論に傾倒していた私は次のように考えた。

すでに初期農耕段階に入っていた縄文人が、食料獲得のシステムのなかで、労働生産性を重要視した結果、飾らない土器すなわち機能を目的とした土器が選択された。

現在の私は、縄文時代早期から無文土器が土器組成の主体になった時期もあることを認識しているので、農耕との関係で土器の無文化をとらえてはいない。しかし、表面の調整が際立って粗い物が多いこと、器断面の厚さが目立つこと、器形が単純なバケツ形で容量もある一定の範囲に収まること等は、単に煮沸目的の土器というだけでは説明がつかない部分を感じる。この場所は、居住域から離れた場所に構築された作業場であり、厚い灰層の存在から、もちこまれる土器はアク抜き加熱に限定される。限定された目的のためにつくられた土器と考えることができないだろうか。

佐原真さんは、同じ煮沸目的の粗製土器でも、口縁の違いによって、祭り用のものと日常用のものに使い分けられていたとする。さらに近藤義郎さんは、粗製の無文土器を製塩専用の土器として、いわゆる粗製土器とは異なるものとして区分した。この製塩専用の土器は、関東から東北地方の縄文時代後期から晩期の遺跡で確認され、弥生時代から平安時代にかけて西日本を中心に使用される。これを考えるとき、同じ縄文時代後期から晩期の時期にトチの実の加熱専用に構築され長期継続使用が確認されている作業場において、トチのアク抜き専用に使われることを意識した土器、同じ形態の専ら機能性を追求した無文粗製土器が用いられた可能性は排除できないと考える。もちろん、これを具体的に証明していくには、同時期の居住域における粗製土器の実態を明らかにする等、該期の生活において器類がどのように用いられていたかを検証する必要がある。

垣間見える大清水遺跡の実像

　30年間こだわり続けてきた大清水遺跡における無文土器の疑問、そして遺跡の性格等の謎解きは、ようやく霧の中にぼんやりと輪郭がみえてきたように思う。残念ながら、類似調査事例の情報不足等による当時の調査方法の不備により、調査時点に立ち戻っての検証ができにくいが、簡単に全体像を見返してみたい。

　大清水遺跡は、山間の細長い平坦地ではあるが居住には不便な場所にあり、湧水を利用してのアク抜き食料加工場であった可能性が高い。険しい山岳地帯が多い長野県では、付近の標高600m前後の丘陵は、現在と大きく気候条件が異ならなければ、今でもそうであるが豊富な木の実をもたらしてくれる森で覆われていたと想定できる。それを頼りに営まれたであろう縄文時代の小遺跡が、テラス状の狭い平坦面にけっこうな密度で展開する。そこに居住する人たちの眼下にみえた、豊かな水が湧き出る場所こそ、アク抜きをすることで多量の食料が確保できるトチの加工場として最適地にみえたことであろう。湧水を使い水さらしの施設をつくり、傍らでは無文粗製土器を炉にかけて、灰を混ぜてトチの実を煮ていた。この付近の人たち共有の作業場として、長い間大事に使い続けられてきた。

　ところが、狭い谷間の場所の常として、大雨による洪水が遺跡一帯を襲った。

鉄砲水の来襲で、作業場施設のほとんどは押し流され、二度と使うことができなくなった(7)。深さ１ｍにも達する礫の下に埋もれ、蓄えられていた灰の層と壊れて捨てられていた土器片が残された。もう一度この場所が使われるようになったのは、この水を水田に用い湧水を水神様として祭ったときであった。さらに、水田を広く大きくしようと工事をしている際、はるか古い作業場の跡が姿をあらわしたのである。

　発掘調査のこれまでを振り返れば、住居単位から集落全体の把握へ調査対象が拡大し、やがて居住域以外の場所に目が向けられるようになったのはそんなに古いことではない。特に生産域や作業の場など、居住範囲から離れた低湿地のような場所にまで多くの調査の手が及んだのは最近である。主たる食料が堅果類と判明し、その大規模な貯蔵場所や加工施設が当時の集落に普遍的に存在したと想定できても、そこの調査にまで手が付けられていないのが現状である。きっと近い将来、大清水遺跡に類似した、いやもう少し全体が具体的に姿をあらわす調査事例が実現すると確信する。私は、自分のこだわりをその時まで大事にしながら、残された謎解きに挑戦したいと改めて決意している。

註

（１）今から30年以上前の圃場整備事業では、工事の途中で遺物や遺構が確認されても、未周知の遺跡以外においてはそのまま工事が続行され文化財は破壊されるという事態が往々にして生じていた。工事費の一定割合が農家負担であるので、当然発掘調査等の経費もその中に含まれることや、何よりも調査期間が次年度作付けに大きな影響を与えることが喧伝される状況下で、当然のようになされていた事態であった。その意味では、大変に不十分かつ遺跡に申し訳ない調査ではあったが、低地の水田下でも縄文時代の遺跡が存在することを知らしめるきっかけになる調査ではあった。

（２）発掘当時も現在も、長野県内においては無文土器の分析的検討は著しく進展している状況にはない。ここでは、無文土器を口縁部の形態・直径を基にした大きさ・器厚を要素に比較検討している。

（３）大清水遺跡の調査報告書は、発掘調査が終了して８年後に出版となった。担当者の矢口さんは、当時の調査結果と私の卒業論文の内容等を基に報告書を作成している。私は卒業後教職に就いて報告書の刊行には直接かかわれない状況にあった。したがって、遺跡の評価や無文土器等の扱いについて、報告書作成者に不備があったということではない。

（４）研究史については、『縄文文化の研究』において岡本孝之さんがまとめら

れたものを参考にし、引用させていただいた部分も多い。
(5) 施文の目的について、小林達雄さんは『縄文文化の研究』のなかで、装飾性文様と物語性文様に分けて論じているが「文様における目的意識については、さらに検討を深めていかねばならない重要課題である。しかし、残念ながらその機は熟していない。」として、今後の研究課題としている。
(6) 長野県内において、縄文時代の低湿地の調査が今後の課題であることは、大清水遺跡を一例として述べてきた。それとともに、山間や山麓におそらく無数に分布するであろう小規模な遺跡(現在は遺物散布地等として把握されているものが多い)の調査が重要になっている。拠点的な集落を補完するなど有機的なつながりをもつ遺跡であり、食料生産や加工そして流通に関係した情報がここから得られるであろう。
(7) 大清水遺跡の地質学的な検討を通して、聖川の蛇行により河跡湖的な湿地の上に灰層など遺構が存在し、その上を2〜3回の大規模な洪水が襲い各30cm程度の土砂堆積で覆ったという経緯が確認できる。土砂は、灰層等を大部分削った後、新たな堆積を繰り返しているので、洪水によって本遺跡の施設が相当破壊されたことが想定できる。

主要参考文献

泉拓良他 1996 『歴史発掘② 縄文土器出現』講談社
岡本孝之 1994 「用途・機能論」『縄文文化の研究 5 縄文土器Ⅲ』雄山閣
桐原 健 1978 「文様で飾られない土器」『山麓考古』第10号
小林圭一 2003 「高瀬山遺跡の水場遺構」『縄文人の台所・水さらし場遺構を考える―縄文人は水とどうかかわってきたか―』平成14年度青森市教育委員会縄文講座
小林達雄 1981 「縄文土器の用途と形」『縄文土器大成2』講談社
小林達雄 1994 「総論」『縄文文化の研究 5 縄文土器Ⅲ』雄山閣
佐々木由香 2000 「縄文時代の『水場遺構』に関する基礎的研究」『古代』108
鈴木正博 1980 「加曽利B式粗製土器解説」『大田区史・考古Ⅱ』
長野県考古学会 2003 「中部高地に開花した中越文化」秋季大会レジュメ
長野県埋蔵文化財センター 1994 『県道中野豊野線バイパス志賀中野有料道路埋蔵文化財発掘調査報告書―長野県中野市内―栗林遺跡七瀬遺跡』
長野市 2001 『長野市誌 旧市町村史編 旧更級郡・埴科郡』
長野市教育委員会 1981 『箱清水遺跡・大峯遺跡・大清水遺跡』長野市の埋蔵文化財第11集
永峯光一他 1967 「粗製土器の系統と変化」『佐野 長野県考古学会研究報告』
藤村東男 1993 「器としての縄文土器から何が見えるか」『新視点日本の歴史 第1巻原始編』新人物往来社

百瀬新治 1981 「縄文後・晩期の無文土器―長野市大清水遺跡出土土器の基礎分析を中心として―」『信濃』33-4
渡辺　誠 2003 「縄文人の水さらし場遺構を考える」『縄文人の台所・水さらし場遺構を考える―縄文人は水とどうかかわってきたか―』平成14年度青森市教育委員会縄文講座

コラム1　栗林遺跡の水さらし場状遺構

岡村秀雄

発見された遺構　栗林遺跡の水さらし場状遺構は、段丘崖下の湧水点から谷底部に向かって流れる小川の始点につくられていた。主にクリ材を利用した三つのほぼ方形の木枠が組み合わさった状態で発見されている（77頁写真2、78頁図8参照）。中からはトチとクルミが出土し、縄文後期に帰属することが出土した土器から確認できている。この遺構の利用について、報告書では堅果類等の水さらし施設の可能性を指摘したものの、いくつかの課題が残されたままである。

その名は…　最近の新聞から、このような水に関わる遺構の発見記事を拾ってみると、「水場遺構」、「木組み遺構」、「水さらし場遺構」と名付けられている。このうち「水場遺構」がもっとも使用されていた。海、大小の川、湖、池、湧水などで、人間が水を利用した場所があり、その場所を「水場」とすれば、そこになんらかの人の利用痕跡が確認されれば、「水場の遺構」といえるだろう。たとえば、水汲みや手洗い、食料を加工する台所など日常行為の場だけでなく、マツリの場などもその範疇である。

また、遺構を形づくる材料と外観によって命名すれば「木組み遺構」となる。さらに、「水場遺構」の機能面に視点をおいた場合には「水さらし場遺構」とより具体的な言葉が使われている。この「水さらし場遺構」には単に何かを水にさらす施設という概念を越えて、植物質食料の加工にかかわる施設という意味合いが含まれているのが現在の一般的な使い分けではないだろうか。

さて、栗林遺跡であるが、発掘調査時はその機能をひとまず置いて、構造材とその形から「木枠状遺構」と命名した。「水さらし場状遺構」としたのは報告書作成時で、その機能究明を試みた結果である。縄文人は湧水点に、流れをいったん堰きとめるように木製の箱をつくり、一定量の水溜まりをつくった。

遺構内にたまった水は外へあふれ出て、水が入れ替わっていき中の水が澱まない。みた目にも、中に何かを入れて、水にさらす、もしくは漬けるためにつくられたと考えられた。

　それでは、この遺構の主な利用方法はどのように推測されるのか。報告書では根茎類よりも堅果類を水にさらすのに適しているとしたが、遺跡内での位置付けは明確にできていない。遺跡内で発見された多数の貯蔵穴からは大量のクルミが発見されるものの、それに比べてアク抜きを必要とするドングリ類の出土が非常に少なかったからである。このため、植物質食料加工施設の可能性を大いに含むが、他の利用法も考慮したいとの意図から水さらし場「状」遺構と言葉に幅を持たせている。

クルミ貯蔵穴と水さらし場状遺構　栗林遺跡の貯蔵穴は主に幅約40mの谷の底につくられていた。谷底は千曲川の増水・氾濫・自然堤防形成活動や丘陵からの流出物によって、侵食・堆積が繰り返された一帯で、常時湿地や沼であったわけではない。時期は縄文後期を主体とし、数は78基を数える。23基の貯蔵穴から木の実が得られたが、トチ、ドングリ類が確認できたのは１基のみで、他はクルミだけときわめて特徴的である。

　貯蔵穴の周辺には大小の石がまとまっている場所（配石）が26ヶ所あり、スリ石、タタキ石、石皿、台石などが混じっていた。これらの道具は貯蔵穴からも出土していることから、貯蔵穴の周辺で木の実をつぶす・粉にするといった作業が行われていたと推測されている。

　木の実を食べるには、「渋み（アク）」がないクリやクルミなどのほかに、アクを抜く作業が必要な種類がある。東日本の落葉広葉樹林帯に多いクヌギ類・ナラ類は木の実を製粉または加熱して、さらに水にさらしてアクを抜く。トチはこれに「灰」を加えてアクを抜く作業が加わり、より複雑になる。一方、アク抜きの必要のないクルミも、とってすぐには口にできず、外側の厚い皮を腐らせて取り除くことや新しいうちは脂肪分が強いので、一定の保存期間が必要と考えられる。

　製粉したドングリ類を水にさらす場合は大量の清流が必要であり、アクが抜

栗林遺跡のクルミ貯蔵穴

けるのを水の色の変化から確認する必要があるといわれ、湧水点に遺構があり、底板を置くことによって泥の拡散を防ぎ作業しやすくつくられている栗林遺跡の水さらし場状遺構は、当時のドングリ類の加工施設としてみた場合に優れて機能的と考えられよう。

　水さらし場状遺構を理解するに際して、遺跡で発見された貯蔵穴や配石などの他の遺構との関係を有機的に結びつけることが大切である。クルミについてはアク抜きを必要としないし、乾燥させないでクルミを生貯蔵して鮮度を保って長期保存できるのかといった疑問も当然浮かぶ。クルミを生貯蔵する必要性の一つには皮を腐らせることが考えられるがどうであろうか。できるだけ早く、多くのクルミを集める必要があったのであろうか。この場合、水さらし場状遺構は虫殺しや柔らかくなった皮を剥ぎ取り、洗う場所であったのかもしれない。

　いわゆる縄文時代の「水場遺構」の発見例は東日本に偏りがあり、時期も縄文時代後期〜晩期に集中する（80頁図9参照）。とくに、トチなどが多量に出土している遺跡の「水さらし場」はこの時期のものである。しかし、栗林遺跡は縄文時代の後期前半期までで集落は途絶える。トチのアク抜きを大規模に進め、集落を維持する方向に水さらし場状遺構は活用されなかったのか。また、栗林遺跡の貯蔵穴は低湿地などの地下水の影響をうけやすい場所につくるタイプで西日本に多い。クルミの大量利用とあわせて、これらの点を、寒冷化に向かう当時の環境などを考慮して、解釈してゆく必要があろう。

土器をつくる女、土器をはこぶ男
――胎土からみた土器のふるさと――

水沢　教子

はじめに

　奔放にして妖艶な美しさを備えた縄文土器。それは常に技術革新を目指し、効率を優先に考える文明社会に浸った我々には遠く理解の及ばない精神世界の中で醸成されたようにもみえる。しかしながら、あるムラで生まれ、そのムラで一生を終える土器や、つくられたムラから遠くへもちはこばれる土器の諸相は、私たちにそれをつくった人、使った人の歴史の一端を垣間見させてくれる。ここでは、長野県千曲市屋代遺跡群の縄文時代中期後葉集落[1]出土土器の胎土分析などをとおして導き出された、縄文時代を舞台にした人と人との出会いと交流にまつわる仮説を提示してみたい。

1　日常領域の内と外

日常生活の領域でまかなえるもの

　縄文文化は豊かな森で定住を始めた狩猟採集民の文化である。定住によって人びとは移動生活から解放され、ある種の家財道具をもつ。多少なりとも生まれた余裕を有効に利用することによって、一部の物質文化は加速度的に発展し、縄文時代中期に至って爛熟の頂点を極めた。しかしながら旧石器時代には遊動生活のルートの中で確保できた各種の生活物資を自立的に調達するための新たな方法が必要になる。それは日常的に直接行う採取活動と、遠隔地の人びとを相手にした交易活動の分離である。どちらを選択するかは、対象となる物資への集団ごとに異なる独特の価値観や使用頻度などによって決まる。たとえばアフリカの狩猟採集民であるクン・ブッシュマンの日常の活動領域は、通常ホームベースを中心に半径10km、歩いて約2時間の範囲内だといわれている。これより遠い地域で仕事をする場合は、必要に応じて生活拠点を移すようだ。半径10kmという小世界は縄文人の行動圏を考える上でも一つの基本単位となるだろう。

　本稿の舞台である屋代遺跡群は日本最長の河川である千曲川の右岸の自然堤防上に立地する。屋代遺跡群に住んでいた中期後葉の縄文人にとってはその半

写真1　屋代遺跡群出土大木系土器 (長野県立歴史館蔵・提供)

分の半径5km圏に、日常的に食料や生活のための資源が集中している。遺跡東方約1kmに住居の床に敷く石を採取した石英閃緑岩の露頭、北側約1kmに食料資源や石材の宝庫であったろう千曲川がある。ガンカモ科やサギ科のトリはもちろん、出土獣骨のうち約7割を占めるイノシシも千曲川付近へ集まる個体を捕獲した可能性がある。また採取した土壌を篩い分けすることによって発見されたサケ科・コイ科・ドジョウ科魚類も川漁によって捕獲されたものであろう。そして出土炭化材の6割を占めるクリは住居の建築材料や燃料であるとともに主要な食料であった。遺跡内でも立ち枯れの状態で確認されているため、

写真2　屋代遺跡群周辺航空写真（長野県立歴史館提供）

ムラの内外で生育していたと考えられる。石器石材では、磨石類や石皿類の素材である安山岩や砂岩、石鏃の素材であるチャートなどは千曲川の川原で適当なものが採取できただろう。土器は約8000m²の集落主体部を中心に中期後葉だけでコンテナ約1400箱が出土した。その素材に関しては、千曲川を挟んだ遺跡の西方約3.5kmに素地土を調達した裾花水冷破砕岩の露頭があり、遺跡南方約2kmの屋代清水地区などでも粘土層が確認されている。

このように、ここに住んでいた縄文人の日常生活に必要な物資は遺跡周辺で獲得できたと考えられる（写真2）。

日常生活の領域を越えてはこび込まれるもの

本稿の主題である、交換・交易・贈与など人と人との結びつきの中でもたらされたと考えられる物資は、この日常の領域を越えて動くものをさす。多くはそのモノがもつ特異な価値が重視されたからこそ動くと考えられるものである。たとえば、垂飾の素材のヒスイや磨製石斧の軟玉、石鏃などの材料となる

黒曜石はその素材にこだわった結果、あえて遠隔地からもたらされた。ヒスイは遺跡から約120km北西の糸魚川地域、黒曜石は遺跡から約100km南の和田峠・霧ヶ峰周辺の産地が知られている。

そして東北地方や北陸地方の特徴をもつ土器の中にも、遠隔地からはこばれたものがあるのではないかと思う。土器は生活用具であると同時に、場合によっては特異な価値が認められる貴重品である。つくられた場所は、使われた場所や、捨てられた場所と同じとは限らない。

最後に捨てられた場所から発見された土器の、それまでの動き（ライフヒストリー）を推定する方法の一つに土器の型式学的な分析がある。その場合、土器は"時代"や"地域"を特定する道具であり、めまぐるしく変化する文様がそれらのメルクマールとなるという特性を利用する。つまり、時代を限定した場合、似通った文様をもつ土器が限られた場所に分布することから、ここから外れた異質な土器があれば、その土器は本来その土器が中心的に分布している地域から搬入されてきたと解釈するわけである。ところが実際に土器が動く様子をみたものはいない。本当に土器が搬入されたのかどうかを裏付ける別の証明が必要になる。その別の証明方法こそが「胎土分析」である。

2　胎土分析の方法と実践

素地土の考え方―胎土分析の前提―

土器を形づくっている土を胎土という。「この土器の胎土は赤い」、「この土器の胎土には石が多く入っている」などと使う。これに対し、形をつくって焼けば土器胎土になる土を素地土という。「粘土に砂を混ぜて素地土を調整しよう」などと使う。粘土を素材に素地土を調合し、練ってねかせた後に、加工・成形・調整し、焼成して土器ができる。土壌学では0.002mm（岩石学では1/256mm）以下の堆積物を「粘土」というが、粘土によって粘りと腰の強さ、つまり可塑性は千差万別といわれている。可塑性が高いほどつくりやすく、焼いたとき割れにくい。粘土の可塑性が低い場合、外部から粘土以外の素材を混ぜて可塑性を高める必要がある。これが「混和材」で、粒径区分では「砂」（岩石学では2mm～1/16mm）に属する岩石や鉱物が多く用いられる。つまり、採取

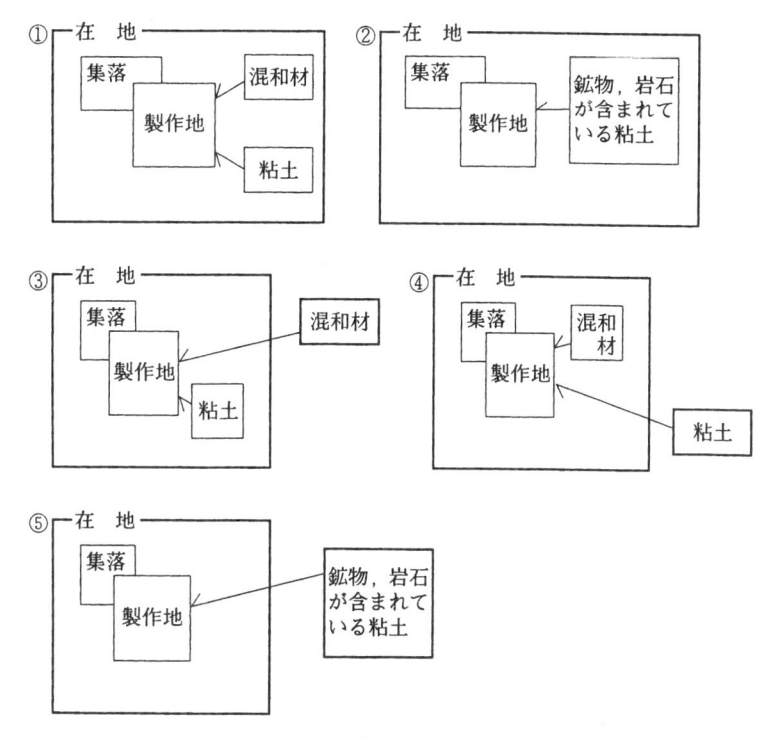

図1　混和材と粘土の採取地（水沢 1992より）

した粘土がそのまま素地土になる場合と、わざわざ粘土に混和材を混ぜて素地土を調合しなければならない場合がある。だからといって土器胎土に入っている「砂」（岩石・鉱物）をはじめから混和材と決めつけるのは控えなければならない。なぜなら、土器の中の「砂」は混和材として人為的に入れられる場合と、粘土層の上下層など周辺にあったものが偶然入ってしまう場合があるからである。それでは、粘土と混和材の採取場所はどのような関係があるのだろうか。

　遺跡が立地している場所と表層地質が等質である一連の地域を「在地」[2]とする。ある縄文時代の集落は、必ずいずれかの「在地」の中に存在する。土器の製作地は集落内もしくは集落の近隣と仮定する。すると土器製作のための原料調達方法には少なくとも五つのパターンが考えられる（図1）。

　まず在地内で採取した粘土を、同じく在地内の混和材と混ぜて素地土をつくる場合がある（①）。同様に在地内で粘土を調達し、粘土層の上下層の「砂」

も同時に採取したり、「砂」が元々混ざっている粘土を採取する場合がある（②）。①はさらに混和材を混ぜなければ成形できない粘土であるが、②はそのままで十分良好な土器がつくれる粘土である。①と②は、粘土も混和材も同じ在地から採取されたものであるため、たとえ両者を別々に科学分析しても、その違いを識別することは難しい。①・②の違いは土器製作技術上は大きな問題であるが、どちらにしても、土器づくりの材料は在地内だけで調達している。これに対し、混和材が在地外から搬入、もしくは在地外で採取される場合がある（③）。川砂、火山灰、露頭から採取した岩石を粉砕したものなど、混和材は身近に多数あるため、たいていは在地内で間に合うと考えて良いだろう。それにもかかわらずこのような現象が起こるとすれば、混和材になにか特有の価値があることになろう。さらに、粘土自体（④）や砂が含まれた粘土（⑤）が在地外からもたらされる場合があるとすれば、特有の価値以上に「在地」で適当な粘土が産出しないなどの事情も考慮しなければならない。

　さて、ここで注意しなければいけないことがある。胎土分析の方法と分析対象の関係（図2）である。胎土分析の方法には大きく二つある。一つは、土器胎土に入っている「砂」、つまり岩石や鉱物の種類を調べ、「在地」の地質学的な情報と比較する方法である。これは偏光顕微鏡や実体顕微鏡を用いて分析する。この方法を用いると、鉱物だけでなくその母岩の可能性のある岩石の種類も分かる。また、それらの形によってその由来（火山灰起源の鉱物か、川砂かなど）を推測することもできる。非常に有効な方法である。ただ、この方法でも調べられる種類に限界がある。たとえば、石英という鉱物がある。これは0.02mm程度の厚さの薄片では灰色である。私はこれを特定する場合、色と形、干渉色、屈折

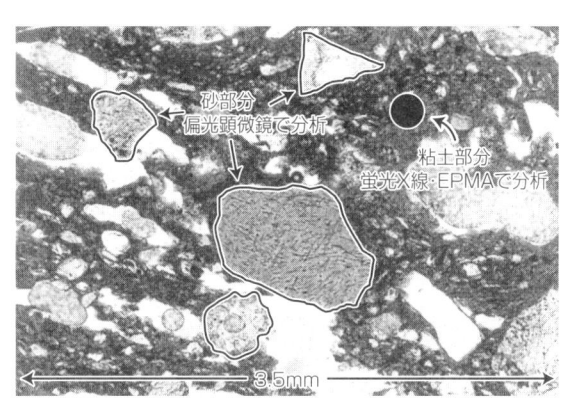

図2　胎土のどこを分析するか

率以外にコノスコープ像という特殊な像を出して確認する。そして正しいコノスコープ像で鉱物種を同定するためには、鉱物が一定の大きさ以上であることが望ましい。また、粘土鉱物やある種の堆積岩などは大きさにかかわらず種類を決定することができない。つまり、偏光顕微鏡や実体顕微鏡では、微細な鉱物や粘土鉱物のなかに同定には不向きなものがある。

　胎土分析の方法の二つ目は、粘土部分の化学組成の分析である。これは蛍光X線装置やEPMAを用いる。対象にする土器の胎土のある部分がどのような化学組成を示すか、計算して表示させることができる。ただ、この場合分析する面積を大きくとれば目標とする粘土部分だけでなく混和材の可能性もある「砂」（岩石・鉱物）も含めた全体を分析することになる。もし、粘土と混和材がそれぞれ別の地域で採られ、それを混ぜて土器の素地土がつくられていたとすれば、ここで測定した結果はその土器の履歴のどの部分をも示さない上、周辺の地質や自然の粘土データとも比較不可能な数値になってしまう。そのため、土器から粘土部分だけを抽出して均一化したり、混和材が含まれないように測定部分を選択するなどの努力が必要である（建石 1996）。

　二つの方法は、そのどちらか一つを用いれば胎土分析が完結するというものではない。分析する対象が違うのだから、両者を併用してこそはじめてより有意義な結果を導き出せるのではないだろうか。

　たとえば、ある土器が偏光顕微鏡観察の結果「在地外胎土」であっても蛍光X線分析の結果では「在地胎土」であったとしよう。混和材が在地外から搬入される③のケースであれば、これは当時の人の土器の素地土調合作業の行動の結果と捉えられる。ところが逆に偏光顕微鏡観察だけしか行わなければこの土器は在地外からの搬入品であると結論づけられよう。その解釈の違いは深刻である。

　以上の五つのパターンは様々な材料の調達方法こそあれ、土器はすべて在地内の遺跡もしくはその周辺でつくられたものであることを示すモデルである。つまり、つくり手は在地に住んでいる人である。いわゆる搬入品はこのいずれのパターンからも外れるものである。

搬入品特定のための胎土分析

　搬入品はどのように識別できるのだろうか。ある遺跡を中心に考える。土器

の胎土が「在地」に由来する（その遺跡周辺の地質と一致する）かどうかと、対象となる土器がその遺跡を含む地域で主体的な土器型式（「在地型式」）であるかどうかが鍵をにぎる。この場合土器の胎土とは偏光顕微鏡などで同定される「砂」（岩石・鉱物）と蛍光X線分析装置などで確認できる粘土の化学組成の両方を指す。

　この二つの要素を組み合わせると、遺跡で出土する土器には次の四つのパターンが考えられる。

　　1　在地型式でかつ在地胎土の土器
　　2　在地外型式で在地外胎土の土器
　　3　在地外型式でかつ在地胎土の土器
　　4　在地型式でかつ在地外胎土の土器

　このうち1はその遺跡の人がその遺跡もしくはその周辺でつくった土器である。そして2が問題の搬入品となる。また3は在地では通常つくらない型式の土器を何らかの情報を根拠につくったか、つくり手自身が移動した可能性が考えられるものである。ただ、この場合、在地外型式の情報の供給源が2の搬入土器であるケースも指摘されている（清水1989）。

　土器型式の伝達方法を具体的に述べた、「土器型式伝達の形態モデル」（上野1986）と比較してみよう（図3）。ある集落で2の土器が発見された場合、I-A「土器自体が伝えられた」可能性が高い。ただそれが「人がもっていって渡して伝えたのか」、「人がもっていって定住して伝えた」のかを確認するのは容易ではない。移動した人がごく少数でかつ土器のつくり手でなければ、その識別はほとんど不可能である。ただ、つくり手が移動して定住した場合、文様だけではなく、製作技法や癖も移動することになる。とすると、その集落の伝統的な土器が、移住者の異質な技法でつくられはじめるなど、細かな変化が生じる可能性があり、これを読みとる努力が必要である。

　つづいて、ある集落で3の「在地外型式で在地胎土の土器」だけが発見された場合は、I-B「製作法のみが伝えられた」に対応する。在地胎土である以上、その集落でつくられたとみるのが妥当であろうからである。ただこの場合、「人が行って口頭で伝える」程度で、縄文中期の土器の複雑な文様が伝達できるとはとうてい思えない。「人が行って定住して伝え」、かつそれが土器製

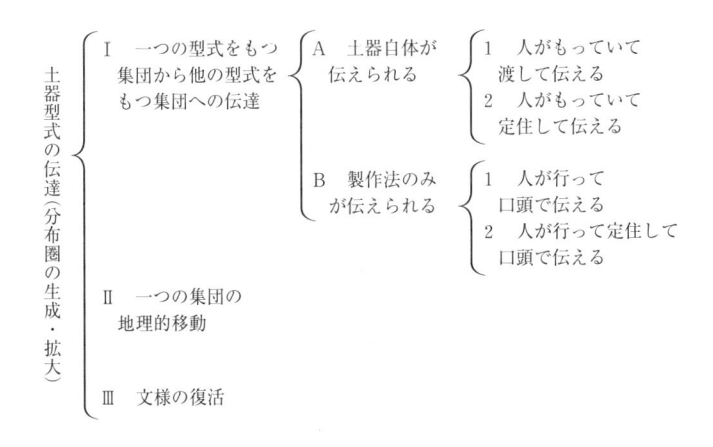

```
土                ┌ Ⅰ 一つの型式をもつ  ┌ A 土器自体が  ┌ 1 人がもっていて
器                │   集団から他の型式を │   伝えられる  │   渡して伝える
型                │   もつ集団への伝達  │         └ 2 人がもっていて
式  ┌            │            │             定住して伝える
の  │            │            │
伝  │            │            └ B 製作法のみ  ┌ 1 人が行って
達  ┤            │              が伝えられる │   口頭で伝える
（  │            │                     └ 2 人が行って定住して
分  │            │                         口頭で伝える
布  │            │
圏  │            ├ Ⅱ 一つの集団の
の  │            │   地理的移動
生  │            │
成  │            └ Ⅲ 文様の復活
・  │
拡  │
大  │
）  └
```

図3　上野佳也による土器型式伝達の形態モデル（上野 1986より）

作者であれば、可能であろう。

　②の「在地外型式で在地外胎土の土器」が③の「在地外型式で在地胎土の土器」とともに発見された場合。土器製作者が移動しなくても、伝えられた土器を模倣して新しい土器をつくることができたかもしれない。ただ、Ⅰ-Aの土器製作者が土器をもって移動し、その後「在地外型式で在地胎土の土器」をつくるという可能性も十分考えられる。この判別のためにも搬入された土器と「在地外型式で在地胎土の土器」の製作技術を十分比較する必要がある。

　福島県松戸ヶ原遺跡では在地型式で在地胎土の大木式土器、その大木式土器と同じ化学組成の胎土をもつ在地外型式で在地胎土の火焔型土器が共伴する。さらに前者と化学組成が異なる胎土で別の大木式土器と火焔型土器がつくられている（上條 1987）。2種類の胎土が大木式土器と火焔型土器の間で共通するという事実から、この両者は製作集団が共通する可能性も考えられる。そうなると、火焔型土器は何らかの情報源をもとに、大木式土器の分布するムラでつくられたことになるのかもしれない。

　④がみつかる場合、同一土器型式内であるが、地質地域が異なる範囲で土器が移動しているか、同一土器型式内であるが、地質地域をまたいでの土器の素地土採取が行われた可能性がある。前者の場合、土器が出土した遺跡（もしくはその周辺）ではその土器をつくっていない。つまり土器は搬入品となる。

一方後者の場合はその遺跡（もしくはその周辺）で土器がつくられていることになってしまう。その解釈は180度異なる。これらを見分けるためには、広域に複数の遺跡の胎土分析を行い、4と同様の胎土の特徴をもつ土器が搬出元と考えられる地域に広がっているかどうかの検証や、4の土器の製作技術が在地型式で在地胎土の土器と比べて異なるかどうかの検証が必要であろう。たとえ土器型式という大まかなレベルでは一致していても、搬入された土器ならば、微妙な製作方法の違いがみられるかもしれないからである。

このように1「在地型式でかつ在地胎土の土器」が在地製作の土器、2「在地外型式で在地外胎土の土器」を搬入品、とする解釈は比較的容易であるが、3・4の解釈を行う際には土器型式と胎土の情報に加えてそれよりも細かな土器の製作技術の分析が必要となるため、かなり厄介になる。弥生土器の場合は櫛描文様などが集落間あるいは地域間の技術の差異を見分ける指標になる（都出 1987）。縄文土器でも技術伝統に強く支えられた成形技法の観察が製作者レベルまで迫る鍵かもしれない（小杉 1989）。

一方、地質学的な「在地」をさらに補強するのが、川砂の調査（河西ほか 1989）や火山灰の調査（水沢 2003）である。前者はその地域の地質を直接的に反映し、混和材に使われる場合もある。また、粘土採掘坑や現代の粘土層調査により、土器胎土と実際の粘土との比較も有効である。これらの観点を導入することによって胎土分析の結果の解釈の蓋然性はさらに高まるだろう。

次に実際に4がどのように解釈されたか、曽利式土器の事例を紹介しよう。

曽利式土器の事例

屋代遺跡群で数％に満たない曽利式土器の中心分布圏は山梨県を中心とする八ヶ岳山麓である。この地域は河西学氏による土器内の岩石・鉱物の胎土分析データの蓄積によって全国でもっとも縄文土器の製作地研究が進んだ地域の一つである（図4）。

甲府盆地を中心にした約20km四方に分布する十数箇所の曽利式期の遺跡出土土器の胎土分析では興味深い結果が得られている（河西 2002）。この地域の地質は八ヶ岳南麓の安山岩を基盤とする地域、釜無川流域の花崗岩地域、塩川流域のデイサイトの地域が明確に分かれている。そのため、ある遺跡を起点にした場合「在地」と「在地外」の境界線が明示しやすい。そこで土器内に含ま

れている「砂」(岩石・鉱物)が在地の地質構成物やそこを流れる川砂に一致していると考えられる場合「在地胎土」、違っている場合「在地外胎土」と判別できる。

　分析の結果、安山岩が主体になる地域の拠点的大集落では在地胎土でつくられた在地製作の土器に対し、在地外胎土の土器の割合がかなり高いことが分かった。ただ、この場合の在地外胎土とはすぐ隣接する地質地域の特色のあるものを指す。たとえば姥神遺跡において、在地外胎土の土器を搬入土器と仮定すると、分析対象の土器29点のうち、7％が約3.7km（隣の地質地域までの最低距離）以上、31％が約7km以上の移動をしたことになる。頭無遺跡では、28％が2.5km以上、24％が3.5km以上の移動となる。つまり搬入される距離は日帰り行動圏より短いのである。ところで、アーノルドによる世界110の民族調査によると（Arnold 1985）、彼らが粘土を採る場所のうち60例が居住地から2kmの地点である。ただ居住地から2〜3km離れた場所で採る場合も12例、3〜5kmが11例、5〜10kmでも15例が確認されている。このことから類推すれば、近隣からの搬入と考えられたものは、粘土の直接採取である可能性もゼロとはいえないといわれそうである。しかし、安山岩地域が在地の姥神遺跡で31％を占める花崗岩を含む土器は、花崗岩産地に接する根古屋遺跡ではほぼ100％を占め、姥神遺跡で7％を占めるデイサイトを含む土器は、デイサイトが在地である清水端遺跡ではほぼ100％を占める。もし姥神遺跡の人が隣接地へ直接粘土を採取しに行って土器をつくっていたとすれば、その遺跡固有の素地土の調合の仕方や採取場所の微妙な違いにより、根古屋遺跡や清水端遺跡の土器胎土とここまで似通ってくることはないのではないか。つまり、ズバリその遺跡だとは限らないが、根古屋遺跡や清水端遺跡を含む隣接地域の遺跡は、姥神遺跡出土土器の搬出元の可能性がある遺跡ということになる。このことは、まさにごく近い範囲で土器が頻繁に移動しているという事実を補強することになる。

　さらに注目されるのは、この甲府盆地の範囲から外れる胎土をもつ土器、つまり遠方からの搬入と推測されるものが各遺跡1〜3点程度存在するが、ほとんどが曽利式土器であったことである。逆にこの地域では在地外土器であるはずの加曽利E式は、曽利式と同様に出土遺跡かその近辺でつくられたものと隣接地域に由来するものがあり、それを越えた遠方からの搬入の可能性があるも

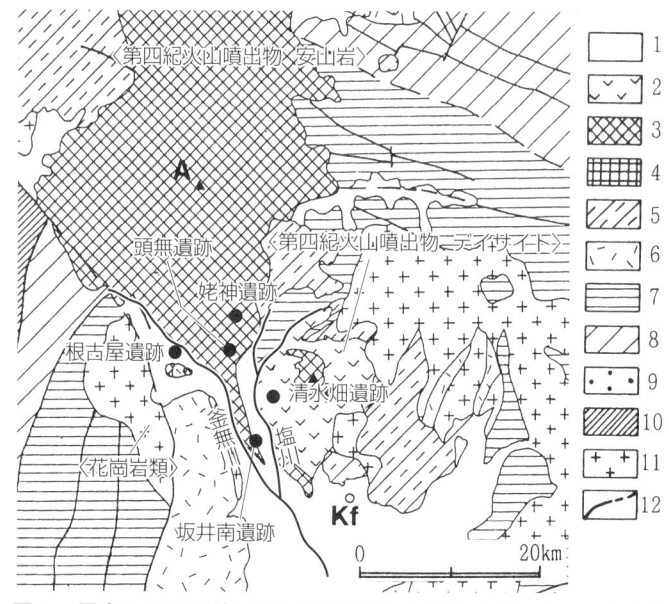

図4　甲府盆地の地質と胎土分析を行った遺跡（河西ほか 1989を改変）

1：沖積層・洪積層　2：第四紀火山噴出物（デイサイト層）　3：第四紀火山噴出物（安山岩質）
4：第四紀火山噴出物（玄武岩質）　5：第三紀末〜第四紀火山岩類　6：新第三系　7：四万十帯
8：秩父帯　9：領家帯　10：三波川帯　11：花崗岩類　12：(推定)断層
A：赤岳　K：茅ヶ岳　Kf：甲府

のはほとんどなかった。また隣接地域からの搬入が特に頻繁に起こるのは安山岩地域の大遺跡や沖積地内の遺跡で、花崗岩地域やデイサイト地域の小遺跡では、搬入土器自体がきわめて少なく、曽利式も加曽利Ｅ式もほとんどが在地で製作されたようである。この背景には良質な粘土が近隣にあるかどうかに加え、大集落では土器をはじめとして様々な物資が交換される傾向があることなどの要因が考えられよう。

このように曽利式土器と加曽利Ｅ式土器を対象にした甲府盆地の胎土分析では、集中的に多数の土器を分析することによって④の事例を人びとの行動へと結びつけることができた。これに対し同じ時期の千曲市屋代遺跡群では多数の系統の土器が乱立し、さらに①〜④が複雑に絡み合う様相がみられる。

屋代遺跡群における地元の土器、遠隔地の土器

　縄文中期後葉の屋代遺跡群を含む千曲川水系では実に多くの土器型式、系統

写真3　屋代遺跡群出土の土器（縮尺不同　長野県立歴史館蔵）
1：圧痕隆帯文土器　2：渦巻多連文土器　3：加曽利E系土器　4：串田新系土器

の土器が混じって出土する。まず千曲川水系を中心に分布する圧痕隆帯文土器（写真3-1）や渦巻多連文土器（写真3-2）などの在地土器である。圧痕隆帯文土器は、砲弾型の器形で鉢巻き状の隆帯の頂部にヘラや指による刻みをもつユニークで素朴な土器である。その祖形は中部高地に広く分布する唐草文土器にたどれる（綿田 1999）。渦巻多連文土器は、器形は加曽利E系に類似するが、口縁部に多数の巻の緩い渦巻が連続して展開する規格性の高い土器である。これも圧痕隆帯文土器と同じく千曲川水系で目立ついわゆる在地土器である。伝統的に渦巻文様を好む東北地方の大木式では、この時期粘土紐貼り付けによる曲流渦巻文様が互いに連結して華麗に展開するモチーフが流行する。屋代遺跡

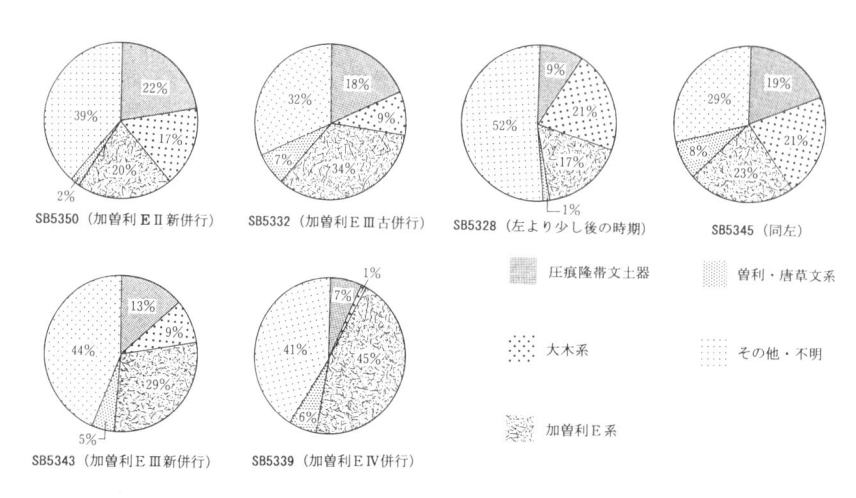

図5 住居跡から出土した土器の系統別比率（水沢2000より）

群では主に大木9a式の最古段階の様相をもつ土器が多数出土した（写真1）。ただ、本場の大木9a式にいくつかの類型（器形と文様帯によって設定された分類）があるはずなのに、屋代遺跡群では口縁部から胴部まで渦巻文様が連続して展開する類型ばかりがみられる。また、東北地方の大木式土器そのものにきわめて近いものと、それらと類似するがかなり変容したものも出土する。この時期関東地方を中心に加曽利E式土器が分布するが、屋代遺跡群でもこれらに類似する加曽利E系土器[3]も出土した（写真3-3）。その他では少量ではあるが、中部高地に広く分布する曽利・唐草文系土器や、富山・石川県など北陸地方の串田新系土器（写真3-4）が認められる。さらに様々な系統が相互に折衷したらしい土器も存在する。その比率は、屋代遺跡群中期後葉集落の時間幅が加曽利EⅡ式新段階から加曽利EⅣ式とすれば、集落の初期には圧痕隆帯文土器と大木系が多く、終わりに向かうに従って大木系の比率は減少し、やがて加曽利E系が圧倒的多数を占め圧痕隆帯文土器が伴うといった傾向がみえる（図5）。

屋代遺跡群やその周辺の千曲川水系では、なぜいろいろな系統の土器が出土するのだろうか。そしてこれらはいったいどこでつくられたのだろうか。

屋代遺跡群出土圧痕隆帯文土器の中の白い石

屋代遺跡群出土土器の産地の手がかりを得るために土器の表面観察と胎土分析を継続的に実施している。このうち偏光顕微鏡観察は、土器の薄片をつくり、

長軸方向へ0.5mmずつ、短軸方向へ0.7mmずつ動かして、十字線の真下に来たものの全てを250ポイント同定する方法を採用した。もっとも古い加曽利EⅡ式新段階に属するSB5350号住居跡出土土器から10点を

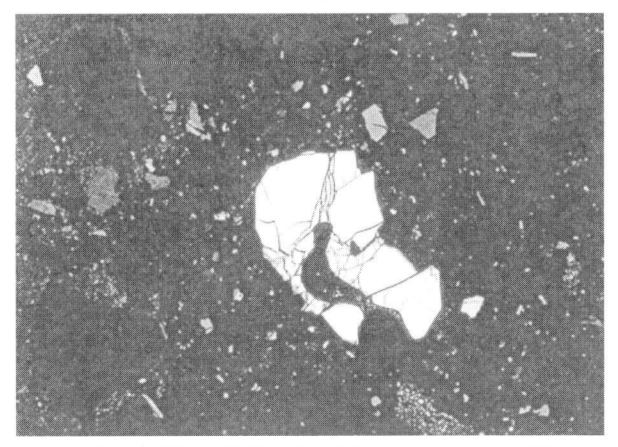

写真4　裾花水冷破砕岩中の割れ目の入った石英
直交ニコル　×23

選んで胎土分析を行った（水沢 2005）。その結果、圧痕隆帯文土器の3点（図7-1：253・255・259）並びに圧痕隆帯文土器と隆帯の形が共通する加曽利E系（図7-1：252）では、鉱物組成の中で、石英と斜長石が60％以上を占め、特に幅の広い割れ目が縦横に入った大形のものが目立つことがわかった。石英は硬い鉱物なのでここに割れ目が入ること自体めずらしいのだが、鏡下では顕著にひびが入っている様子が観察される。その他には黒雲母と角閃石、発泡した火山ガラスを含み、ピッチストーンを含むものもあった。河内晋平氏はこの割れ目の入った石英に注目し、その他黒雲母と角閃石とピッチストーンから連想される岩石を、従来「裾花凝灰岩」といわれてきた裾花水冷破砕岩（河内 2000）に比定した（写真4）。これは、肉眼で観察するとひときわ目立つ白く大きな石である。

　裾花水冷破砕岩は、屋代遺跡群とは千曲川を挟んで対岸の長野市の北部から千曲市の南部にかけての露頭に産出する（図6）。雪が解け残ったように見事な白い壁がかなり遠くからでも識別できる[4]。これは海底に噴出したマグマが、多量の海水によって急冷されて、一見すると凝灰岩状の細粉となったものである。本来は堅固な石英も、周りの海水で急冷される際に顕著なひびが入る。そのため石英に割れ目があるということは裾花水冷破砕岩の一部である証拠にもなるわけだ。裾花水冷破砕岩は流紋岩質で、石英、斜長石、黒雲母の他、少量

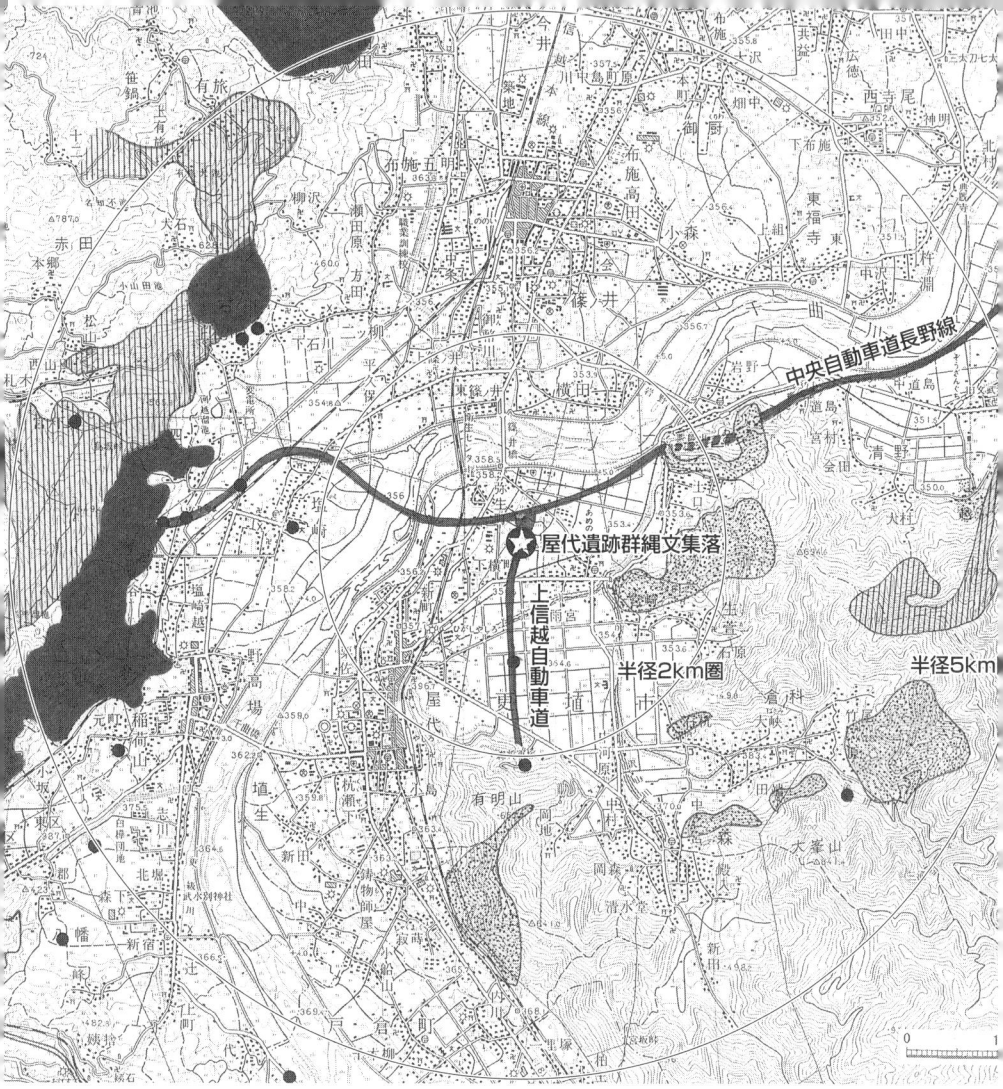

図6 裾花水冷破砕岩の分布と縄文中期の遺跡（加藤・赤羽1986、河内2000をもとに作成。
地図は国土地理院発行5万分の1地形図「長野」を使用）
● 縄文中期の集落・遺物出土地　　　石英閃緑岩　　■（裾花凝灰岩）裾花水冷破砕岩　　各種安山岩

の普通輝石、紫蘇輝石、角閃石などと、軽石、黒曜岩（質の悪いピッチストーン）を含むとされている（加藤・赤羽1986）。

屋代遺跡群の人々の行動

　先に述べた「混和材と粘土の採取地」モデル（図1）を使って屋代遺跡群のムラに住んでいた縄文人が圧痕隆帯文土器の胎土となった素地土をどのように調達したかを考えてみよう。屋代遺跡群は千曲川の自然堤防上に立地し、「在

地」は"沖積層"である。そのため「裾花水冷破砕岩が土器に入っていた」という事実だけがわかった場合、この胎土は屋代遺跡群からみると在地外の地質に由来することになる。そこで、混和材だけ在地外のものを使った場合（③）、在地外の砂が含まれた粘土を使う場合（⑤）、もしくは⑤の素地土でつくられた土器自体が搬入された可能性が浮上する。

　この三つの可能性をさらに絞り込むために、粘土の化学組成の分析を行う。蛍光X線分析[5]（建石・水沢 2000）やSEM-EDS分析によると裾花水冷破砕岩の入った土器は粘土の化学組成も、互いに似通っているため（図7-2）、粘土と含まれる岩石・鉱物の採取地は、地質学的に近似していると推測される。これによって、③の可能性より、砂が含まれていた粘土を調達した⑤もしくは⑤の素地土でつくられた土器自体が搬入された可能性がより高まったわけである。つまり、屋代遺跡群から5km圏内の千曲川の対岸の裾花水冷破砕岩の露頭周辺に圧痕隆帯文土器の「素地土」である粘土と混和材の採取地もあった可能性が高い。そうであれば、千曲川水系に広く分布しているといった現象を捉えて「在地系土器」とされてきた圧痕隆帯文土器はまさに広い意味で在地でつくられた土器ということになるわけだ。ただ、問題は屋代遺跡群の人がここまで素地土を採りに行って土器をつくったのか、対岸のどこかのムラでつくられた土器を搬入したのかであろう。SB5350号住居跡に後続する住居跡から出土した加曽利E系土器にも裾花水冷破砕岩を含むものがあるため、裾花水冷破砕岩分布域が屋代遺跡群で消費される土器の素地土の採取場所であった可能性もある。ただ、ここから先の解釈は屋代遺跡群出土土器の分析だ

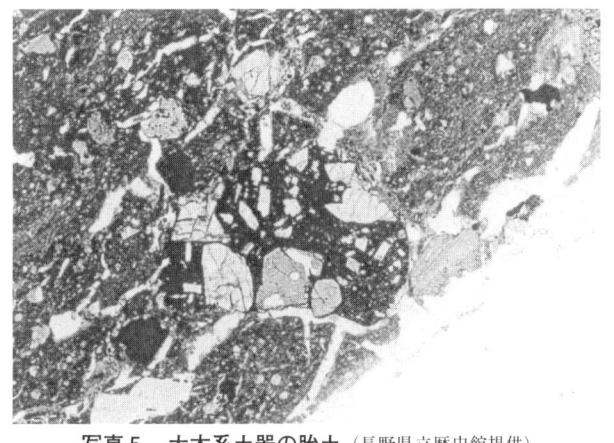

写真5　大木系土器の胎土（長野県立歴史館提供）
平行ニコル　×23

けでは完結しない。対岸地域で製作された土器の胎土分析を進めることが必要である。もし対岸地域でも裾花水冷破砕岩が混ざった圧痕隆帯文土器が多ければ、甲府盆地の事例と同様にこの地域からの搬入という可能性が高まる。

一方大木系や加曽利E系の岩石・鉱物組成は圧痕隆帯文土器のそれとはかなり異なる（図7-2）。これらには火山岩が多く含まれていた（写真5）。また火山岩が多く裾花水冷破砕岩をまったく含まないものと、火山岩が少数でやはり少数裾花水冷破砕岩を含むものがあった。特に前者は圧痕隆帯文土器とは異なる場所の土でつくられたことは確実といえそうだが、遺跡近隣の別の粘土でつくられたものなのか、遠隔地からの搬入品なのかまでの特定は難しい。これは屋代遺跡群の東側や対岸に火山岩の露頭が多いためである。屋代遺跡群での加曽利E系は、中期後半期の中で徐々に多くなり、「在地型式」といっても過言ではない割合まで増加する。「在地型式」の加曽利E系が仮に在地で製作されたものだとすれば、胎土が似通っている大木系も在地でつくられたものとなる。ただ大木系の中で特に火山岩の多い土器は岩石だけでなく粘土の化学組成も他の土器群とは大きく異なっていた（図7-2：258）。これは搬入品である可能性

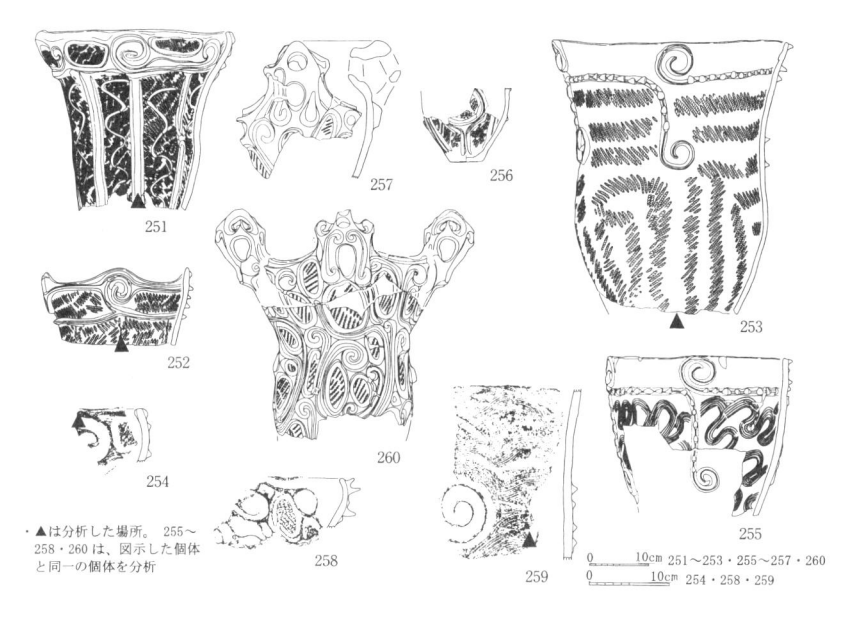

図7-1　分析資料（圧痕隆帯文土器、大木系・加曽利E系土器）

が高い。つまり、大木式の特徴をもった土器の中には確実な搬入品と、搬入品かどうかは分からないが加曽利E系土器と胎土が似通っているものが含まれるわけである。

屋代遺跡群の加曽利E系と大木系の関係は、甲府盆地の曽利式と加曽利E式の場合と似ているともいえる。甲府盆地の在地土器は曽利式であるが、加曽利

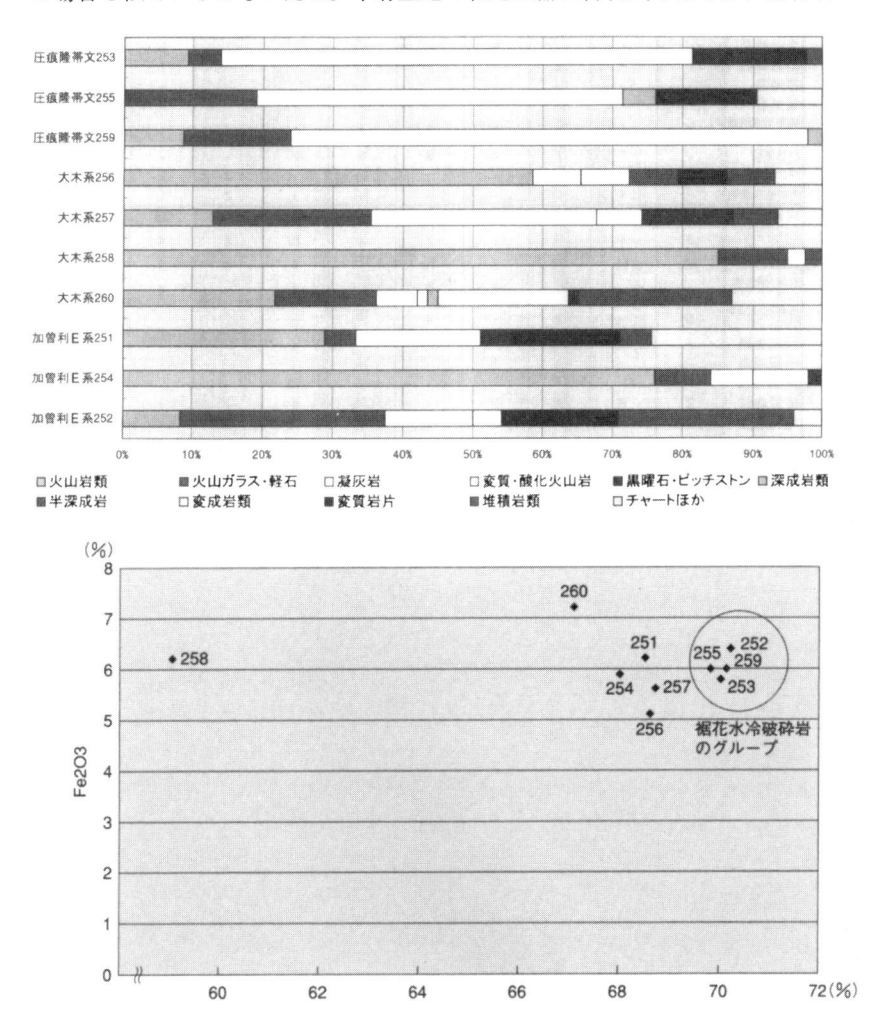

図7-2　分析資料の胎土に含まれる岩石の種類（上）と粘土の化学組成（下）
（水沢 2005より）

E式にも曽利式と類似した胎土で、在地製作と呼べるものがある。これは大木系に加曽利E系と類似した胎土の土器があることに対比される。また、圧痕隆帯文土器の素地土は遺跡から5km圏内の露頭に由来するのと同様に、甲府盆地の曽利式や加曽利E式も遺跡から数km離れた場所に由来するものが、遺跡によっては半数近くを占める。

裾花水冷破砕岩を含むもの	中間	火山岩を多く含むもの
圧痕隆帯文 253・255・259 変容した加曽利E系 252	加曽利E系 251 大木系 257・260	加曽利E系 254 大木系 256・258

土器が動く

以上の胎土分析からわかることは、出土土器の胎土は決して一様ではなく、少なくとも数％、多くて半数近くの土器が絶えず動いているらしいことである。全体の半数をも占める土器の頻繁な移動の背景を考えるとき、一つには土器が、恒常的に使われる物資で運搬の際に籠などより密閉度の高さを要求される交易品の入れ物だったという理由が考えられよう。あるいは差し迫った必要もないものを交換することによって集団と集団の連携を深めたというような、特異な意味付けをしなければならないのかもしれない。むしろごく少数遠隔地から移動してきた土器の方が、ヒスイなどと同様に威信財としての価値が見出せそうだ。いずれにしても、このように土器は頻繁に動いていたことが、土器型式の斉一性を高めた可能性も十分考えられる。それでは土器は誰がつくり、誰が動かすのだろうか。

3　土器をつくる女、土器をはこぶ男

土器をつくる女

縄文土器の文様・技法・胎土などの土器づくりの流儀には、地域や時期による画一性がある。この画一性は中期の後半から一段と強まる。これは個人がバラバラに土器をつくっているわけではないことを意味するが、専業集団がいたかどうかを判断することは非常に難しい。考古学的には、千葉県遠部台遺跡な

どで土器が多量に廃棄された事例から土器づくりは専業集団によるとする考えに対し、多摩ニュータウンの粘土採掘坑の規模から各ムラで個別につくられていたという主張もある（可児 2005）。フィリピンの民族誌の調査事例からは、非専業集団が一時的に専業になることがあるし、パートタイムで土器づくりをしている村でも一度に多量の土器がつくられる場合もある。そしてこの場合は、土器の画一性が強まるとされている（小林 1998）。

土器づくりをした人の性別[6]については、縄文土器についた爪の跡や弥生土器についた手の痕跡の繊細さからも女性が製作した可能性が指摘されている。『正倉院文書』「浄書所解」（天平勝宝2年）には女性が土師器の製作に従事し、男性が原料の土を採掘し、はこんでこね、薪を採り、藁を準備し、製品をはこんだという記事がみえる。またG.P.マードックの世界224の民族が様々な労働を、主に男女どちらが行ったかについて調査した結果によると（図8）、土器づくりは女性のみが携わるか、女性が主体的に携わっている民族が全体の約80％を占めることが判明した。レヴィ＝ストロースは南米アンデスのユルカレ族・タカナ族・ヒバロ族、コロンビア南東部のタニムカ族、北米ヒダッツァ族などの様々な慣習のなかで、女性たちが土器づくりを行っている様子を神話を説明する過程で生き生きと描いている。「むかしむかし、蛇が年老いた夫婦を粘土のある場所に導き、粘土と砂、あるいは炉床からとった石をあらかじめ砕いたものとまぜる方法を教えた。壺づくりは神聖な業であり、男は蛇を讃える儀礼をとり行い、宗教歌を歌う土器づくりの女に近づいてはならなかった。」北ミズーリのヒダッツァインディアンのこの神話は魅力にあふれたものである（クロード・レヴィ＝ストロース 1990）。

台湾のヤミ族のように男性が土器づくりを行う例も無いわけではない。1ｍを越えるような大形の土器の製作には女性では多少無理があるのかもしれない。ただ、女性には子供を産み育てるために居住域からあまり遠く離れられないという事情や、体力面では男性に劣る反面、持久性に優れているという身体的特性がある。土器づくりも含めて、女性が居住域近隣で行える作業を分担するという傾向は、ごく自然な生理的役割分担と考えられる。

カリンガ族の例では若い土器づくり人は、年長者とともに土器づくりを経験することによって技術を習得するケースが多い。また、土器づくりのグループ

116　土器をつくる女、土器をはこぶ男

	労働種目	男女比 男と女との分担度合 (%) 10 20 30 40 50 60 70 80 90 100	男性優位指数
1	金属工芸		100.0
2	武器の製作		99.8
3	海獣の狩猟		99.3
4	狩猟		98.2
5	楽器の製作		96.9
6	ボートの製作		96.0
7	採鉱・採石		95.4
8	木材・樹皮の加工		95.0
9	石の加工		95.0
10	小動物の捕獲		94.9
11	骨・角・貝の加工		93.0
12	材木の切り出し		92.2
13	漁撈		85.6
14	祭祀用具の製作		85.1
15	牧畜		83.6
16	家屋の建設		77.0
17	耕地の開墾		76.3
18	網の製作		74.1
19	交易		73.7
20	酪農		57.1
21	装身具の製作		52.5
22	耕作と植付		48.4
23	皮製品工芸		48.0
24	入れ墨など身体加飾		46.6
25	仮小屋の建設と撤去		39.8
26	生皮の調整		39.4
27	家禽や小動物の飼育		38.7
28	穀物の手入れと収穫		33.9
29	貝の採集		33.5
30	編物の製作		33.3
31	火おこしと火の管理		30.5
32	荷物運び		29.9
33	酒や麻薬づくり		29.5
34	糸や縄の製作		27.3
35	籠の製作		24.4
36	敷物(マット)の製作		24.2
37	織物製作		23.9
38	果実・木の実の採集		23.6
39	燃料集め		23.0
40	土器の製作		18.4
41	肉と魚の保存管理		16.7
42	衣類の製作と修繕		16.1
43	野草・根菜・種子の採集		15.8
44	調理		8.6
45	水運び		8.2
46	穀物製粉		7.8

図8　労働の男女別分業（G. P. マードックの表を編集した都出 1989より転載）

図9　土器をつくる女性たち（さかいひろこ画『御代田町誌歴史編』上より）

は3〜12人で、このグループは親族関係にある女性が中心となっているとされていて、工具の種類や使い方はグループの中で共通性が高い。限られた事例ではあるが、私は土器づくりは、近隣のムラの女性が集まり、繁忙期の一時期のみ専業で行ったであろうと考えている。

土器をはこぶ男

ニューギニアのビルビル・ヤボブ村でも女性が土器をつくり、男性たちはそれを船ではこんで交易をしていた（角林 1978）。G.P.マードックの調査した世界224の民族でも、その約70％は交易に男性のみが従事するか、男性が優先的に従事していた。これが狩猟になると、ほぼ100％が男性による労働となっている（図8）。これは女性が日常の育児や調理、果実・木の実の採集、土器づくりなど生活圏から遠く離れずにできる仕事を分担しているのと対照的である。そして狩猟の道具に加工される剥片石器は、植物質食料とかかわる礫を用いた石器と比較して、遠隔地に産地があるものが多いのも、それが男性が調達するものだからという見解もある。私は土器がもし交易品であったなら、それをはこんだのは男性だったと思う。

土器と交換したものはなんであろうか。狩猟採集民の交換方法には様々な議

論がある。マーシャル・サーリンズは返礼が曖昧な贈与を「一般化された相互性（互酬性）」、これに対し等価交換を「均衡のとれた相互性（互酬制）」とした（マーシャル・サーリンズ著、山内昶訳 1984）。前者は「分与」、「惜しみない贈与」などとも呼ばれ、親族の距離が近いほど、その頻度が高くなるという。アフリカのブッシュマン、インド洋の北アンダマン島民、北アラスカのエスキモーをはじめとして、気前のよさを最高の美徳とする社会が世界各地にあり、リーダーは分け与えすぎて逆に貧困になることもしばしばある。これは収奪のまさに反対で、持てる者から持たざる者への物質の流れである。

　後者は受け取った物の慣行的な等価物が遅滞なく返報されることを指す。いわゆる「交易」はここに属する。たとえばニューギニアのヒューアン湾には肥沃な地でタロ芋を量産するブサマ族、食料自給ができないが陶器をつくっているブソ族がいる。ブサマ族のタロ芋は投下労働時間に換算すると非常に不利な条件でブソ族の陶器と交換されている。しかし、当事者間では公正とされているのである。生産物の交換比率は、諸処の社会的慣習によって規定されているが、それは当事者たちにおける等価性・対等性の意識を伴っているにすぎないと考えられている。陶器はこの他、マット、編袋、籠、彫り椀、小さなカヌーなどと交換されている。同じくニューギニアのヴィシアズ海峡地方では、壺が豚や黒曜石、ココナッツや犬などと交換されている（マーシャル・サーリンズ同上）。このような交換は利益獲得というよりはむしろ、集団と集団をつなぎ緊張を緩和するためのコミュニケーション手段の一つだったのかもしれない。

　屋代遺跡群の大木式土器と交換されたものが必ずしも存在するとは限らない。ただ、もしその土器が頸城地方や魚沼地方などの遠隔地からはこばれてきたとすれば、おそらくそれは「一般化された相互性（互酬性）」を行うような親密な親族組織の範囲からは外れるのではないかと考えられる。そういった場合、何かが交換されたはずである。もし交換されたものがあったとしたら、土器と逆のルートで北上した物資を探すべきであろう。屋代遺跡群を経由して北上する物資の一つに黒曜石がある（図10）。

　旧石器時代以来信州産の黒曜石は大変貴重なブランドだった。和田峠周辺の標高1200mから1500m付近には小県郡長和町に東餅屋、小深沢、男女倉、星糞峠、下諏訪郡下諏訪町に和田峠西の産地が、霧ヶ峰周辺には下諏訪町の星ヶ塔、

星ヶ台、観音沢、東俣などの産地が知られている。原産地では旧石器時代から縄文時代前期の中頃までは河原や沢に転がっていた石を拾い集めて利用していたが、やがて採掘が始まる。前期後葉から中期初頭の原産地では、採掘や貯蔵・保管が行われ、それが各地の中核となるムラにはこばれた。中核ムラには交易従事者がいて、さらに遠くのムラの集団へ黒曜石を仲介したともいわれている（大工原ほか 2003）。星糞峠では採掘坑から縄文時代後期の、星ヶ塔遺跡で

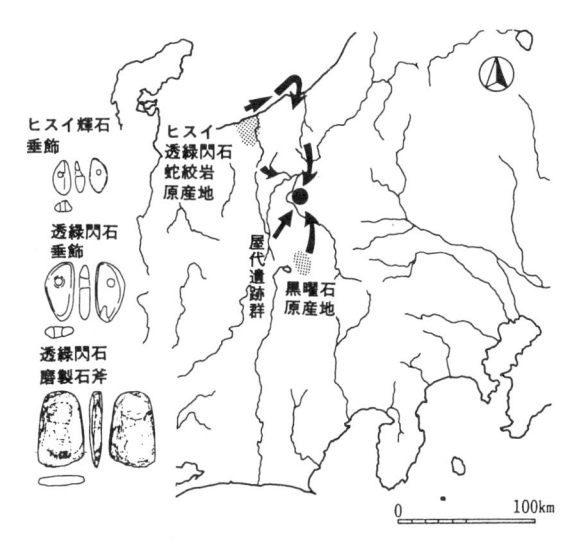

図10　屋代遺跡群における物資の流れ（寺内 2000より）

（単位：g）

期	チャート	黒曜石	珪質頁岩	ガラス質安山岩	粘板岩	その他	計
2b～3a	600.5	511.8	39.1	719.5	12248.9	584.6	14704.4
3b	907.8	292.9	116.6	1044.6	16802.0	561.0	19724.9
3c	1355.5	151.3	167.3	529.7	22509.2	530.1	25243.1
4	877.5	252.4	107.0	728.2	23925.1	849.7	26739.9
3a-3b	406.4	323.3	4.7	254.5	8601.1	108.8	9698.8
3c-4	669.6	106.2	5.5	1182.4	10394.2	474.1	12832.0
計	4817.3	1637.9	440.2	4458.9	94480.5	3108.3	108943.1

図11　屋代遺跡群中期後葉遺構における黒曜石産出量
（門脇 2000より）

は前期末を中心に後期から晩期の土器が出土しており縄文時代を通じて採掘が行われていたと考えられる。ただたとえ採掘は続いていたとしても、実際に集落から出土する黒曜石は、中期後葉にはかなり減少し、代わりにチャートなど地元石材が優越する。屋代遺跡群での遺構出土量も中期前葉集落と比べると、中期後葉集落での出土量は約半分に減るのだが、中期後葉の中を比べると東北系土器が多いムラの前半期ほど、黒曜石の原石・石核・剥片と製品が比較的多くみつかっている（図11）。

中期後葉を中心に、さらに原産地から遠い新潟県の清水ノ上遺跡、五丁歩遺跡、前原遺跡でも信州産の可能性がある黒曜石が石材全体の数％程度出土して

いる。そして特に屋代遺跡群と非常に似通った大木9a式土器、圧痕隆帯文土器、渦巻多連文土器の三点セットが出土した上越市の山屋敷Ⅰ遺跡では、信州と関連の深い土器が特に多く出土した住居跡から、やはり特に多くの黒曜石の製品や剥片・石核が出土している（寺崎ほか2001）。

　以上の点から、もし土器と交換されたものが想定されるとすれば、その候補の一つに黒曜石を考えたい。

4　土器の動きが語るもの

大木系土器の不思議

　胎土分析の結果、遠隔地からの搬入品である可能性が高いと考えた屋代遺跡群の大木式土器。これにはある特徴がみられる。胎土が白っぽくて渦巻文様の先端が異常に高く、シャープに隆起しているのである。把手も立体的である。この特徴をもっともよくもった土器（写真1前列）に似たものは、東北地方から新潟県にかけて分布する本場の大木9a式土器の最古の段階（写真6）の一群である。

写真6　宮城県里浜貝塚出土大木9a式土器
（奥松島縄文村歴史資料館蔵）

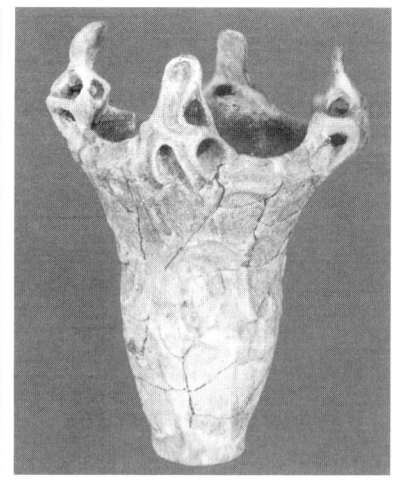

写真7　千曲市円光房遺跡出土大木9式系土器
（千曲市教育委員会蔵）

写真6・7：長野県立歴史館2005より

これに対し、隆帯が低く、土器全体が赤っぽい色彩を帯びた大木系土器がある (写真1後列)。かつてヒレ状に隆起していた渦巻文様の巻の部分は低くなる。沈線だけで区画文や蕨手状の文様が描かれるものもある。器形も、胴部の下半の膨らみが強い大木式的な形から、膨らみが弱く、スマートな加曽利E式的な形へと変化している。立体的だった把手は、鳥の嘴のように扁平化するが (図12：後葉3b期)、二本の足で器面に取り付く流儀はますます定型化しているようにもみえる。これらは屋代遺跡群の縄文集落から出土した土器の編年研究によって、「後の時期」(後葉3期：加曽利EⅢ式併行期) につくられたものの特徴であることが分かっている。まるで、搬入された大木式土器を真似て千曲川流域の人が大木系土器をつくったかのようである。偏光顕微鏡でみると、その胎土は加曽利E系土器と類似している。

型式学的に似た特徴をもつ土器は千曲川中流域の多くの遺跡に存在する (写真7)。ただ、完形の土器は少なく、把手だけが本体から外れて出土することが多い。土器本体に比べて把手が目立ちやすいという理由もあるだろうが、土器本体から把手が故意に打ち欠かれて、それが流通していた可能性があるのかもしれない[7]。

この「後の時期」、本場大木式の分布地域では、もはや複雑な渦巻文様を粘土紐貼り付けによって表現する流儀は廃れ、シンプルな大木9b式をつくるようになっていた。低い隆帯や沈線で、楕円形の区画やUの字を逆にした区画、先を丸めたCの字を描き、区画の中だけに縄が転がされているような地味な土器群である。もはや把手などの口縁部装飾は廃れ、平縁か波状口縁が主流となる。ところが信州千曲川水系の縄文人は、まるで大木9a式古段階の伝統に固執するかのように、流れるように展開する渦巻文様と把手を付け続けるのである (図12)。

遠く離れた地域の土器群の併行関係を推測する手がかりとして搬入土器やモチーフの類似性に加え、土器に付着した炭化物による高精度の^{14}C年代測定が精力的に進められる昨今である[8]。搬入品の到来とそれを素材にした模倣の間の時間差はさらに綿密に検証されることになろうが、ここでは現時点までの分析の結果をふまえて、土器の移動にかかわる二つの仮説を提示したい。

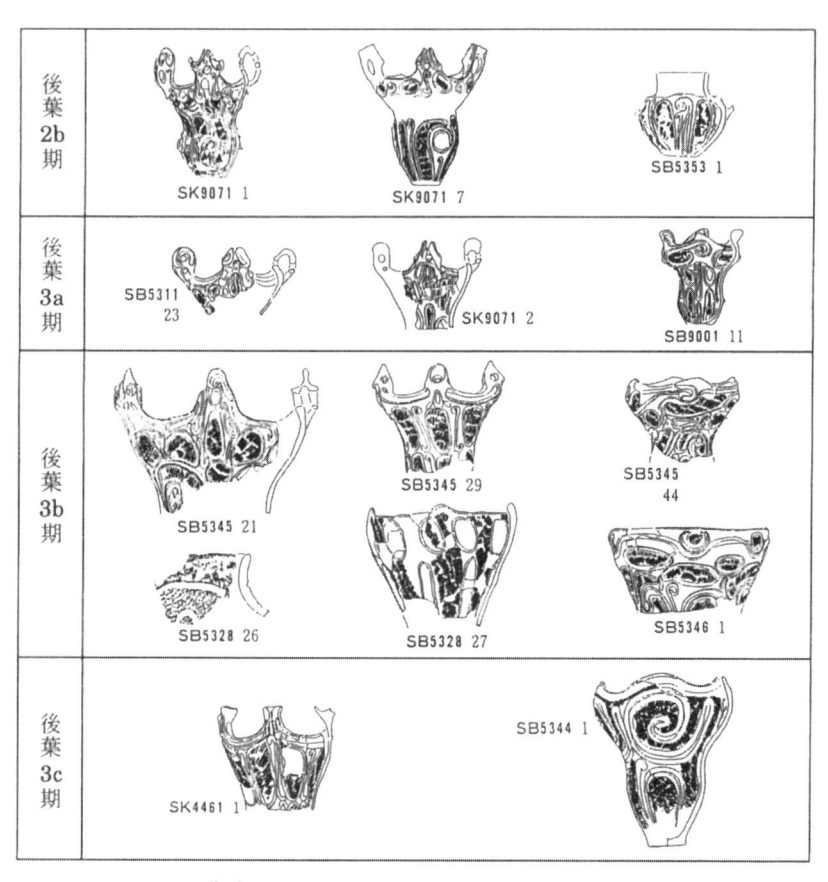

後葉2b期	SK9071 1	SK9071 7	SB5353 1
後葉3a期	SB5311 23	SK9071 2	SB9001 11
後葉3b期	SB5345 21 / SB5328 26	SB5345 29 / SB5328 27	SB5345 44 / SB5346 1
後葉3c期	SK4461 1		SB5344 1

図12　屋代遺跡群の大木系土器の変遷（屋代遺跡群報告書を改変）

　土器を女性がつくり、その製作地は屋代遺跡群の集落内かその近隣としよう。このムラに東北地方から新潟県にかけての特徴をもつ大木9式土器がもたらされた。土器をはこんできたのは食料や土器、石器素材などの交易を行う男性たちである。このムラの土器づくり集団の女性たちは、もたらされた大木9式土器を模倣して、今までそのムラでつくられてきた土器とは異なる新しいタイプの土器をつくった。〈仮説1〉

　新しく誕生した折衷土器は、従来土器がもたらされて、受け入れ、真似て、成立するという即物的な解釈で語られるにすぎなかった。しかしながら、異な

る文化を認め、受け入れる過程は必ずしもスムーズとは限らない[9]。そこには当然選択が働く。情報伝達の過程では常に受容と拒絶の両者が起こりうるのである（寺内 1986）。選択の主体は人間である。もたらされた土器を、ムラ内に入れるかどうか。ここに最初の関所がある。たとえば越後の火焰型土器は千曲川中流域までは入ってこない。反面、奥只見地方では火焰型土器が大木式土器と折衷した類型が多数存在する。受容の過程には様々な条件が絡み合っていて、決して機械的ではないのだ。そして次の関所はそれを真似て新たなる折衷土器をつくるかどうかである。二つの関所を見事にすり抜けて完成した、大木系土器。この関所を通過させた、ムラ人の意志の強さ、動機の強さを感じざるを得ない。ここで想起されるのは、大木9式土器が入る以前、屋代遺跡群周辺を含む北信濃は、頸城・魚沼地域と類似した大木8b式的な渦巻文様をもつ土器群の文化圏であったことである。おそらくこの地と北方とは長いこと人の行き来があり、その流れの中に大木9式土器も入ってきたのではないだろうか。

　仮説のもう一つは、土器を女性がつくり、その製作地は屋代遺跡群を含む近隣とする前提ではあるが、以下のような対極的なものである。

　　つくり手の女性は、東北地方から新潟県にかけての特徴をもつ大木9式土器をもって、屋代遺跡群のムラに移動してきた。この女性が直接、次の世代の女性に土器づくりを教え、大木系土器が千曲川水系に広がっていった。〈仮説2〉

　この仮説を検証するためには、もたらされた東北地方から新潟県の特徴をもつ大木9式土器と酷似した文様や製作技術をもちながら、屋代遺跡群周辺の素地土の特徴をもつ大木9式系土器が発見される必要がある。そしてそれが、屋代遺跡群の女性が真似てつくったのではなくて、移動してきた女性がつくったという点が技術の上から客観的に証明されなければならない。ただ、縄文社会が土器づくりの伝統に強く固執していたとすれば、少数のつくり手が移動して他の集落に入った場合は、おそらくすぐに従来の技術で土器をつくるというわけにはいかないだろう。この関所を乗り越えて、完全に技術と文様を含めた自分の流儀で土器をつくりはじめられたとしたら、その時こそ、新しい集団に彼女が受け入れられたことになるだろう。

土器の動きと人の出会い

　仮説の一つがさらに物語にアレンジされたとき[10]（長野県立歴史館 2005）、多くの可能性をはらんだ縄文人たちの「伝説」の一つが現代によみがえった。

　　冬、長野と新潟の県境は視界を遮るほどの雪の壁で覆われる。雪が降る前に、東北地方の特徴をもった渦巻文様の美しい土器や海産物、ヒスイをもって、ブランドの黒曜石を求めて南下した青年の集団がいた。やがて青年たちは千曲河畔の「ヤシロ村」にたどりつく。青年の一人は「ヤシロ村」に住む土器づくりの名人の乙女と出会い、ムラに来た理由を説明する。土器と黒曜石を交換する中で二人に愛が芽生える。交換によって受け入れられたその渦巻文様の土器は「ヤシロ村」のものになった。「ヤシロ村」の人びとは若者たちをマツリに招いて歓迎するが、やがて青年たちは足りない黒曜石を求めて次の旅に出発する。乙女は、近隣のムラの女性たちと一緒に、もたらされた渦巻文様の土器を真似て別の新しい土器をつくりながら青年の帰りを待ち続けた。渦巻文様の新しい土器は交換や模倣によってさらに千曲川流域に広がっていった。やがて力つきて死んでいった乙女に、ムラの長老は最初にもたらされた青年の形見である渦巻文様の土器の把手を割って供えてやった。

　仮説が具体化する中でさらに様々な疑問が生まれる。南下した青年の故郷のムラはどこなのか。彼らはどのようなルートでどのようないでたちで旅をしたのか。丸木舟で下れるような大河でなければ、目標となる河川が眼下に見渡せる尾根筋のルートの方がより利用しやすかったということもあろう（宮下1985）。そしてそのムラは屋代遺跡群から約90kmを隔てた上越地方にあったのか、信濃川を遡った魚沼地方か、それより近い信越県境付近か、あるいは信濃町や長野市北部などの集落を経由してきたか。そしてムラの女性たちはなぜこの土器を受け入れ、さらに真似て土器をつくり続けるようになったのだろうか、という根本的な動機にも様々な可能性が膨らむ。

　交換は仮面を被った感情のない秘密結社集団が闇夜に紛れて行うものではない。交換には人と人との出会い、会話、あるときは巧妙な駆け引きもあるだろ

う。交渉が決裂した結果起こる争いもあるかもしれない。つまり交易は異文化と異文化のもっとも基本的な接触である。そしてさらに土器を受け入れたということは、人を受け入れたということである。人を受け入れる究極の形は「愛」と表現できるのではないか。

土器のもつ神話的・象徴的意味合いや、先史交易の背後に潜む縄文人の精神構造を理解すること

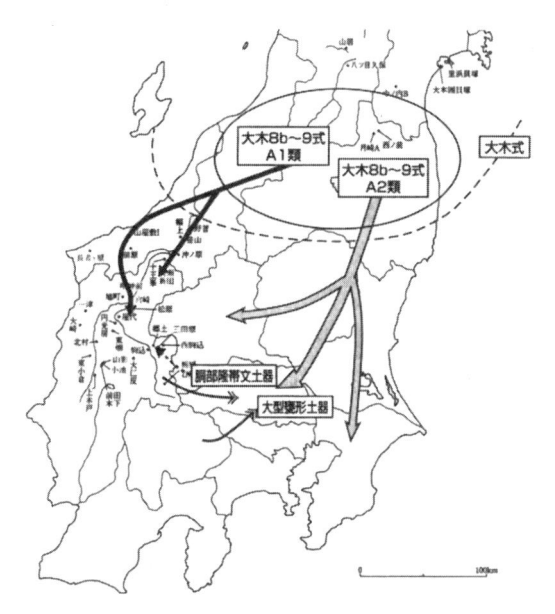

図13 大木式土器の動き（長野県立歴史館 2005より）

は、現代文明に浸った思考回路では遠く難しいことは承知している。しかしながら男性がもたらした土器を、土器づくり人である女性が受け入れたという現象があったとしたならば、その背景こそを考古学は、人間の問題として対象にしなければならないと思う[11]。一方、仮説2のように土器をもった女性が遠距離を移動してきて、彼女が生まれ育ったムラの流儀で土器づくりを行えたという結論が導き出せたとしたら、その段階ではじめてその背景、つまり結婚による女性の移動が議論されるべきであろう。

集団の先にみえる個人、そしてその出会い、愛、そして結婚、家族。私はこのような基本的な人間の歴史を、文明社会の効率性や常識だけでは捉えられない視点をもって、縄文研究は解明していかなければならないと思っている。

それをより具体的に証明するために、土器の型式学的な研究とともに胎土分析を含む科学的な手法が必要だと考える。また、土器型式が広域に類似する背景を考える上でも、遺跡ごとにこのような作業を積み重ねて行く必要がある。

屋代遺跡群の人びとが受け入れた大木式文化は、その前の時代である中期中葉から南へ（図13）、そして北へと拡散していった。南では伝統的な区画文の

土器が渦巻文を多用する土器に代わり、北では前期から継続した円筒土器の系譜が大木系の榎林式土器へと変わる。やがて「渦巻文土器群期」（林 1976）が列島規模で広がり、その斉一性は縄文文化の伝統を最後まで守った亀ヶ岡文化へと引き継がれていく。

　文化が受け入れられ、広がっていくという現象。その隠された力が、一万年の間、まるで急速な技術革新を拒否するかのように遅々とした歩みしかみせなかった縄文社会（西田 1989）をも動かしていく。この動きを的確に捉えたときにこそ、通常集団像としてしか認識できない「縄文人」の個人としての姿がおぼろげながらみえてくるのではないだろうか。

註
（1）上信越自動車道の事前調査として平成3年度から4年間（財）長野県埋蔵文化財センターが発掘調査を実施した縄文時代から中・近世までの複合大遺跡である。当初、弥生時代の生活面で調査が終了する予定であったが、調査終了間際になって千曲川の洪水砂に覆われた地下深くから縄文時代中期後葉の土器が発見され、翌年、地下4mの縄文時代の集落の調査が実施された。竪穴住居跡・敷石住居跡・平地式住居跡、杭列、貯蔵穴、墓などの多彩な施設、動植物遺体などとともに後世の攪乱を免れて地下深く温存された器面の残りのきわめて良い土器や石器が大量に出土している。
（2）河西学氏は岩石学的手法による「在地」を「土器の出土した遺跡を固定点として、遺跡が属する地質単位の分布範囲」と定義している。ただその場合「河川流路の頻繁な変遷や風成堆積物の広範な分布などのあり方によって地質単位が変化しうる」、明確な基準があるものの「境界部分で相対的であいまいな概念」としている（河西学 1999 「土器産地推定における在地」『帝京大学山梨文化財研究所研究報告』 9）。
（3）加曽利E系土器に関しては、広瀬昭弘氏、小林謙一氏、本橋恵美子氏より関東の加曽利E式の範疇で捉えられるものも認められるものの、様々な部分で変容しているものが多いとのご指摘をいただいている。
（4）裾花凝灰岩（水冷破砕岩）層のなかには凝灰岩が変質した良質な粘土産地があって、今でも浅川左岸のものが工業用に使われている（長野市立博物館茶臼山自然館『平成16年度見学会長野大紀行②』2004）。
（5）建石徹氏によるエネルギー分散型蛍光X線装置での分析結果をグラフ化した。測定条件は電圧15kV、電流80～170μA、照射径3mm、Si検出器、測定時間は300秒である。
（6）マードックは『社会構造』のなかで次のように述べている。
　「女性に割り当てられる仕事は製粉、水はこび、料理、燃料および野菜の採

集、衣服の仕立ておよび修理、肉・魚の貯蔵、陶器づくり、織物、敷物および籠の製造である。これらの仕事は、そのほとんどが家または家のすぐ近くでなされること、またどの仕事も部族の領域についての詳しい知識を要しないことが注目されるであろう。」これに対して男性の仕事は、「放牧、漁撈、木挽、わな猟、採鉱、狩猟」など地域社会と有用な資源の所在について完全な知識を必要とする。そのため婚姻によって居を変えることは男性の方がずっと大きなハンディキャップとなり、男性が婚姻によって地域社会を変わるのは望ましくないとしている。

　しかしながら、私は、複数のムラの集団が共同で狩猟を行う事例が考えられるため、日頃活動をともにしている隣接地域のムラへの男性の婚入であれば、さほど問題はないと考える。むしろ現代より医療が未発達の環境で子供を産み育てなければならない女性が、一生の間に生まれ育った集団を離れるような結婚形態があったとすれば、その方がずっとハンディキャップが大きいと考える。

(7) 屋代遺跡群で多く出土する大木系土器は口縁部に四つの突起状の把手をもつタイプで、屋代類型と名付けられたものである（綿田弘実 2003 「長野県千曲川流域の縄文中期後葉土器群」『第16回縄文セミナー中期後葉の再検討』）。この祖形は東北地方の大木8b式新段階に出現する口縁部から胴部まで文様が展開する類型に辿れ、9a式最古段階の土器組成の一部をも構成する。仙台湾地域では3単位の波状口縁で把手が付かないものも多い。長野県の大木9式に併行する大木式土器の中には、把手をもたず、平縁キャリパー形で頸部無文帯をもつ一群も、東信地域を中心に存在する。これらは埼玉・群馬経由でもたらされた大木系と考えられる（図13）。把手をもつ屋代類型とこれらが、東信地域で折衷することもあったかもしれない。

(8) 縄文土器のAMS法を用いた^{14}C年代による高精度編年が精力的に進められ、新たな文化領域論が構築されつつある（小林謙一 2004 『縄文社会研究の新視点』六一書房）。

(9) 「土器の製作は世代間における伝承と伝習によって成り立っていた」という前提により、製作者の技術伝統と表面的な文様の系統が異なる点を土器の精緻な観察から導き出すことができ、たとえば阿玉台式の技術をもつ人が勝坂式の集団に入り、自らの技術を守りながら勝坂的な区画文をもつ土器をつくったとする解釈（寺内隆夫 1989 「長野県塩尻市北原遺跡第1号住居址出土土器から派生する問題」『信濃』第41巻第4号）へと進めることができる。

(10) 長野県立歴史館の平成17年度夏季企画展では、地下4mから発見された縄文集落を広く長野県民に紹介すると同時に、来館者に難しくなりがちな展示資料を身近に感じ、問題意識をもってもらう（郷道哲章 2005 「博物館に未来はあるか」『長野県立歴史館紀要』第11号）ためのストーリー製作を実施した。実際の展示に際しては、ストーリーはあくまで仮説である点、仮説は複数存在しその一つだけを選択的に採用した点、さらに採用した経緯などの

説明、考古学的にどこまでが現時点で立証しうるのかなどの細かな説明が欠かせないだろう。
(11) 人の移動にかかわるファクターの一つに結婚がある。古代史研究の成果としては、古代の家族は父方・母方双方の親族関係の中で生活しているという一定の研究成果が出されている（関口裕子 1993 『古代婚姻史の研究』塙書房・義江明子 2004 『古代女性史への招待』吉川弘文館）。民族学的な研究成果では、生業や、所有に関して女性の労働の占める割合が高く、相対的に平和で、政治的な統合が低い社会は妻方居住婚が多いとされている（G.P.マードック著、内藤完爾訳 1978 『社会構造』）。そのため、植物質食料に高く依存するとされている縄文社会でも妻方居住婚が優勢であった可能性は低くないと考える。交易に伴う男性の移動が具体化されれば、やがてこのような結婚形態の議論へと進むことが出来よう。

引用・参考文献

上野佳也 1986 『縄文コミュニケーション』海鳴社
岡村道雄 2002 『日本の歴史第01巻　縄文の生活誌』講談社
角林文雄 1978 「ニューギニア・マダン周辺の土器作りとその経済的機能の研究」『民族学研究』43‐2
河西学・櫛原功一・大村昭三 1989 「八ヶ岳南麓地域とその周辺地域の縄文時代中期末土器群の胎土分析」『帝京大学山梨文化財研究所研究報告』第1集
河西　学 2002 「胎土分析から見た土器の生産と移動」『土器から探る縄文社会』山梨考古学協会
加藤碵一・赤羽貞幸 1986 『地域地質研究報告　長野地域の地質』　地質調査所
可児通宏 2005 『縄文土器の技法』同成社
上條朝宏 1987 「松戸ケ原遺跡出土土器の胎土分析」『東京都埋蔵文化財センター研究紀要』V
河内晋平 2000 「Ⅰ地形・地質」『長野市誌　第11巻　資料編』
クロード・レヴィ゠ストロース著、渡辺公三訳 1990 『やきもちやきの土器つくり』みすず書房
小杉　康 1984 「物質的事象としての搬出・搬入、模倣製作」『駿台史学』60
小林正史 1998 「土器作りの専業製作と規格性に関する民族考古学的研究」『民族考古学序説』同成社
斎藤幸恵 1985 「黒曜石の利用と流通」『季刊考古学』第12号　雄山閣出版
佐原　真 1979 「手から道具へ・石から鉄へ」『図説日本文化の歴史』1　小学館
G.P.Murdoc著、内藤完爾訳 1978 『社会構造』新泉社
清水芳裕 1989 「先史時代の土器の移動」『芹沢長介先生還暦記念論集考古学論叢』Ⅱ

須藤隆・菅野智則 2003 「縄文・弥生時代における集団と物資の交流」『考古学の方法』第4号

大工原豊・宮坂清・関根慎二ほか 2003 『ストーンロード―縄文時代の黒曜石交易―』安中市ふるさと学習館

建石　徹 1996 「縄文時代中期における土器の移動に関する基礎的研究」『土曜考古』20

堤　隆 1993 『遠き狩人たちの八ヶ岳』ほおずき書籍

都出比呂志 1989 『日本農耕社会の成立過程』岩波書店

Dean.E.Arnold 1985 『Ceramic theory and cultural process』Cambridge

寺内隆夫 1986 「第Ⅴ章第1節　縄文中期中葉土器の分類と検討」『梨久保遺跡本編』

寺内隆夫 2000 「第5章第9節　交易と流通関係資料」『上信越自動車道埋蔵文化財発掘調査報告書28　更埴条里遺跡・屋代遺跡群―総論編―』長野県埋蔵文化財センター

寺崎裕助・木島勉・澤田敦・立木宏明 2003 「山屋敷Ⅰ遺跡」『上越市史　資料編2考古』

中島庄一 1994 「第Ⅴ章第3節　縄文中期後葉から後期初頭の土器群」『栗林遺跡・七瀬遺跡』長野県埋蔵文化財センター

長野県埋蔵文化財センター 2000 『上信越自動車道埋蔵文化財発掘調査報告書24　更埴条里遺跡・屋代遺跡群―縄文時代編―』（高橋理「第9章第5部　屋代遺跡群の魚類遺存体」、建石徹・水沢教子「第10章第1節3　縄文中期土器の胎土」、辻誠一郎「第10章第3節　縄文時代の環境と開発」、門脇秀典「第5章第3節3　石器」、水沢教子「第10章第1節2　中期後葉の土器」）

長野県立歴史館 2005 『平成17年度夏季企画展　地下4mの「縄文伝説」―屋代遺跡群愛と出会いの4千年―』

丹羽　茂 1989 「中期大木式土器様式」『縄文土器大観』1　小学館

西田正規 1989 『縄文の生態史観』東京大学出版会

林　謙作 1976 「亀ヶ岡文化論」『東北考古学の諸問題』東出版寧楽社

林　謙作 2004 『縄文時代史』Ⅰ　雄山閣

マーシャル・サーリンズ著、山内昶訳 1984 『石器時代の経済学』法政大学出版局

水沢教子 1992 「縄文社会復元の手続きとしての胎土分析」『信濃』第44巻4号

水沢教子 2004 「岩石・鉱物からみた素地土採集領域」『国立歴史民俗博物館研究報告』第120集

水沢教子 2005 「屋代遺跡群出土『圧痕隆帯文土器』の胎土」『長野県立歴史館紀要』11号

宮下健司 1985 「縄文の道」『季刊考古学』第12号　雄山閣出版

綿田弘実 1999 「千曲川水系における縄文中期末葉土器群」『縄文土器論集―縄文セミナー10周年記念論集―』

柄鏡形敷石住居の出現と環状集落の終焉
──縄文時代中期集落形態の変化を追う──

本橋　恵美子

1 長野県の地形的特徴と遺跡分布

　長野県は全国的に縄文時代中期の遺跡が多数知られている。高速道路などの大規模開発によって多くの遺跡が発掘調査された。主に中央自動車道によって八ヶ岳や諏訪湖周辺、上信越自動車道や長野自動車道の開発を契機として浅間山麓から千曲川流域など遺跡の様相が明らかになってきた。近年になって厚い火山灰で覆われていた浅間山南麓では、数々の貴重な遺跡の発掘調査が行なわれ、従来空白であった遺跡分布が縄文時代中期だけでなく、後期の遺跡も存在することがわかった。長野県の遺跡分布は高速道路沿いに集中するなどと皮肉られるが、否定できないのも事実であろう。中期に比べ激減する後期の遺跡の解明にもこうした大規模開発が功を奏した点は否めない。

　全国的にも縄文時代中期の遺跡は多く、長野県においては特に顕著である。ところが、後期になると中部山地で多かった遺跡数が激減し、逆に東京湾沿岸に分布する貝塚遺跡が多くなってくる。この遺跡数の変化は何に起因するのか。考古学において「どうして」に答えるのは難しいが「どのように」という過程を明らかにすることによってその答えを導くことができる可能性がある。こうした点においても縄文中期から後期にかけて縄文時代の集落遺跡がどのように変容するかを明らかにすることは重要と考える。

地形的特徴

　長野県の位置は本州の中央、一番太い部分の中央に位置する。日本の屋根といわれる南アルプス・中央アルプス・北アルプスの山々を大河川によって刻まれている。日本の代表的な河川である信濃川や利根川をはじめ諸河川の上流域である。日本海に流れる信濃川・千曲川と姫川・糸魚川、東京湾への利根川最上流である馬坂川、諏訪湖に端を発して天竜川、釜無川・富士川は駿河湾に至る。高い山々では幾筋もの河川が谷を刻み、盆地を形成している。長野県は広い平野のような空間的な広がりをもつような地形はなく、善光寺平、佐久平、松本平などのように山々に囲まれたわずかな平坦部「平」をもつ。さらに、県内には和田峠や星糞峠などの黒曜石の産地がいくつもあり、旧石器時代・縄文時代を通じて、周辺地域、特に石材の乏しい関東地方に多く供給している。

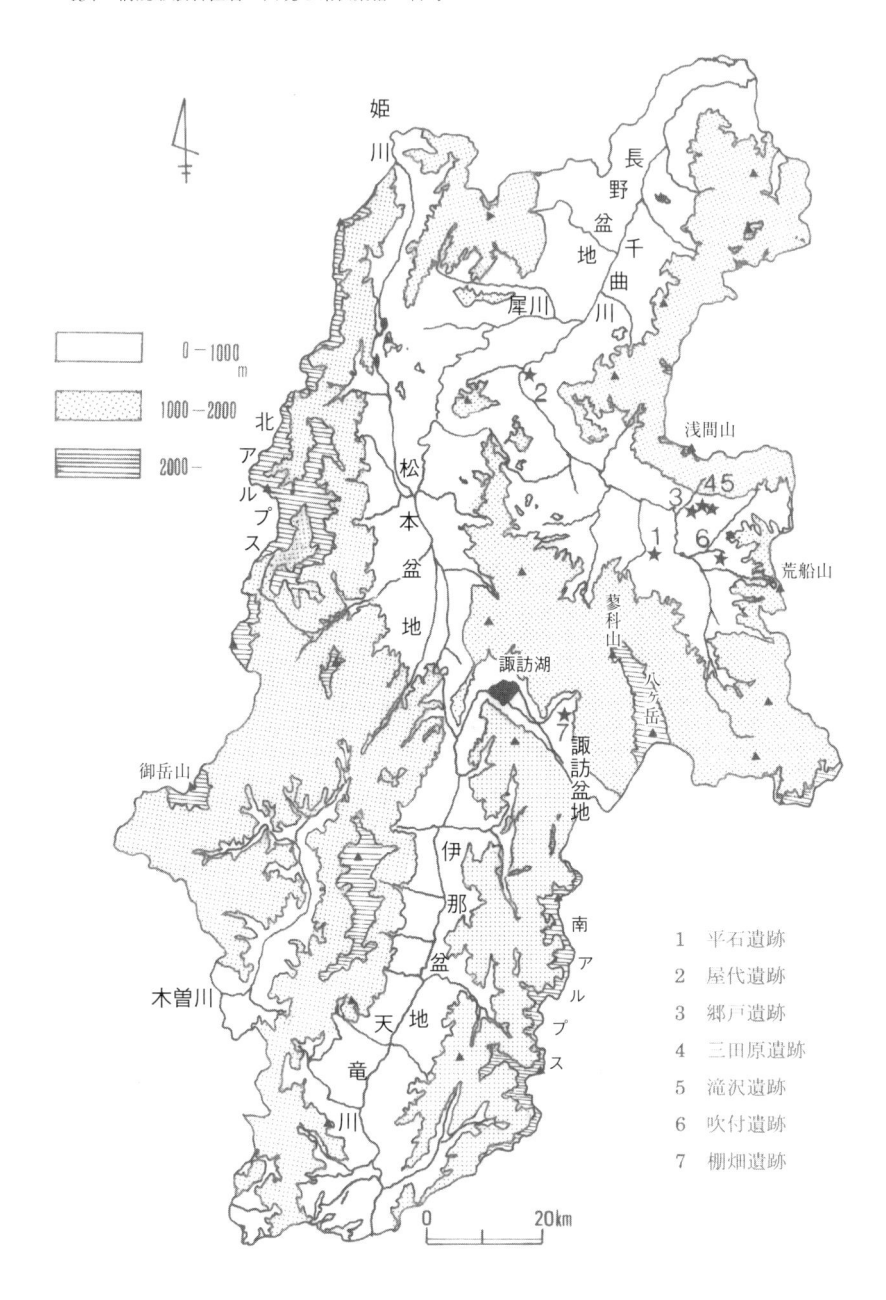

134 柄鏡形敷石住居の出現と環状集落の終焉

凡例:
- 0 – 1000 m
- 1000 – 2000
- 2000 –

姫川　長野盆地　千曲川　犀川　北アルプス　松本盆地　浅間山　荒船山　蓼科山　八ヶ岳　諏訪湖　諏訪盆地　御岳山　伊那盆地　南アルプス　木曽川　天竜川

1　平石遺跡
2　屋代遺跡
3　郷戸遺跡
4　三田原遺跡
5　滝沢遺跡
6　吹付遺跡
7　棚畑遺跡

0　20km

図1　遺跡の位置

遺跡分布

　遺跡は、諏訪湖周辺や八ヶ岳南麓や浅間南麓などで河川に面した山麓部に集中している。遺跡は山麓といっても標高が高いところではなく、たとえば浅間南麓では標高1000m以下の見晴らしのよい南面の位置に分布する。

　長野県のこうした地形的特徴と本州の中央に位置することから関東地方、北陸・東北地方、東海地方など各地の影響がみられる。ここで、取り上げる「柄鏡形敷石住居」は南関東で中期末葉から後期前葉に普遍的に分布する住居形態で、当該地においてもほぼ時期を同じくして存在する。特に、浅間山麓や千曲川流域に多いという傾向がある。また、中期では住居跡にともなう土器が、ほとんど南関東の土器型式である「加曽利E3式土器」や「加曽利E4式土器」であることから南関東の住居形態の影響下で発生した可能性を示し、地域的な広がりをみることができる（本橋 1989）。

　ところで、長野県の遺跡数の約半数が縄文時代中期に属するが、後期になると遺跡が激減する。本稿では、この部分に焦点をあて、縄文時代中期後半から後期初頭における集落形態と住居形態について検討し、柄鏡形敷石住居を通じてどのような変化が遺跡にみられるかを辿ることで縄文集落を明らかにできるものと信じる。

2　柄鏡形敷石住居とは

　柄鏡形敷石住居について語るまえに縄文時代の住居跡というものは、どういうものを指すのかをまず明記しておきたい。

住居とは

　住居とは、人が居住する空間を維持するためのもの。すなわち、風や雨を防ぐだけでなく寒さや外敵から身をまもる施設ということができる。また、家の中では暖をとるだけでなく、調理場、休息の場、父・母・子からなる「家族」の生活の拠点となる施設である。

　遺跡から発見される「住居跡」は上屋が朽ちて失われ、壁と床と柱穴、炉が残されている。火災住居などによって炭化材から柱の位置や上屋の構造などがわかる場合があるが、多くは壁と床・柱穴・炉跡が残され、「家」の構造を知

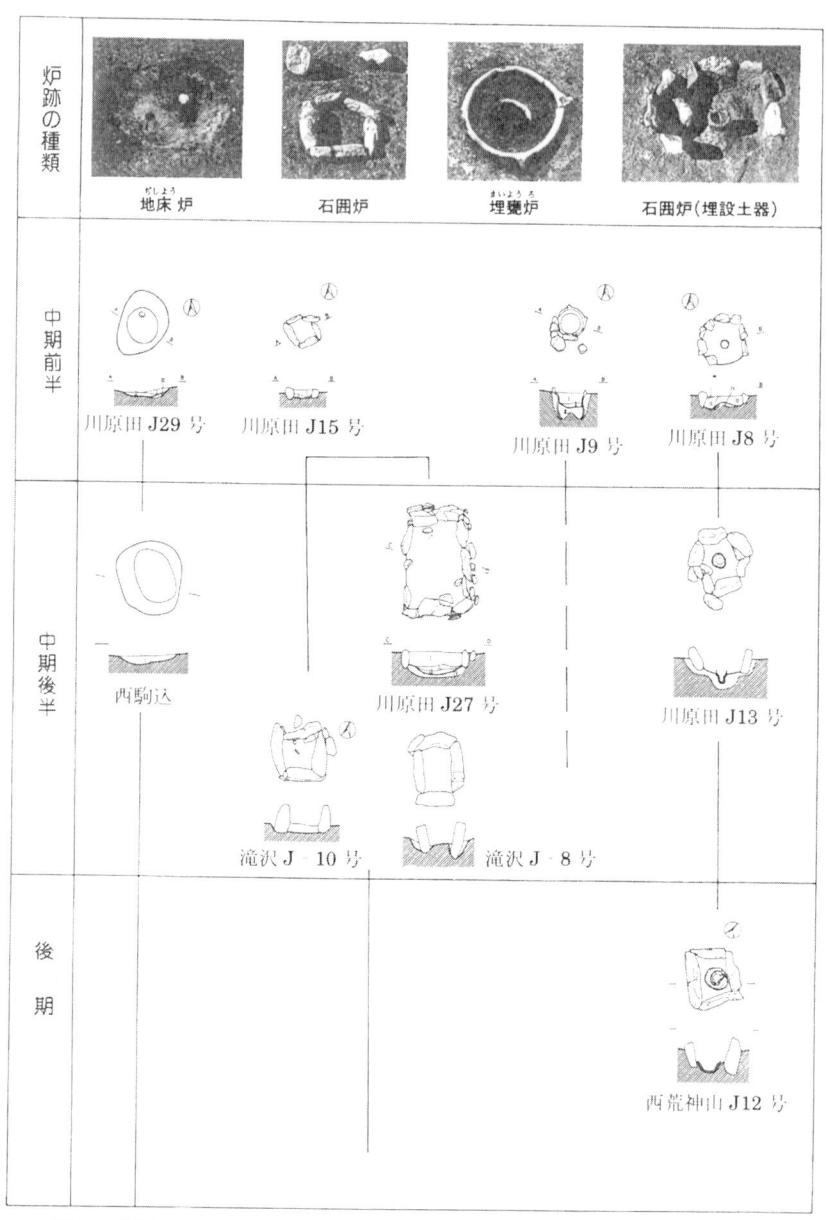

136 柄鏡形敷石住居の出現と環状集落の終焉

炉跡の種類	地床炉	石囲炉	埋甕炉	石囲炉（埋設土器）
中期前半	川原田 J29 号	川原田 J15 号	川原田 J9 号	川原田 J8 号
中期後半	西駒込	川原田 J27 号 滝沢 J-10 号　滝沢 J-8 号		川原田 J13 号
後期				西荒神山 J12 号

図2　炉跡のいろいろ（浅間山南麓の遺跡）（『御代田町誌歴史編上』p218より）

るには情報がきわめて少ない。稀に弥生時代ではあるが、壁に編み物の補強材が敷かれ家に入るための梯子が残されていた大阪府八尾遺跡のような事例（岡本他 2005）が発見され、家の構造だけでなく住まい方を我々に教えてくれる。

　住居構造としては、床・柱・炉が住居である条件といえる。図2は中期の住居炉跡の種類を表したもの。比較の対象として、中期前半（中葉を含む）の御代田町川原田（かわらだ）遺跡の事例を含めた。炉跡の種類は、坑の中に焼土のみが残存している地床炉、底のない大形の土器を埋設した埋甕炉がある。炉跡の形は時期や地域によって様々であるが、中部山地の中期の住居は、茅野市棚畑遺跡123号住居跡のように大きな平石を用いた石囲炉が典型的である（写真1）。中期でも末葉になると佐久市（旧望月町）平石（ひらいし）遺跡第16号住居跡のように石囲炉の中に埋設土器がみられる。中部山地では、中期の住居跡では石囲炉が多いが、中葉で埋甕炉をもつものもある。住居施設として他に、周溝や埋甕がある。周溝は柱穴に沿ってあるいは外側に巡る溝で、中期でも中葉に多く末葉になると少なくなる傾向がある。埋甕というのは、家の出入口に臍の緒や胎盤などをいれた土器を埋設する施設で、子供が丈夫に育つように願ったという近世のエナ壺の風習から想定した機能である。

　「柄鏡形敷石住居」というのは、こうした住居となる施設に加え、柄のついた鏡のような形態から「柄鏡形住居」と呼称されている（本橋 1989・2000）。中部山地の石材が豊富という特徴から多くが柄鏡形の敷石住居形態となる傾向がみられる。柄鏡形敷石住居跡の典型として、写真1は平石遺跡第16号住居跡と東京都国分寺市武蔵台東遺跡J56号住居跡を掲げた。平石遺跡では石囲炉に埋設土器がみられ、武蔵台東遺跡は地床炉で、埋設土器はみられない。このように中部地方では、中期から一貫して石囲炉が多い。敷石住居跡ではすべて石囲炉をもつようである。なお、敷石住居に特徴的な平石を水平に並べ、隙間に小礫をつめこむ手法がみられる。また、壁よりの外側の石は立てて縁石としている。柄鏡形敷石住居の中には、柱穴がみられないものがあるが、上屋の存在を考えると柱がない構造は成り立たない。検出しづらいような小規模な柱が存在していたのではないだろうか。中期の住居跡は壁が高く、柱穴が大きく深く、それ故に地面を深く掘り込んで構築されている構造である。柱穴の位置は、炉を中心として3～6本が巡っており、径も大きく深い。ただし、柱穴の径や深

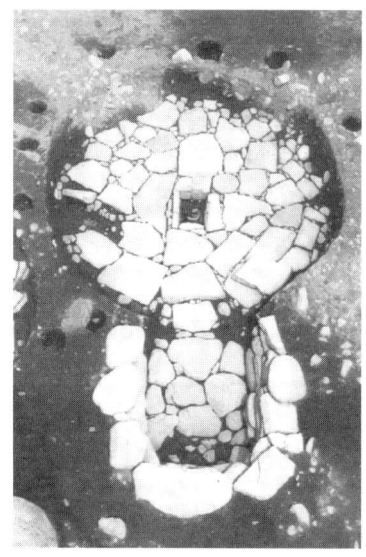

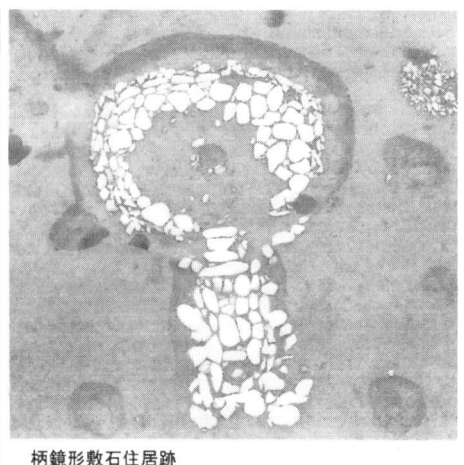

柄鏡形敷石住居跡
左：平石遺跡第16号住居跡
　　（望月町教育委員会　1989より）
右：武蔵台東遺跡J56号住居跡
　　（都営川越道住宅遺跡調査会　1999より）

　　埋設土器と石囲炉　　　　　　　　　　石　囲　炉
平石遺跡第16号住居跡（同上より）　　　棚畑遺跡123号住居跡
　　　　　　　　　　　　　　　　　（茅野市教育委員会　1990より）

写真1　柄鏡形敷石住居跡と石囲炉

さは住居の規模に対応している。中期後葉から末葉になると壁は浅く、柱穴は小さくなり、位置は壁際よりにある傾向がみられる。柄鏡形住居の特徴の一つに、主体部と柄部との連結部に対応するピットがある。

　ところで、柄部の機能は柄部に埋甕をもつことから出入口施設と考えられている。武蔵台東遺跡J56号住居の柄部先端に埋甕がみられる。さらに、敷石の敷き方によって、住居空間いわば「間取り」がみられる。たとえば、写真1の武蔵台東遺跡のように炉の周辺（炉辺部）に石がみられないことと、柄部が連

2 柄鏡形敷石住居とは 139

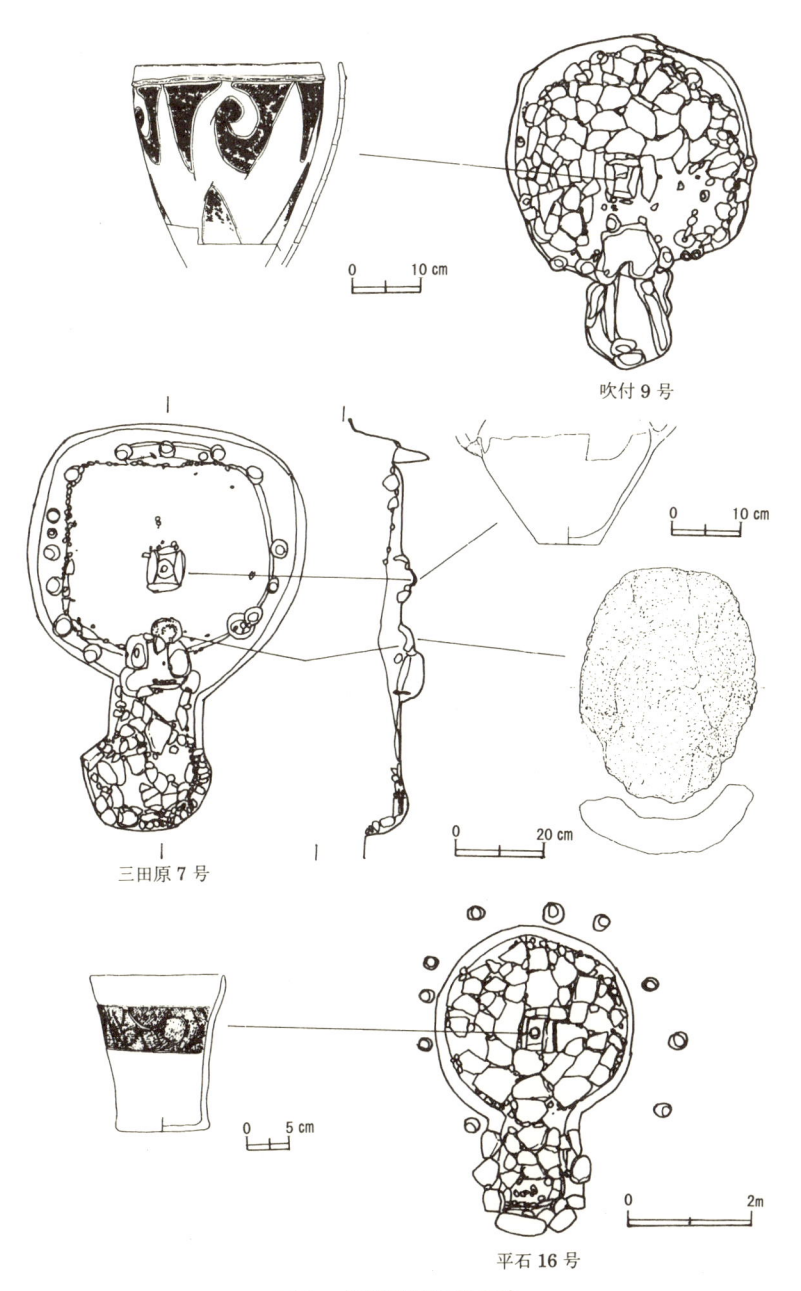

吹付9号

三田原7号

平石16号

図3 柄鏡形敷石住居跡

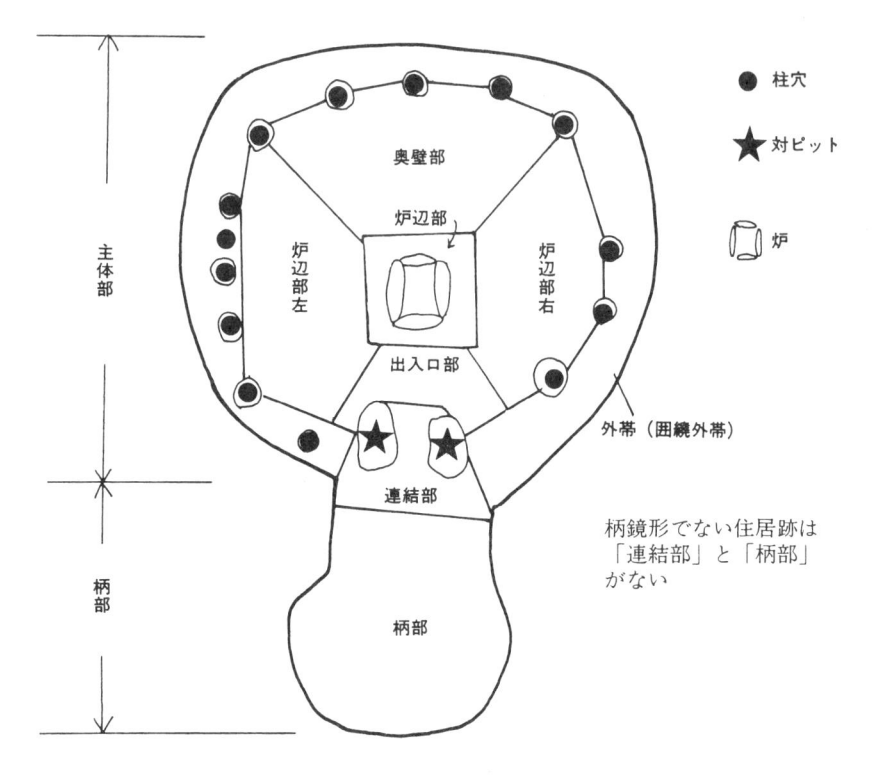

図4 住居跡の間取り模式図（『御代田町誌歴史編上』p217より）

結する部分には細長い石を横に並べているように、石の有無や敷き方から図4のような住居空間に分かれる。すべての柄鏡形住居に存在する空間とはいえないが、空間区分が認められるものから、ほぼ普遍的にあったものと考えられる。この居住空間の使い方については施設的な特異性や遺物の出土状態などから推測できるものは少ない。奥壁部空間については、配石や立石、石棒などが置かれている事例があることから住居内でも特別な祭祀的な意味合いがあったかもしれない（山本2002）。

また、柄鏡形敷石住居跡には、床面全体に石を敷いたもの（A）、柄部を除いた部分（主体部）に石を敷いたもの（B）、主体部の柱穴に沿って小礫が並ぶもの（C）、敷石や小礫が配されないもの（D）がある（本橋1989）。Aは中部地方に多く、関東地方でも群馬県、東京都でも丘陵部に多い。たとえば、写真

1の平石遺跡（図3）と武蔵台東遺跡などである。Bも中部地方など山地地域、丘陵部に分布するが、炉辺部（図4）のみに石が敷かれる部分敷石が河川の中流域にもみられる。Cは三田原遺跡群のように主体部に小礫が巡る。三田原遺跡群7号住居跡（図3）の事例は柄部に敷石がみられることである。柄鏡形敷石住居は石材の豊富な地域ではA、次いでBが、石の少ないところではBあるいはC、Dは石の乏しい地域である千葉県などに分布し、石材を獲得できるか否かで地域性がみられる。本来、柄鏡形住居は柄鏡形敷石住居として成立したものと考える。

3　住居形態の変化

　縄文時代中期の竪穴住居跡の多くが、円形もしくは楕円形である。ここでは、中期でも後葉から後期初頭に焦点をしぼり、住居形態をみていきたい。

　中期後葉の時期区分では、曽利式土器は五期区分で、このうち曽利Ⅰ式土器は中期中葉の様相が濃いため、曽利Ⅱ式以降を対象とし、曽利Ⅱ式土器は加曽利E3式土器の古い部分（註）、曽利Ⅲ式土器と曽利Ⅳ式土器は加曽利E3式土器の新しい部分、曽利Ⅴ式土器は加曽利E4式土器にほぼ相当する。曽利式土器は茅野市曽利遺跡が標式遺跡となっており、中部地方に分布する。これに対して加曽利E式土器は千葉県千葉市加曽利貝塚E地点が標準となっており関東地方に広く分布するが、特に加曽利E3式土器では分布域が広がる。中部地方でも曽利Ⅱ式土器や曽利Ⅲ式土器とともに在地化しながら定着している。たとえば、「佐久系土器」である（写真2）。口縁部は加曽利E3式古段階で胴部の文様構成は

写真2　佐久系土器（『御代田町誌歴史編上』p217より）

加曽利E2式に近く、地文が沈線文である点は曽利Ⅲ式に通じる。地文の鱗状沈線文が独特である。浅間山南麓には、曽利Ⅱおよび曽利Ⅲ式土器の影響を色濃くうけた加曽利E3式土器が存在している。さらに、千曲川を下った流域の加曽利E3式土器と曽利Ⅲ～Ⅳ式土器の分布圏の狭間に柄鏡形敷石住居が存在している。ともなう土器の多くは「加曽利E3式新」もしくは「加曽利E4式土器」である。よって、時期区分は関東地方の土器編年を用いることにする。

以下時期ごとに住居形態の特徴を掲げる。中期後葉の変化（図5）は図6の小諸市郷戸遺跡と図7の千曲市屋代遺跡で検討してみよう。なお、図5～7の住居跡の直線は住居の主軸（中心線）、柱穴間を結ぶ線は主柱であることを示している。柱穴であるか否かは、位置と深さによって判断した。

加曽利E3式期

中期の住居形態は円形や楕円形が多いが、図5の郷戸遺跡38号住居跡のように隅円方形でもやや角をもつ住居形態がある。38号は左右対称の4本柱穴で、炉跡はやや住居中心より奥にある。柄鏡形敷石住居跡でみられる奥壁部の空間（図4）に相当する部分が、角をもつように広がっている。

炉跡が奥壁部よりにあるという傾向は、御代田町滝沢遺跡J-13号住居跡にもみられる。住居形態は円形で、南西に撹乱をうけているものの周溝はほぼ全体を巡っている。6本柱穴である。両者とも石囲炉である点、炉跡が住居中心から奥壁部よりにある点、住居中心に軸を引くと左右対称になるという住居形態が共通する。ただし、J-13号は石囲炉内に土器が埋設されている。

さらに、図6の郷戸遺跡24号住居跡についても奥壁部よりに石囲炉があり、左右対称の住居形態である点が共通する。24号は東側が調査区外にかかるため柱穴の数など不明であるが、周溝は北側と南側にみられるようである。主軸上に柱穴、石囲炉、埋甕が並ぶ。24号は他の同時期の住居跡と比べかなり大形で、奥壁部のピット上に土器がつぶれた状態で出土し、床面直上の土器が複数出土するなど独特である。また、図6上の全測図においても24号住居跡が他の住居跡より大形であることがわかる。

加曽利E3式新期

この時期は大きさが大小様々であるだけでなく、実に多種多様の住居形態がある。形態は円形や楕円形が多いが、図5でとりあげた屋代遺跡SB5345は左

3 住居形態の変化　143

加曽利E3式期

滝沢J-13号　　　郷戸38号

加曽利E3新式期

屋代SB5317　　吹付5号　　　屋代SB5345

屋代SB5346　　屋代SB5325

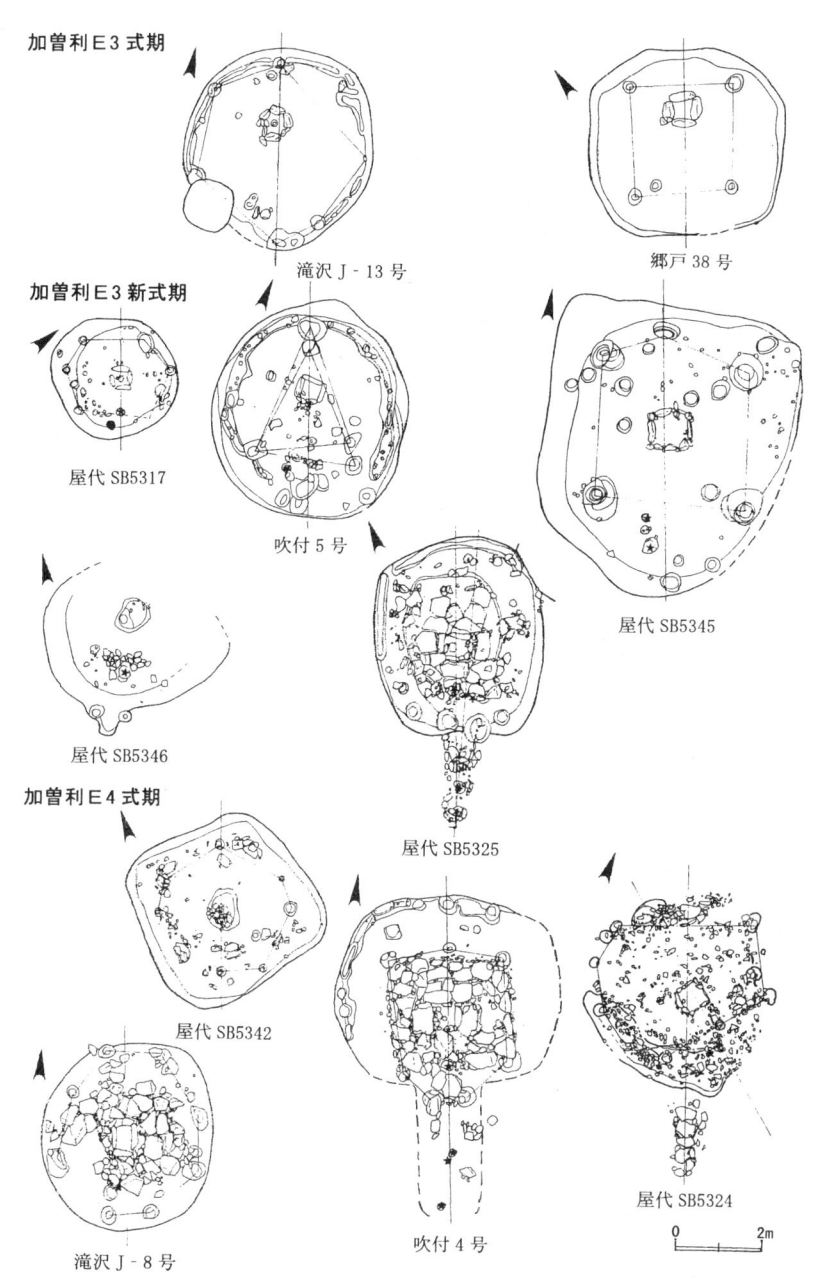

加曽利E4式期

屋代SB5342

滝沢J-8号　　吹付4号　　屋代SB5324

0　　2m

図5　住居形態の変化

右非対称の五角形で、5本柱穴である。南に埋甕があるが、主軸上から西に外れている。石囲炉である。

図5の屋代遺跡SB5317・佐久市吹付(ふっつけ)遺跡5号住居跡や図6の郷戸遺跡81号住居跡は、ほぼ円形であり、石囲炉である。SB5317は6本柱と考えられ、炉が住居中心にあり、主軸上に埋甕が存在する。石囲炉には埋設土器がみられる。5号は、中期の住居跡にしては数少ない3本柱であり、ほぼ左右対称で主軸上に炉が位置する。周溝は南の埋甕の周辺を除く部分に巡っている。図6の81号はほぼ円形の住居形態で、5本柱も奥壁部の柱を中心にきれいな左右対称である。主軸上に奥壁部の柱穴、炉跡、埋甕が並ぶ。

屋代遺跡では、図5にあるように加曽利E3式新期に柄鏡形住居に特徴的な対応するピット（対ピット）が出現する。SB5346は突出した部分に対ピットがみられる。住居の大半は撹乱されているが、炉跡の南側、出入口部（図4）にのみ敷石がみられる。SB5325はこれよりやや発達した形態で、やや丸みをもった方形の主体部に南側に対ピットと柄部がみられる。SB5325と類似した住居形態が図7のSB5336である。北側が撹乱されているが、やや角をもった方形に対ピットが二つみられる。対ピットの間に埋甕が存在する。敷石は主体部を中心に炉辺部にみられ、柱穴周辺の空間部分は石が施されていない。柄部には明確な掘り込みはみられないが、SB5325には比較的小ぶりな礫が配され柄部を形作っている。両者ともに主体部の柱穴は明確ではない。また、周溝が部分的にみられる点も共通する。

郷戸遺跡でも図6に示したように加曽利E3新式期に72号のように丸みをもった方形の住居形態で、炉跡の南西に対応するピットがあり、埋甕をもつ例がみられる。70号では住居形態は不明であるが、石囲炉の周辺に敷石がある。奥壁部にあたる位置は縁石のように礫を並べた状態であり、柄鏡形敷石住居の萌芽であろう。

加曽利E4式期

SB5325のように加曽利E3新式期から対ピットの存在と柄部の発達によって、柄鏡形敷石住居の出現をみるが、それと時期を同じくしてSB5346や70号住居跡のように敷石だけの住居跡が存在する。

加曽利E4式期には図3の吹付遺跡9号や図5の吹付遺跡4号・屋代遺跡

SB5324、図7の屋代遺跡SB5337にあるように柄鏡形敷石住居が成立する。連結部にある対ピットは深く溝状に変化し、柄部が発達する。また、柱穴は3～6本で住居内側にあったものが、壁よりの位置にあるものが多くなり、柱の本数も多くなる。図5の38号、SB5345からSB5324を比較すると、4本柱→5本柱→6本柱で、主柱から壁柱へ位置が変化している。同時に炉跡は住居中央から奥壁部よりにあったものが、加曽利E3式新期には中央の位置につくられるような住居構造に変る。中部山地では柄鏡形敷石住居が多く、中には図6の83号住居跡のように石が柄部を中心に部分的にしか残存していないものもあれば、図7のSB5338のようにまったく敷石のみられないものもある。さらに、屋代遺跡では、図5のSB5324や図7のSB5337のような柄部のかなり発達した柄鏡形敷石住居が存在するにもかかわらず、図5のSB5342のような不整な菱形のような住居形態が存在する。また、柄鏡形敷石住居の多い地域であっても図5の滝沢遺跡J-8号住居のように、敷石住居でありながら柄鏡形でないものもある。ちなみに滝沢遺跡では、柄鏡形ではない敷石住居でも、この時期の共通する特徴である壁柱である点と住居の掘りこみが浅くなる点が指摘できる。さらに、J-8号は南側に柱穴が2個並んであり、ちょうど住居主軸に対する位置に存在する点は柄部こそ検出されなかったが、加曽利E4式期の柄鏡形住居の対ピットに近い特徴を備えている。

　もう一つ柄鏡形敷石住居跡にみられる特徴として、住居空間、いわば間取りの現れを指摘することができる。前項で敷石の敷き方から住居空間が図4にみられることを記した。住居一つ一つの空間を取り上げると、まず多くみられるのが「炉辺部」である。写真1の武蔵台東遺跡J56号住居跡は全面敷石であるが、炉辺部のみ石が敷かれていない。逆に図5の吹付遺跡4号住居跡は炉辺部のみに石がみられる。一つ前の時期になるが、図5の屋代遺跡SB5325でも炉辺部のみ、図7のSB5336では炉辺部が一段低くなっており、敷石が部分的に残存していたが、構築時はSB5325のように敷石が炉辺部に存在していたものと考えられる。このように、石のない空間部分は敷石の部分と床面と水平を保って構築されていることがわかる。つまり、石のない部分は石が抜かれたのではなくて、もともと石が存在していなかったのである。図4のように、炉辺部の外側に「奥壁部」、「炉辺部右」、「炉辺部左」と並ぶが、この外側に「囲繞外
（いにょうがい）

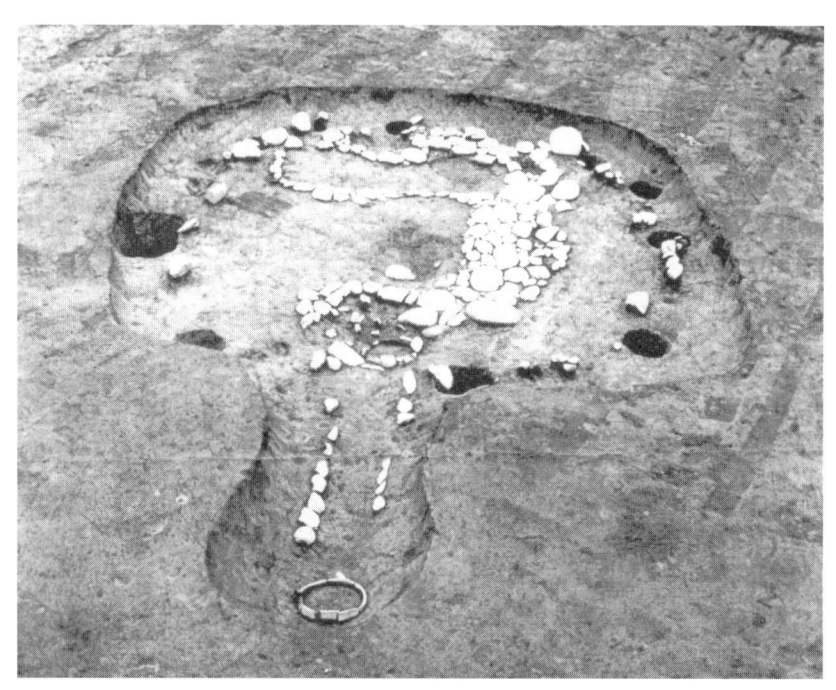

写真 3　新山遺跡第22号住居跡（東久留米市教育委員会 1981より）

帯（外帯）」が巡っている。外帯は敷石の有無によって、炉辺部とポジとネガティブのような関係にある。図5の4号住居跡、加曽利E3新式期であるが、SB5325住居にみられる。

　なお、「奥壁部」は加曽利E2式期（曽利Ⅱ式期）に石棒や立石とともに配石などがみられることから、祭壇のような機能があったとされる説がある（山本2002）。実際、中部山地でも山梨県や長野県でも南の曽利式文化圏にみられる住居形態である点が特徴的である。奥壁部の空間は柄鏡形敷石住居にみられる。写真3は東京都東久留米市新山遺跡第22号住居跡であり、奥壁部が配石によって区画され、傍らに立石がみられる。「出入口部」、「連結部」、「柄部」については連続する空間である。炉を挟んで「奥壁部」に対応する空間を便宜的に「出入口部」と呼称している。先に柄部は出入口機能である可能性が高いと記したが、柄部をもたない住居について、加曽利E3式期までの住居跡に埋甕をもつことや炉跡が奥壁部よりにある点などから出入口部から連結部、柄部まで

出入口施設である可能性が考えられる（本橋 1989）。図5の吹付遺跡4号住居跡では主軸上に奥壁部の柱穴、炉跡、連結部埋甕、柄部の埋甕が並ぶ。図7の屋代遺跡SB5337は主軸上に炉跡、柄部先端の埋甕はあるが、連結部埋甕はやや西にはずれる。

なお、連結部の位置は住居構造上、対ピットがつくられる事例が多い。図7のSB5338でも連結部に溝までには発達していないが、楕円形の対ピットがみられる。連結部は他に図3の吹付遺跡9号住居跡のように土坑があり、柄部には対応する溝状のピットがつくられる。

称名寺式期・堀之内式期

後期になっても加曽利E4式期と同様に柄鏡形敷石住居が多く、図3の三田原遺跡群7号住居跡のように柄部が大形化する。7号住居跡は主体部がやや角をもつ形態で、柄部の先端がやや丸みを帯びた形態である。敷石は柄部にのみあり、主体部には縁石が柱穴に沿って並ぶ。柱穴の内側がやや段をもっていることから、加曽利E3新式期のSB5325のように構築時には全面に石が敷かれていた可能性がある。連結部には対ピットの間に、埋甕のかわりのように碗形の軽石製品が置かれている。また、土坑もみられ、ちょうど柄部との接点の位置に間仕切りのように鉄平石が立てられていた。石囲炉は、土器が埋設されており、主軸上に炉、軽石製品、間仕切り石が並ぶ。柱穴は12本で、壁柱穴である。柄部では、鉄平石を間仕切り石から柄部中央に敷き、その外に軽石を積んでいる。図6の郷戸遺跡98号住居跡は、柄鏡形敷石住居であるが遺存状態が悪く、奥壁部の壁が残されている状況であった。石囲炉で埋甕はみられない。

堀之内式期の柄鏡形敷石住居跡は、写真1と図3の平石遺跡16号住居跡である。主体部と柄部が柄鏡形で、全面に敷石が施されている。平石の隙間に小礫を埋める手法がみられ、加曽利E3新式期以来の敷石住居の手法が受け継がれている。図3にあるように石囲炉に埋設土器をもつ。このような柄鏡形敷石住居は、加曽利E4式期から中部山地に特徴的にみられる。16号住居跡は掘り方の外側に柱穴が巡っている。後期ではこのような外側に柱穴が巡る事例が稀に存在する。主体部から柄部にかけて鉄平石を敷き、柄部の外側に石を積み上げている。平石遺跡では、加曽利E4式期から柄鏡形敷石住居跡が存在するが、柄部で石を積むという手法はみられず、堀之内式期になってみられるようであ

る。他の堀之内式期の柄鏡形敷石期住居跡にも埋設土器をともなう石囲炉と柄部で鉄平石を積み上げる手法がとられており、柄鏡形敷石住居が特に柄部構築に手を尽くす傾向が見受けられる。一方で、加曽利Ｅ４式期に連結部や柄部にみられた埋甕は、堀之内式になるとまったくみられなくなる。

　中期後葉加曽利Ｅ３式期から後期初頭称名寺式・堀之内式期の住居形態をまとめると以下のようになる。

　平面形態が円形もしくは楕円形が多く、隅円方形もみられたが、加曽利Ｅ３新式になると形態が多様化すると同時に、柄鏡形敷石住居の兆しとなる対ピットのような柱穴をもつ住居だけでなく、柄鏡形敷石住居が出現する。また、柄部をもたない敷石住居跡もみられる。この時期になると大形住居はみられなくなり、住居規模にバラツキはみられなくなる。住居形態は多様であるが、加曽利Ｅ３式期にあった大形の住居がなくなる傾向がみられる。これは浅間南麓だけでなく、他の地域にも同様の傾向がみられる。

　加曽利Ｅ３新式期に多様な住居形態であったものが、加曽利Ｅ４式期を経て後期になるとより斉一化され、柄鏡形敷石住居は特に県内では、千曲川流域周辺に後期まで存在する。鉄平石など敷石住居を構築するのに適した石材が豊富にとれる地域である中部山地では、後期堀之内式期まで柄鏡形敷石住居が定着する。そして、平石遺跡の事例のように主体部だけではなく、柄部に石を積むなどの構築方法がとられる。また、平石遺跡16号住居は屋外（壁の外側）にも柱穴がみられ、再び住居規模が大形化する傾向がみられる。

4　住居形態からみる人の動き

　加曽利Ｅ３新式期から住居規模における大きな差異はみられなくなるが、住居構造に多様性がみられることが明らかになった。それでは、集落における変化は、どのような点であるか。住居構造の変化とそこにみられる人の動きを辿っていくことにする。

郷戸遺跡

　本遺跡は上越道長野線の高速道路建設を契機に発掘調査が行なわれたため

4 住居形態からみる人の動き 149

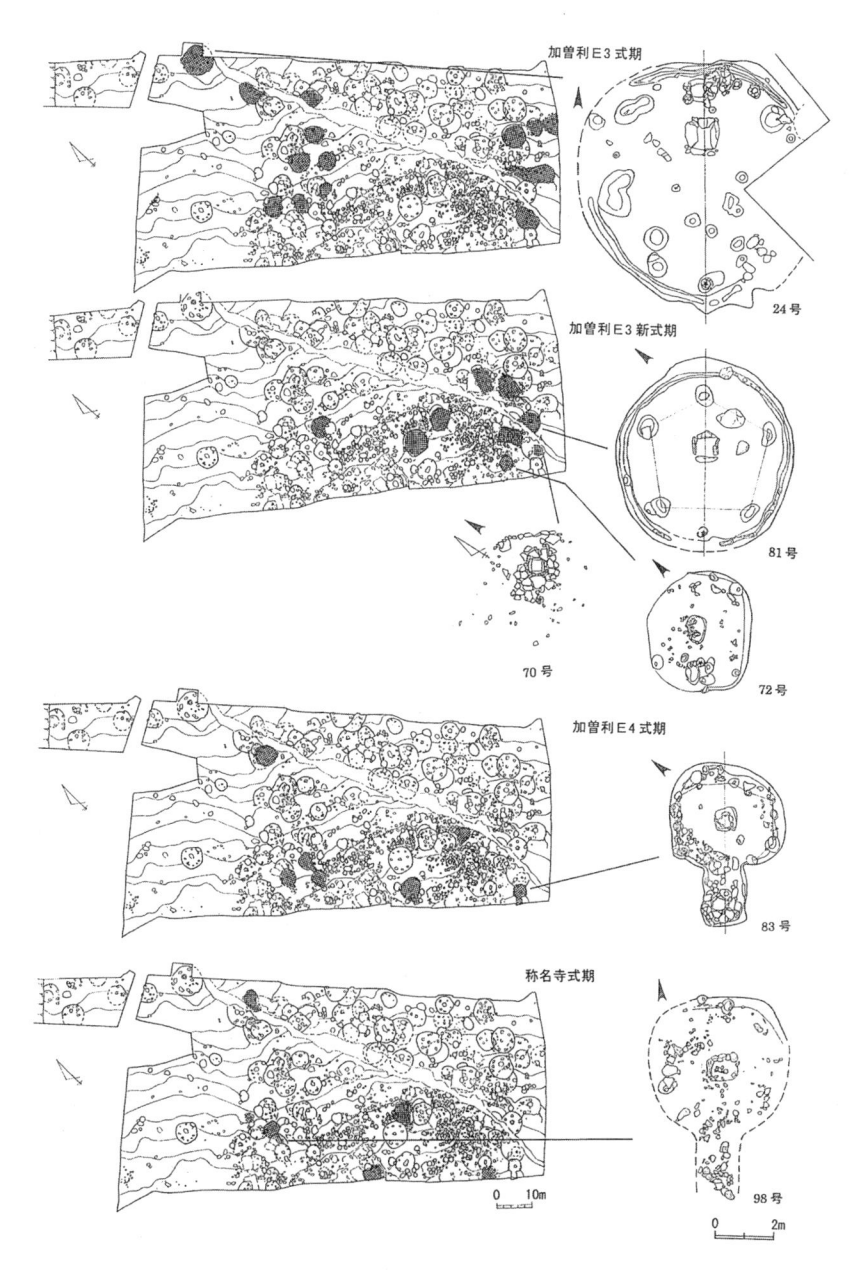

図6 郷戸遺跡 集落と住居形態

に、調査区は道路幅という限定されたものであった。図6にあるように幅約50mの南東に住居が集中して分布している。

　加曽利E3式期では、24号住居跡が主軸約8ｍで、他の住居跡が5～6ｍあるのに対し大形である。24号はやや住居集中部分から離れた北西に位置する。この時期の住居は24号の南東とさらに東側にまとまって分布している。

　加曽利E3新式期になると南東にほぼまとまるようである。この時、南に72号住居跡のように対ピットと埋甕をもつ住居形態が出現する。また、70号住居跡のような敷石住居がみられる。両者はおたがいに近い位置にある。70号は石囲炉と敷石のみで、柱穴などは検出されていない。72号に石が残存していることから本来は敷石住居であった可能性が考えられる。

　加曽利E4式期になると、72号の東、70号の南に隣接して柄鏡形住居がみられる。図6の83号住居跡は主体部の一部と柄部に敷石が残存している。72号と83号を比較すると、主体部の規模はほぼ同じで、対ピットの南西部分が拡張され柄部になった観がある。加曽利E4式期の住居分布は、南側から調査区南に広がっているようである。

　後期称名寺式期になるとほぼ同じ位置に住居が分布している。98号は主体部奥壁部の壁が残存している程度で、平面形態は撹乱され、部分的に敷石が残存しいている程度である。石囲炉であるが撹乱され、対ピットも検出されていない。この時期も加曽利E4式期とほぼ同じ位置に分布しており、やはり調査区南側に広がっている可能性が高い。

　住居形態と集落における住居分布に注目すると、大形住居は集落から離れた位置にあって住居群が二つにまとまる。加曽利E3新式期になると一つにまとまる傾向があり、住居形態に多様化が目立つ。住居形態において対ピットを有する住居から柄鏡形敷石住居の変化に連続性がみられる。郷戸遺跡では、加曽利E3新式期から称名寺式期まで住居形態や住居位置から連続性がみとめられる。つまり、連続性とは、どのようなことか。72号を構築した人々が、家構築の手法や技術を次の加曽利E4式の83号構築に伝えているともいえる。ここにおいて、技術伝達は人びとを介して受け継がれ住居構造の繋がりがみられるのである。

屋代遺跡

　本遺跡も郷戸遺跡と同様、高速道路建設に際して発掘調査が行なわれ、調査区は道路幅に限られているために、集落形態は不明であるが、集落における連続性という意味では、貴重な情報を提供してくれている。

　住居分布が調査区外に広がっているために不明な点が多いが、加曽利E3式期から加曽利E3新式期には住居分布が広がるようである。ここで注目されるのは、図7のSB5336とSB5325である。両者ともに主体部がやや角をもつ形態で、炉辺部に石が敷かれている。SB5325は石囲炉で、炉辺部に敷石がみられる。敷石がある部分の外側、外帯（図4）は床面の水平を保つようにつくられている。奥壁部と壁面の西北部分に沿って溝がみられる。対ピットはまだ溝状には発達していない。柄部の掘りこみは確認されていないが、対ピットから南に石が配されており、中央に埋甕がみられる。埋甕は主軸上に連結部から4基が並ぶ。連結部にはもう一つ埋甕があり、やや主軸より東の位置にみられる。SB5336は炉辺部の敷石がほとんど失われ、出入口部にいくらか残存していたために、敷石住居であったことがわかる。SB5325と同じように炉辺部が一段低くなって石が敷かれていた。東側に対ピットがあり、これもまた、溝状にはなっていない。対応するピットはさらに東にもみられ、間に埋甕がみられる。埋甕はやはり連結部にもみられる。溝はSB5325と同じように壁面の南部分に沿ってみられる。また、主軸上に炉跡、埋甕がほぼ並んでいる。このように、SB5325とSB5336を比べると住居形態・規模、構造ともかなり共通している。ただし、郷戸遺跡72号と83号のように対ピットおよび柄部の向きが同じであったのに対し、柄の向きがSB5325では南西であるのにSB5336は南東である点が異なっている。両住居は10mほどしか離れていない。これほど似通った住居構造であることは、家のつくり手が同じであるかもしくは両者に住む「人」が同じ家族であるような近しい関係にあったことを思わせる。

　図7の下で、加曽利E4式期でもやや古い土器が出土したSB5339は、楕円形の住居形態であるが、SB5338やSB5337の柄鏡形住居と比べる住居形態が大きく異なる。SB5338は円形の主体部に壁柱が並び、連結部にはやや楕円形に発達した対ピットがある。柄部は小さいが、対応する位置にピットがあり、その間に埋甕がみられる。柄部の掘り込みは先のSB5325・SB5336と同様明確で

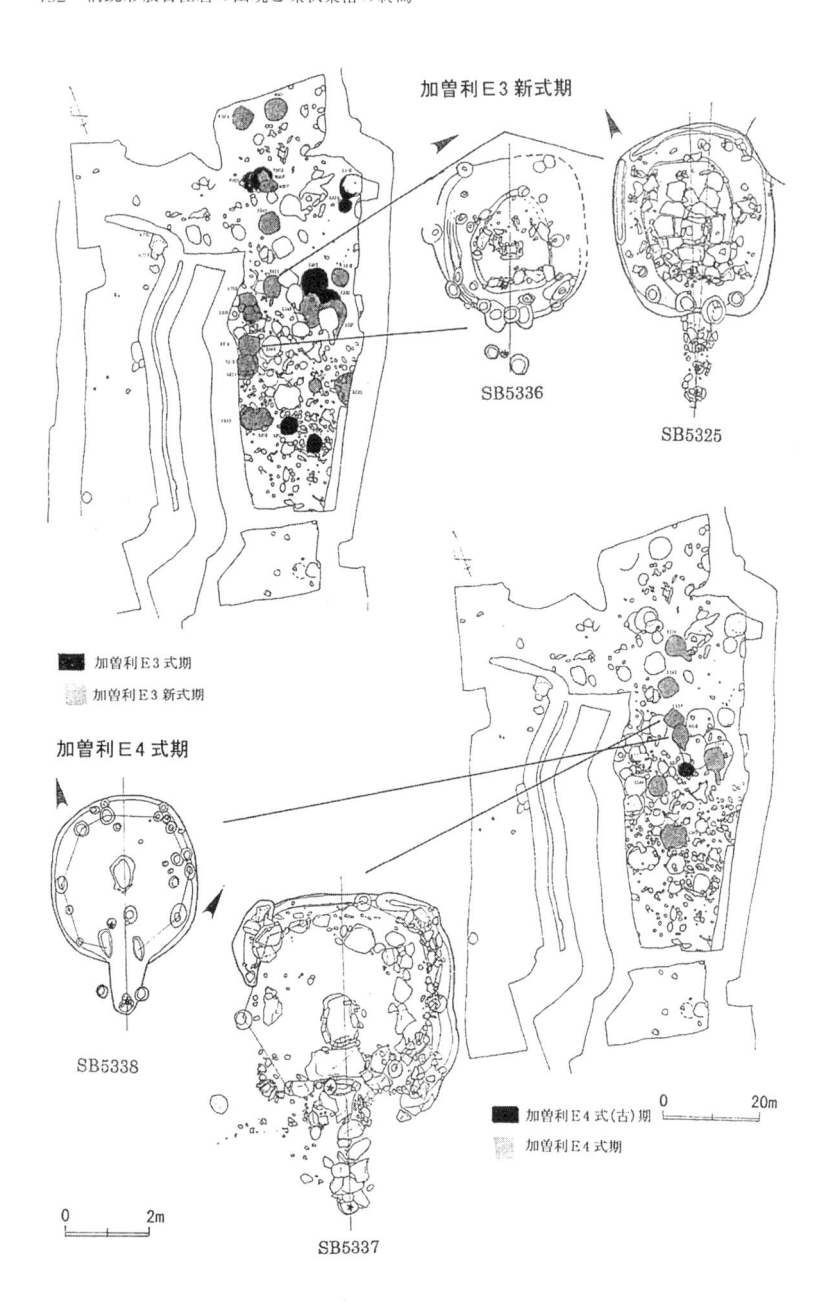

152　柄鏡形敷石住居の出現と環状集落の終焉

図7　屋代遺跡　集落と住居形態

はない。同じ時期のSB5337は主体部が方形で、全面に石が敷かれていたであろう柄鏡形敷石住居である。7本の壁柱で、主軸を境に左右対称の形態である。また、石囲炉と柄部先端の埋甕が主軸上に並ぶ。連結部埋甕は主軸よりやや西にみられる。

　屋代遺跡は幅20～30ｍの範囲に柄鏡形住居跡が集中して分布している。このことによって、その切り合い関係で住居跡の新旧が明らかとなる。つまり、新しい住居は古い住居の上に構築されるために住居形態の差異がわかるとともに、同じ土器型式であっても住居が存在した時期の時間差を見出すことができるのである。この視点から住居形態と人の動きを辿ってみることにしよう。

　図８は柄鏡形敷石住居跡の集中部分である。住居跡が重なっていることにより、その新旧が明らかとなる。SB5325の後に、SB5337が構築され、SB5345の後にSB5338、次いでSB5337がつくられている。一方、SB5345の後に、SB5332、次いでSB5319がつくられている。これらの住居跡の切り合いから、SB5337とSB5319がもっとも新しい住居ということになる。

　ところで、今度は視点を変え、ともなう土器から住居跡をみる。SB5336とSB5325は加曽利Ｅ３新式期で、SB5316は加曽利Ｅ３新～加曽利Ｅ４式土器がともなう。SB5346も加曽利Ｅ３新式土器の埋甕と北陸系統の土器（水沢 2000）といわれる圧痕文の隆帯文を埋甕にもつ住居である。SB5346は対ピットと突出した形態であり、柄鏡形住居に柄部が発達する前段階を思わせる。SB5345は加曽利Ｅ３新式土器が床面や炉内から出土しているが、埋甕に用いられている土器は圧痕文土器でも中期末葉から後期初頭にみられる櫛状工具による条線文を地文にもつ土器であることから、土器からはSB5346よりSB5345のほうが新しい住居である可能性がある。ただし、SB5345は五角形に近い形態であって、柄鏡形住居ではない。SB5338は土器の上からは明らかに加曽利Ｅ４式期であることから、SB5325・SB5336のような対ピットと埋甕をもつ住居が、SB5316のように加曽利Ｅ４式の初めの時期には同じような主体部方形で、未発達の柄部を有する柄鏡形敷石住居であったものと考えられよう。加曽利Ｅ４式期には柄鏡形住居になり、SB5337やSB5319やSB5324のような柄部が拡大した住居形態になる一方、SB5342のような柄部をもたない住居が存在することから住居形態そのものが多様化していく傾向がみられる。

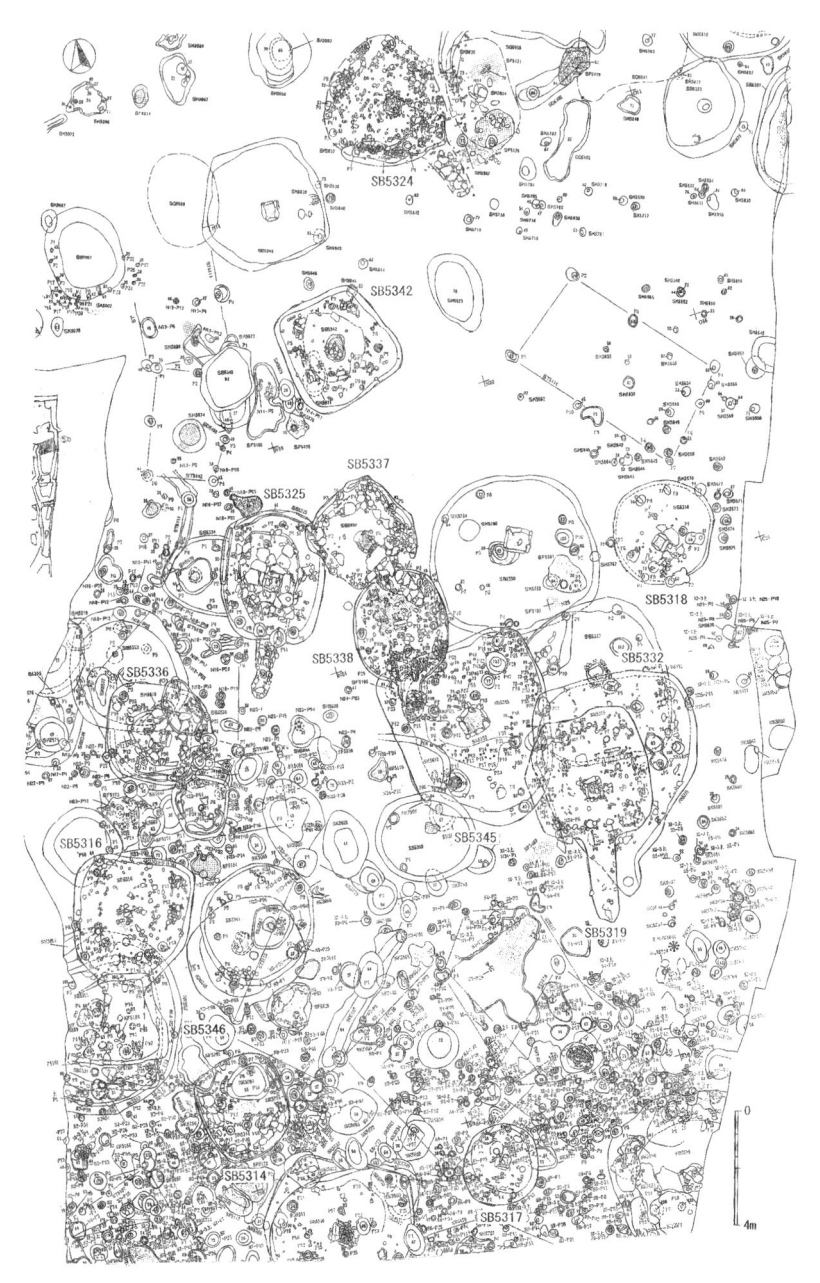

図8　屋代遺跡　住居の移り変わり

屋代遺跡では、このように加曽利E3式期から加曽利E4式まで連続して集落が営まれたことが明らかであるが、かなり住居構築に際しては住民の個性が顕著に現れているといえよう。柄鏡形敷石住居が少しずつ浸透しつつも受け入れない集団が存在する。集落における同時性、つまりどの住居が一緒に集落、ムラを構成していたかは土器型式をたよりに、住居位置などの検討や出土土器の接合関係などから検討するしかない。

5　縄文時代中期後葉の集落景観

　郷戸遺跡や屋代遺跡は調査区が限られた範囲であったために、住居軒数はかなり重複するほど多いにもかかわらず、集落形態は不明である。縄文時代中期の集落形態がどのようであったかは、台地全体を剥がすような面的な広がりのある大規模調査でないとわからない。

環状集落

　台地全体が発掘調査された遺跡には、茅野市棚畑遺跡があげられる。国宝に

写真4　棚畑遺跡北東部遠景（茅野市教育委員会 1990より）

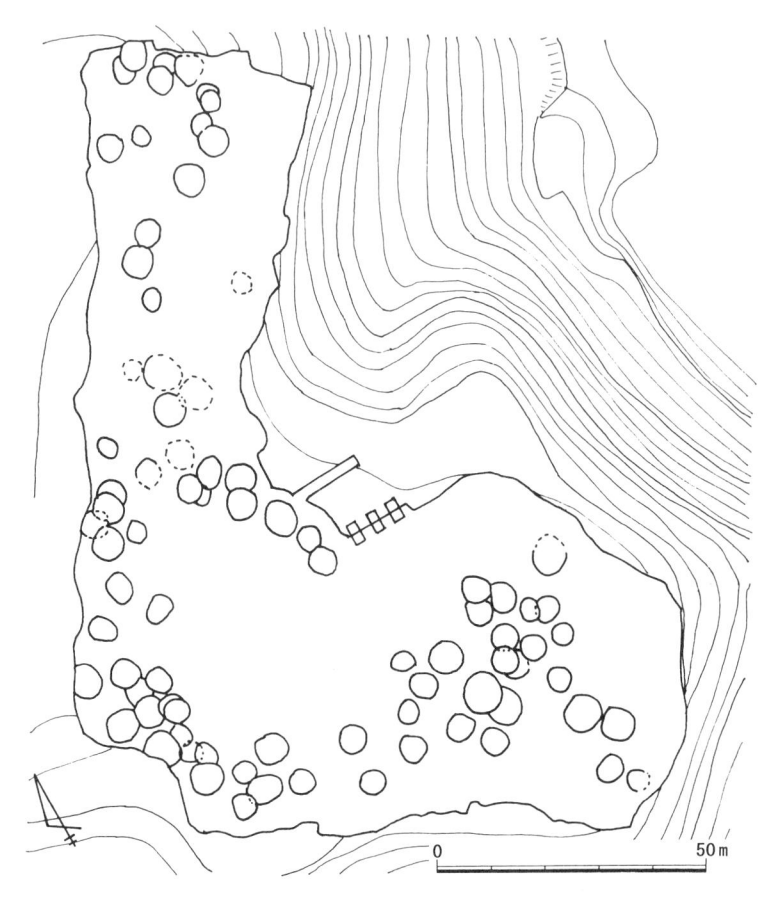

図9　棚畑遺跡縄文時代中期後半の住居配置図

指定された土偶、縄文ヴィーナスが出土した遺跡として有名である。棚畑遺跡は霧ヶ峰南麓に位置し、ほぼ台地全体の約9000m^{2}が発掘調査され、縄文時代中期の住居146軒が検出された。中期初頭から後葉の住居群の分布が中央の土坑群の周りに環状に巡っており、縄文中期の「環状集落」と呼称されている。中期という長い時間の中で、連綿と居住形態を重ねた結果、最終的な痕跡が写真 4 のように、環状集落を呈しているのである。中央の土坑群からは、琥珀や硬玉の垂れ飾りや土偶が出土しており墓域であったことを物語っている。

　環状集落が大規模集落の象徴のようにいわれているが、一度に何十軒もムラ

を構成していたのではなく、一つの土器型式でも、何世代かにわたって居住を繰りかえした結果、中央の墓域を中心として環状に住居群が分布する環状集落がつくられたのである。中期中葉では南側で半円形に住居群が分布し、北側では逆の半円形に分布していたものが、中期後葉になると南側で住居の分布域が内側に狭まり、中央の墓域を中心に環状を呈し、北側では住居群はやや北側に立地を移しながらも弧状に分布している（図9）。重要なことは、この集落形態、居住域と墓域を構築する際の「決まり」が土器型式を越えて守られていたということである。

環状集落が台地の形状に制約され偶発的に生まれたとするには、それが縄文時代中期に限定してみられることの説明にはならない。東京都西東京市下野谷遺跡でも縄文時代中期中葉から中期後葉にかけて住居群が環状を呈し、中央に墓域をもつ環状集落である。ところが、後期初頭になると住居形態は柄鏡形住居となり、墓域にも住居が構築される。ここでは明らかに中期まで守られていた居住域と墓域の立地規制が、後期になると失われていることがわかる（本橋 2005）。

非環状集落

棚畑遺跡は、146軒もの住居がいくつもの土器型式にわたって集落が営まれていた結果、環状集落となったのであるが、住居が環状になるほど長い間その場所にとどまった大規模遺跡は決して多いわけではなく、むしろ図10に掲げた吹付遺跡のような遺跡が多い。

吹付遺跡は、南に傾斜する台地縁辺部に立地する。加曽利E3式期、加曽利E3新式期、加曽利E4式期にわたって集落が営まれていた。住居が切り合ったり、重複していないので住居形態など良好な状態で残されており、集落の実態がつかみやすい。加曽利E3式期は5号住居が北にあり、遺物集中や焼土・ピット群を挟んで、南に3軒分布する。加曽利E3新式期には調査区西に11号住居があり、南に貯蔵穴群があり、東に墓域を挟んで3軒離れた位置に住居が分布している。加曽利E4式期には調査区西に集中して分布している。西に貯蔵穴群があり、それを囲むように住居が4軒隣接する。住居域の東に列石が2基みられる。配石や石棒などが存在する。加曽利E4式期に居住域が西、東が墓域に変わるようである。

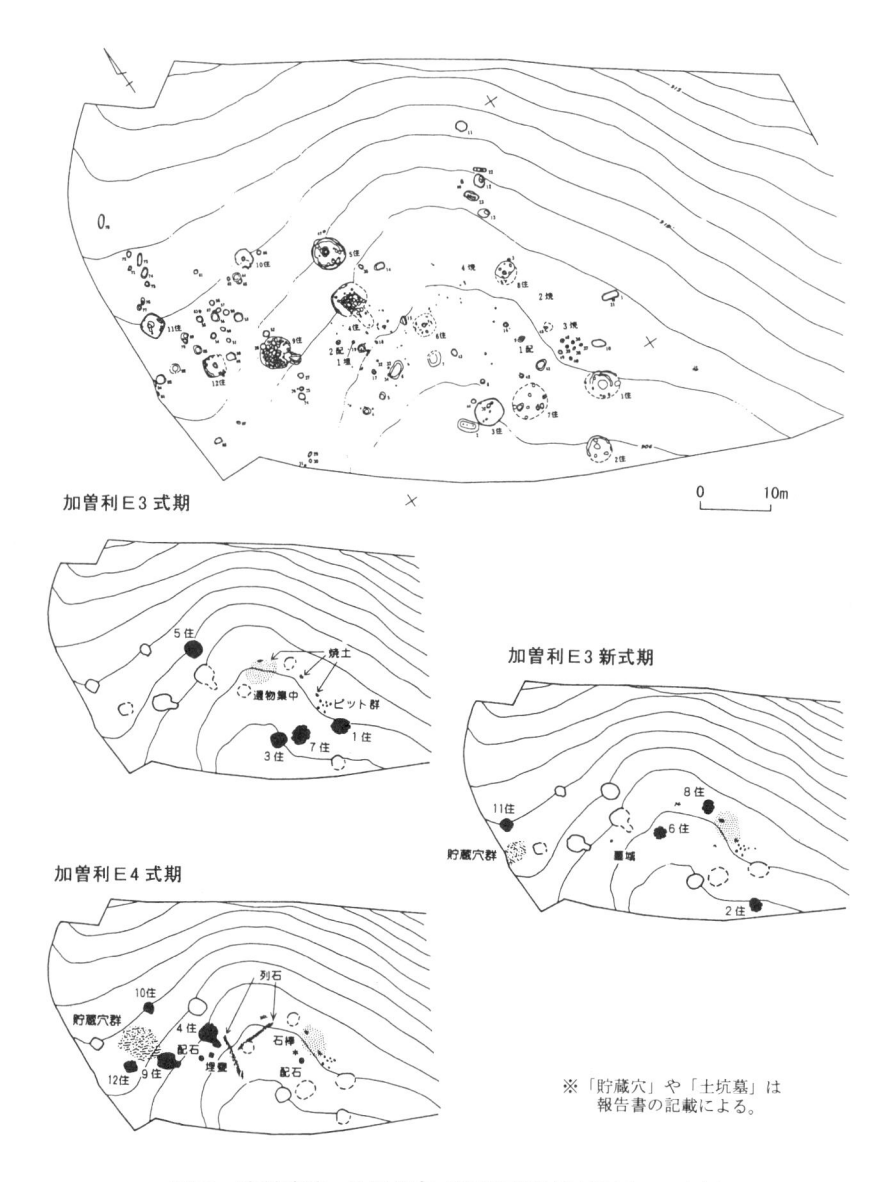

158　柄鏡形敷石住居の出現と環状集落の終焉

図10　吹付遺跡　住居分布（『御代田町誌歴史編上』p228より）

吹付遺跡と棚畑遺跡の大きな違いは、住居軒数の違いである。棚畑遺跡は縄文時代中期初頭から中葉、後葉と集落が営まれていた。これに対して吹付遺跡は、中期後葉から末葉までと時間的な長短の差がある。ただし、ここで注目すべき点は、棚畑遺跡では中期後葉から住居群の環状形態が明確になっていることである。

 ところで、先の引用した二つの遺跡、郷戸遺跡と屋代遺跡についてみてみよう。台地全体を剥がすような発掘調査と違って、郷戸遺跡は調査区が道路幅しかないために遺跡全体の集落構成は不明であるが、図6にあるように、中期後葉の住居分布は環状にならないようである。加曽利E3式期は24号住居跡が調査区北東に1軒あり、南に8軒くらい、西に5軒以上の住居のまとまりがみられる。二つの住居群の間には墓域と考えられる土坑・ピット群が存在する。調査区南の集落はさらに南に広がっている可能性が高い。加曽利E3新式期には先の土坑・ピット群のまわりに住居がみられる。加曽利E4式では、北側に1軒、西に3軒がまとまっており、他に3軒が土坑・ピット群の近くに分布している。称名寺式期になると、住居の間隔は10m以上あり、北に1軒、南に4軒みられる。

 集落景観という視点から時期ごとに再び住居をみる。

 加曽利E3式期に二つの住居群が存在することから、3通りの集落の捉え方ができる。まず、一つの集落の人々が移り住んで結果的に二つの住居群をつくったか、あるいは同じ集団、この場合ムラ人といってもよい人びとが、家を離れた位置につくって広い空間を共有していたかである。3番目は、二つの住居群が時間的にもまったく無関係に存在したと考え、偶然二つの住居群が残されたとするものである。2番目の場合は、集落を構成している住居は住居間の距離から3から8軒までであろう。近接する住居跡は上屋の存在を考えると同時には並存しがたい。遺構の位置関係、ピット群も比較的まとまっていることから3番目の偶然的な住居分布の在り方は考えにくい。むしろ住居やピット群は有機的な関係を保っていたと考えられる。

 加曽利E3新式期に土坑・ピット群の周りに7軒、離れて1軒ということは、集落は住居の位置関係から同時に存在する最大軒数は4軒ないし5軒となろうか。この時、住居形態に着目すると81号住居跡は大形で、周溝が巡っており、

5本の主柱であることから加曽利E3新式期でも古い特徴がある。これに対して、先にも記したように柄鏡形敷石住居出現の兆しがみられる対ピットをもつ72号住居跡や敷石住居跡である70号住居跡は後出するものと考えられる。両者は位置関係から並存していた可能性がある距離を保っている。加曽利E3新式期の集落は集落構成としては、2から5軒の住居と墓域をもつ集落構成であったろう。

　加曽利E4式期になると、土坑・ピット群とは無関係な位置に住居が分布している。3軒まとまっていることからこれらは1軒もしくは2軒で、集落としては最大軒数が6軒で、同時にムラを構成しているとしたら15mとかなり住居間の距離があり、集落における居住空間が広いことになる。称名寺式期でも加曽利E4式期と同じような住居立地であり、4軒が土坑・ピット群に関わりなく10～20mの間隔を保って分布している。

　縄文時代中期後葉に集落がみられる屋代遺跡について同様にみてみよう。屋代遺跡は千曲川の氾濫原が形成した微高地に立地していたために、自然堤防に守られて中期後葉の短期間にしかも連続して集落が営まれた。発掘調査は残念ながら、道路幅というように限られた範囲であったために集落構造は不明であるが、約20mの範囲の中に集中して住居跡が構築された。このため、切り合いや重複が多く、撹乱を受けていない良好な状態の住居跡は少ない。

　図7のように加曽利E3式期で8軒あるが、2軒ずつ近い位置にあるので、最大で4軒程度であったと考えられる。

　加曽利E3新式期は、16軒以上あり、調査区北から南に広く分布している。このうち、先に住居形態の分析で、加曽利E3新式土器と加曽利E4式土器が埋甕に用いられている住居があり、土器型式においても連続的に居住を重ねていたことがわかる。これを重んじて集落を分けると、最大で9軒となってしまうが、柄鏡形敷石住居跡はもっとも住居跡が重複している部分である。住居形態に着目すると、柄鏡形敷石住居跡であることと住居の位置関係から4、5軒程度であったと考えられる。なお、加曽利E3新式土器と加曽利E4式土器が共伴している住居跡は1軒で、加曽利E4式土器の古い段階の住居は1軒であることから、一旦、集落構成員が減少し、加曽利E4式期に最大で6軒存在していたものと考えられる。

これを整理すると、加曽利E3式期には4軒で、加曽利E3新式期は4ないし5軒、加曽利E3新式〜加曽利E4式期は1軒、加曽利E4式（古）期1軒、加曽利E4式期6軒であろう。ただし、この住居軒数は一つの集落においても最大としての住居軒数であり、掘立柱建物などは考慮していない。

　掘立柱建物とは、竪穴住居と違って掘り込みのない柱穴が直線的に並んでいるものであり、住居跡であるかどうかもわからない。住居の条件として必要な炉跡がみられないからである。また、竪穴住居に対して夏の住居であるという説もあるが、やはり炉跡がともなっていないと住居であるとは認めがたい。住居以外の集落構成としては、調査区南側に土坑やピット群が集中しており、居住域と墓域の明確な区別はみられない。

　土器型式による時間的な長さの問題もあるが、住居が可能性として最大にあった場合を想定した。縄文人が廃棄した土器の接合関係で、住居跡の時間的な同時性をみる方法があるが、出土遺物の位置を記録していないとわからない。また、重要なのは、家を構築した人が住居跡に廃棄したわけではなく、廃棄した人は住居跡の窪地にゴミとして捨てたのである。住んでいる時期と廃棄の時期とには明らかに時間差が介在するのである。ただし、住居跡がまだ埋まりきらずに窪地として残っている時点で、別の集団が家を構築する際に片付けたものと考えられる。

　ところで、屋代遺跡では住居床面から人骨が検出された。加曽利E4式期のSB5338では炉辺部右の炉に近い位置に頭骨と大腿骨が検出された。SB5342では四肢の人骨の一部がやはり炉辺部右から検出された。両者とも上屋が朽ちて落ち込み、壁際から土が堆積していくなかで住居跡が埋まりきらない段階で埋葬されたか、捨てられたかしたものであろう。いずれにしろその人骨と住民との直接の繋がりは証明できない。居住時点と廃屋になった段階とは時間の経過が存在するからである。このように、集落には居住空間と墓域のような埋葬空間が存在する。そこには祭祀的な遺構や遺物が出土することが多々ある。しかしながら、集落構成を考えた場合、居住域に混在して人骨を埋葬あるいは廃棄したものとは考えにくい。棚畑遺跡や郷戸遺跡でも明らかに居住空間と墓域は区別されていた。故に屋代遺跡で出土した人骨はおそらく、集落を最後に営んだ「人」のものであろう。

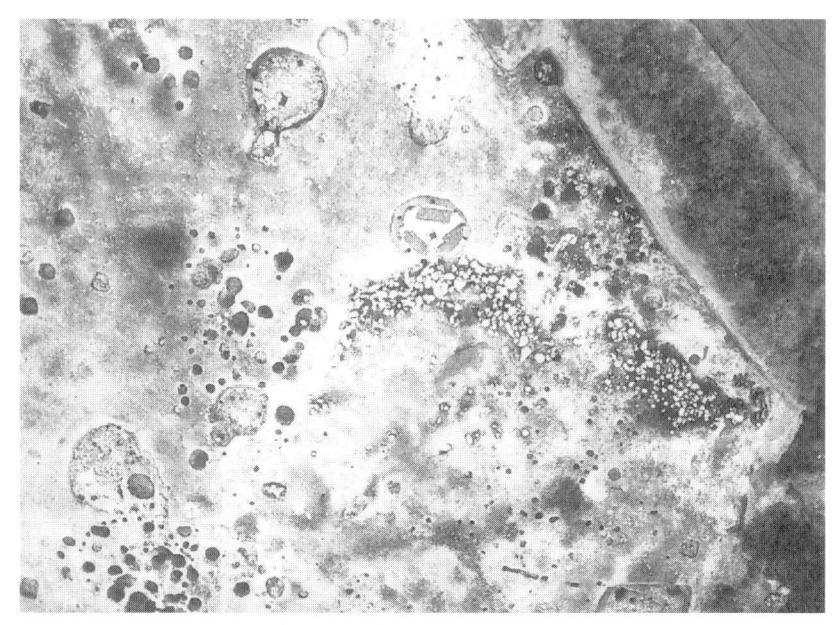

写真5　三田原遺跡群（岩下遺跡）全景（長野県埋蔵文化財センターほか 2000 より）

6　縄文時代中期集落の変化と柄鏡形敷石住居の出現

　棚畑遺跡では、縄文時代中期初頭から後葉まで集落が存在するが、中期末葉には集落はなくなってしまう。つまり、最終的な集落形態である環状集落は堅持されたのである。これに対して、屋代遺跡や吹付遺跡では中期後葉から中期末葉まで、郷戸遺跡では中期後葉から中期末葉・後期初頭まで集落が営まれていた。ちょうど中期末葉は、住居形態の大きな変換点にある。

　それでは、縄文時代後期集落の集落形態はどのようであるか、小諸市三田原遺跡群をみてみよう。写真5は三田原遺跡群岩下遺跡である。後期初頭から前葉まで、柄鏡形敷石住居で構成された集落である。柄鏡形敷石住居跡は中期末葉に比べると大形化し、柄部の発達がみられる。中期末葉は屋代遺跡のように柄鏡形敷石住居でない住居が存在したが、後期になると全て柄鏡形敷石住居になるようである。住居空間の区別も明確で、奥壁部に石がみられないものなど

中期後葉以来の住まい方が想像できる。注目すべきは、柄鏡形敷石住居跡の一つが配石遺構と連結していることである。配石遺構は埋設土器（埋甕）をともない、弧状に展開している。大規模な配石遺構が展開している。

　中期後葉の集落と後期集落の大きな違いは何か。中期の大規模遺跡に多くみられる住居の重複関係、つまり同じ場所に繰りかえし居住していたということ。それが、中期初頭から中葉、後葉をつうじて集落が形成されていたことによって、台地の形状に則した環状もしくは弧状に集落が展開しているようにみえるのである。棚畑遺跡でみたように環状になる傾向は中期後葉の住居分布からであり、恒常的に集落景観が環状を呈していたものではない。地形だけではなく、何らかの規制がそこに働いていたからこそ棚畑遺跡や下野谷遺跡など中期全般に集落が存在した大規模遺跡にみられるのである。単に偶発的なものではない。そして、その規制は中期末葉から後期初頭に壊される。

　もう一つの違いは、配石遺構の出現である。吹付遺跡では、中期末葉に柄鏡形敷石住居とともにみられる。注目すべきは、吹付遺跡では中期末葉の住居形態はいずれも柄鏡形敷石住居であることである。これは、岩下遺跡の柄鏡形敷石住居跡と配石遺構からなる集落構成に繋がるものであろう。郷戸遺跡ではわからないが、屋代遺跡では配石遺構はみられない。それゆえに、中期末葉になっても柄鏡形敷石住居と柄をもたない住居が併存するのであろう。これは、一体どういうことか。吹付遺跡では、中期末葉にはすでに後期の集落形態の兆しがみられるということである。すなわち、郷戸遺跡や屋代遺跡では中期後葉で住居が連続的に構築された結果、柄鏡形敷石住居の兆しはみられたものの、中期の集落形態のままで、終焉を迎える。集落が断絶することなく連続的に営まれた結果といえよう。吹付遺跡では、土器型式では連続しているが、集落実態としては加曽利Ｅ３新式期に一つの集落が終わり、加曽利Ｅ４式期に新たに集落がつくられたものと考えられる。集落形成に明らかな時間差が存在する。この点は環状集落を考える上で非常に重要なことであろう。

　なぜ、中期後葉に柄鏡形敷石住居が出現するのか。住居形態の変化のなかで、明らかに集落単位であったものが、住居単位に置き換わる傾向にある。つまり、加曽利Ｅ３式期に大形住居がみられたが、次第になくなり住居規模はほぼ同じになってくる。逆に１軒のみ石棒などの祭祀遺物がみられたものが、各住居単

位にみられるようになる。特に住居空間の奥壁部にみられる配石など、柄鏡形敷石住居のなかに祭祀的な機能もとりこまれた可能性もある。

ところで、柄鏡形敷石住居の発生を筆者は「敷石住居」と「埋甕をともなう屋外配石遺構」と「潮見台型の住居」とした（本橋 1989）。潮見台型住居とは、柄鏡形敷石住居出現の前段階をみると、加曽利E2式期や加曽利E3式期に突出した部分に対応するピットの間に埋甕をもつ住居形態が出現する。山本暉久氏はこれを既に柄鏡形住居の初源期と捉える（山本 2002）が、筆者は先に記したように柄鏡形敷石住居出現の一要素として捉えている。敷石住居については、郷戸遺跡でもみられたとおりである。埋甕をともなう配石遺構については、事例が先の二つの要素に比して決して多くはないが、加曽利E3式期にみられる。東京都東久留米市新山遺跡や国分寺市武蔵国分寺遺跡でもみられる。新山遺跡では、加曽利E3新式の配石が存在し、加曽利E4式期になるとすべて柄鏡形住居になる点は注目される。広く報告書によっては加曽利E3式期の柄鏡形敷石住居となっているものがあるが、面的に石が敷かれていないことなど柄鏡形敷石住居の条件を満たしていない事例がある。これらを除いても、加曽利E3新式期には、いくつかの要素が影響しあって柄鏡形敷石住居が出現するのである。

結論として、柄鏡形敷石住居の出現は縄文時代の集落形態に大きな影響を与えた。すなわち、環状集落という規制がなくなり住居単位の傾向が大きくみられる。家の中にあった埋甕は、配石遺構をとともに築かれ墓域としてつくられるようになる。住居群が環状もしくは馬蹄形、弧状に構築されていた立地上の規制は、中期末葉には墓域もしくは祭祀の場として性格を変え後期に受け継がれたものと考えられる。

環状配石遺構などの大規模な遺構を小林達雄氏は、「世界観のカタチとしての記念物」（12頁　小林 2005）と捉え、墓地的な機能だけでなくむしろ、「日の出、日の入りが春分、秋分や夏至、冬至と関係する」ことを主張し、「縄文ランドスケープ」のような意識が縄文人にあったとする。大規模な配石遺構には墓地的側面だけでなく時を知らせる目安となる記念物の性格もあったかもしれない。また、遺跡の立地を考えると日当たりのよい台地縁辺部というだけでなく、周囲の目印になるような景観も左右したものであろう。いずせよ、大規模

な配石遺構の存在は、集落がひとところに定着することによって生まれた産物、記念物であり、縄文時代中期末葉から集落形態や社会規範も大きく変ることを示している。

本稿は拙著「縄文時代中期後葉の住居構造の分析―浅間山麓周辺における柄鏡形住居の発生について」(『長野県考古学会誌』第103・104号　2003年)の集落分析をまとめなおしたものである。

註
　加曽利E3式土器の古い段階とは、口縁部の楕円区画が明確であるのに対し、新しい段階とは口縁部も文様帯が消失する土器を含み、胴部の沈線は幅が狭く逆U字沈線文やH状沈線文もみられる。器形胴部の括れが弱くなりキャリパー形が崩れた形態となっている。また、胴部下半の器面調整にはミガキがしばしばみられる。

引用・参考文献
日本道路公団・長野県教育委員会・長野県文化財センター 2000「三田原遺跡群」(岩下遺跡)「郷戸遺跡」『長野県埋蔵文化財センター発掘調査報告書52　上信越自動車道埋蔵文化財発掘調査報告書19』

水沢教子 2000 「中期集落の構造」『上信越自動車道埋蔵文化財発掘調査報告書24　更埴条里遺跡　屋代遺跡　縄文時代編』日本道路公団・長野県教育委員会・長野県文化財センター

望月町教育委員会 1989 『平石遺跡　望月町文化財調査報告書　第17集』

茅野市教育委員会 1990『棚畑　八ヶ岳西山麓における縄文時代中期の集落遺跡』

東久留米市教育委員会 1981 『新山遺跡』

保谷市教育委員会　保谷市遺跡調査会 1999 『下野谷遺跡』

都営川越道住宅遺跡調査会 1999 『武蔵国分寺跡西方地区　武蔵台東遺跡』

長野県教育委員会 1982 『長野県史　考古資料編』全一巻(二)主要遺跡(北・東信)

長野県御代田町教育委員会 1997『塩野西遺跡群滝沢遺跡』

岡本茂史・正岡大実 2005 「大阪府八尾市　八尾南遺跡」『発掘された日本列島2005』文化庁編　朝日新聞社

小林達雄編著 2005 「縄文ランドスケープ―自然的秩序からの独立と縄文的世界の形成―」『縄文ランドスケープ』Ｕｍ　Ｐromotion

本橋恵美子 1989 「縄文時代における柄鏡形住居址の研究―その発生と伝播をめぐって―」『信濃』第40巻第8号・9号　信濃史学会

本橋恵美子 1998 「縄文文化の展開」「縄文時代の住まい」『御代田町誌歴史編上』御代田町教育委員会
本橋恵美子 2000 「浅間山麓の敷石住居址」『宮平遺跡　長野県御代田町埋蔵文化財発掘調査報告書第28集』御代田町教育委員会
本橋恵美子 2000 「敷石住居」337頁『日本歴史大辞典2』小学館
本橋恵美子 2005 「縄文時代中期後葉の集落形態の検討―石神井川流域の住居分析から―」『土曜考古』第29号　土曜考古学会
山本暉久 2002 『敷石住居址の研究』六一書房

コラム2　八ヶ岳の縄文ムラを掘る

柳澤　亮

遺跡との出会い　「……このような特徴のある阿玉台式土器が、長野県八ヶ岳山麓の勝坂式土器の文化圏にある茅野市芹ヶ沢遺跡から復原できる大深鉢土器で出土し、今日茅野市の尖石考古館（当時）に陳列されています。この土器は恐らく霞ヶ浦沿岸から、塩か塩漬の魚介類を入れて運搬されてきた容器であろうと想像されます。」（江坂輝彌『考古学の知識』1986）

　この文章の横には優美で大らかな扇状把手が付いた阿玉台式土器の写真が掲載されている（写真1右）。本の内側には「1988. 11. 19 SAT　水戸つるやにて」とメモされているから、私が考古学を専攻しはじめた頃に、大学のあった水戸市の書店で購入したのだろう。茨城県と故郷の長野県を結ぶ縄文土器のくだりが印象深かったのか赤くアンダーラインが引かれている。それから2年経った1990年秋、霞ヶ浦沿岸の麻生町於下貝塚で阿玉台式期の貝塚を調査し、11年後には、まさしくこの土器が出土した茅野市芹ヶ沢遺跡、正式には茅野市北山芹ヶ沢に所在する長峯遺跡を調査することになるとは、えもいわれぬ縁を感じている。

40年を隔てた二つの調査　長峯遺跡といえば、もう一つ有名な土器がある。それは大形の有孔鍔付土器である（写真2右）。この土器も尖石縄文考古館の「顔」として陳列されている。いくつかの縄文関連の本にも紹介されているから、ご存知の方も多いだろう。まるでどっかと胡坐をかいたダルマ様が大目玉を二つ輝かしているような特異な姿は、一度みたら忘れられない強い印象を残す。

　遠く関東地方からやってきたといわれる阿玉台式土器と未だその用途すら不明な有孔鍔付土器。この二つの土器は昭和34年（1959年）冬、「尖石の主」宮坂英弌氏の手によって長峯の台地で始まった工事現場から掘り出されてい

写真1　長峯遺跡の阿玉台式土器（左：2000年出土　右：1959年出土）

写真2　長峯遺跡の有孔鍔付土器—40年ぶりに再会した同一個体
（左：2000年出土　右：1959年出土）

写真3　縄文ムラの台地と八ヶ岳

た。広々とした桑畑が広がる台地を段々に削って水田にする大がかりな工事のさなか、何とか消失を免れていたのである。この工事は長峯遺跡と隣接する聖石(ひじりいし)遺跡の全域に及んだため、「失われた二つの縄文大遺跡」として『茅野市史　上巻』（茅野市 1986）には紹介されている。

しかし、遺跡は生きていたのである。1997年春から4ヶ年間実施したほ場整備事業に先立つ発掘調査の面積は5万m²を超えた。二つの遺跡でみつかった住居跡は縄文時代中期初頭～後期前半に属する374軒（長峯239軒、聖石135軒）。そしてミカン箱にして1500箱を超える土器や石器が改めて現代によみがえったのである。昭和30年代の大規模な工事によって削り取られてしまった部分も大きく、遺跡の全体図に長方形の空白部分をいくつも映し出している（図1）。

そして、二つの調査を結びつけるドラマチックなエピソードも生まれた。宮坂氏の取り上げた有孔鍔付土器の欠損部の破片が40年後の調査でみつかったのである。石こうで復元されていた部分に接合することが実物を合わせてみて実証されている（写真2）。調査現場でも宮坂氏が記録していた炉跡が、その調

図1　隣り合う二つのムラ—

査の痕跡を残していた。今回の調査は、縄文人との出会いばかりでなく、学史上の先輩との思わぬ出会いまで用意してくれていた。

では、もし昭和30年代の工事がなく桑畑のままの地形が残っていたとしたら、そこに広がる縄文ムラの風景はどうだっただろう。きっと私の想像を何倍も超える、大きく広く、濃密なものだったにちがいない。縄文時代を知りたい立場としては興味津々であるが、調査担当の立場とすれば、おずおずと尻込みをしてしまう。実際に残されていた遺跡にさえ、調査を終えた今もなお圧倒されているのだから。

八ヶ岳と縄文遺跡　　遺跡に立って北をみれば、「諏訪富士」と親しまれる蓼科山がどっしりと腰を下ろしている。そこから東側は空以外、すべて八ヶ岳である。標高1000mを超える遺跡から3年間この山々をみながら

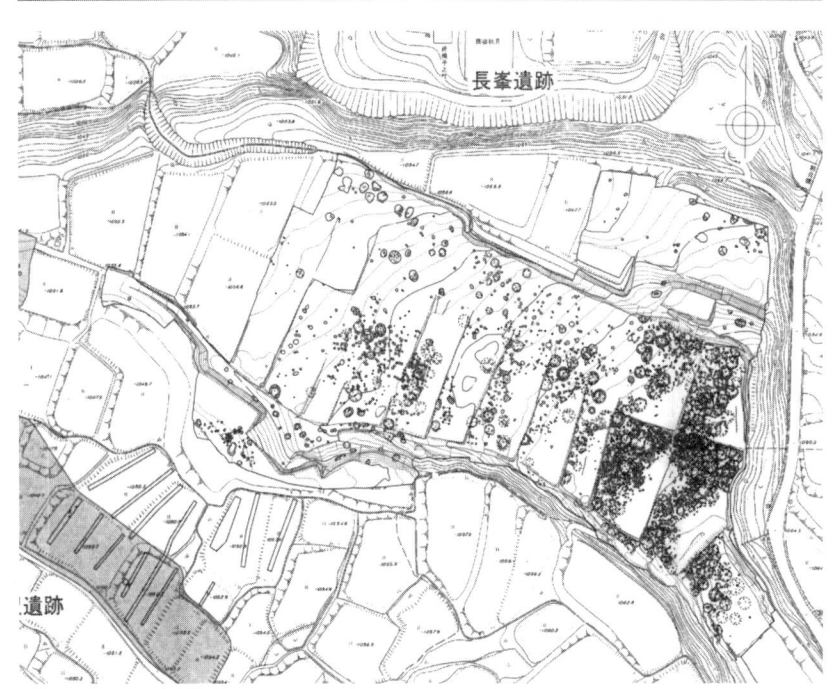

長峯遺跡と聖石遺跡

調査をしてきた（写真3）。

　八ヶ岳は大きな火山帯である。数万年前の噴火によって流れ出た溶岩は遺跡周辺にまで迫り、今でも隆起した地形のまま木々が生い茂っている。火砕流や火山灰は遺跡のある北山地区よりさらに下の地域まで厚く覆いつくした。その軟弱な地盤は、その後の降雪や降雨による土石流によって押し流され、大小の谷と細尾根状の台地を形成した。八ヶ岳からはそのような台地がいくつも放射状に形成されている。台地と台地の間は湧水豊富な浅い谷や、清流の流れる深い谷が刻まれている。そして台地の上には、多くの縄文ムラがつくられている。今回調査した長峯遺跡と聖石遺跡も、そんな台地の上に展開していた。

　晩秋の夕暮れ、調査を終えて帰る頃、民家も少ないこの一帯は濃紺の闇に支配されつつある。月明かりに映し出された八ヶ岳のシルエットは、きっと4000

年前の縄文人がみた情景と変わらないのだろう。

隣り合う二つのムラ　遺跡の北側にある深い谷には角名川という小さな川が流れている―これは渋川の支流にあたる。渋川はまた上川になって諏訪湖へ流れて行く―。その角名川からみると、上流側に長峯遺跡があり、下流側に聖石遺跡がある。遺跡がのっている台地は、真ん中あたりで細く括れている。その括れを挟んで二つの大きな縄文ムラがあった。調査で分かった穴だとか、竪穴住居跡だとかの生活跡を図面に落としてみる（図1）。特に縄文時代中期後半の痕跡の分布に注目してみると、長峯遺跡に一つ、聖石遺跡に一つ、ドーナツ状に痕跡が集中する。つまり典型的な環状集落が二つ存在していたのである。聖石遺跡と長峯遺跡の間、環状集落と環状集落の間を測ってみると直線で500mくらいある。調査の休憩に尾根の上を歩いて行くと、5分くらいで隣の遺跡の真ん中に着く。これほどまでに近接したムラがここに存在し、それらを同時に調査することになったのだ。

ムラの始まりから終わり（図2）　縄文ムラの始まりは、長峯遺跡にその痕跡を多く残している。縄文時代中期初頭に始まったムラは台地にまばらに住居を構える。聖石遺跡にも小さな穴がみつかっているから、何らかの生活域であったかもしれないが、住居はつくられていない。中期中葉になっても長峯遺跡にだけムラが存在する。そして台地の縁辺に分離していた住居は次第に東側（上流側）に移動していく。そして、中期後葉になって、いよいよ環状の形態をはっきりと形成していく。この頃、聖石遺跡にも同様な環状を意識したムラがつくられはじめていく。

それからは、二つのムラが同調するかのように、それぞれの中央の空白地帯―それは直径10mの円形広場といえようか―を意識したムラづくりを続けていく。

後期初頭になると、そうした空間意識が失われつつあるのか、環状配置とは違った位置に敷石住居を中心としたムラをそれぞれにつくりはじめる。そして後期前半には、いずれの遺跡でも台地南斜面にムラの中心地を移していく。傾斜地を削り、土を盛り平坦地をつくり出す、そんな土木工事の末、大規模な敷石住居を構築する。その頃、二つのムラの位置は、台地の括れ部分を挟んで目

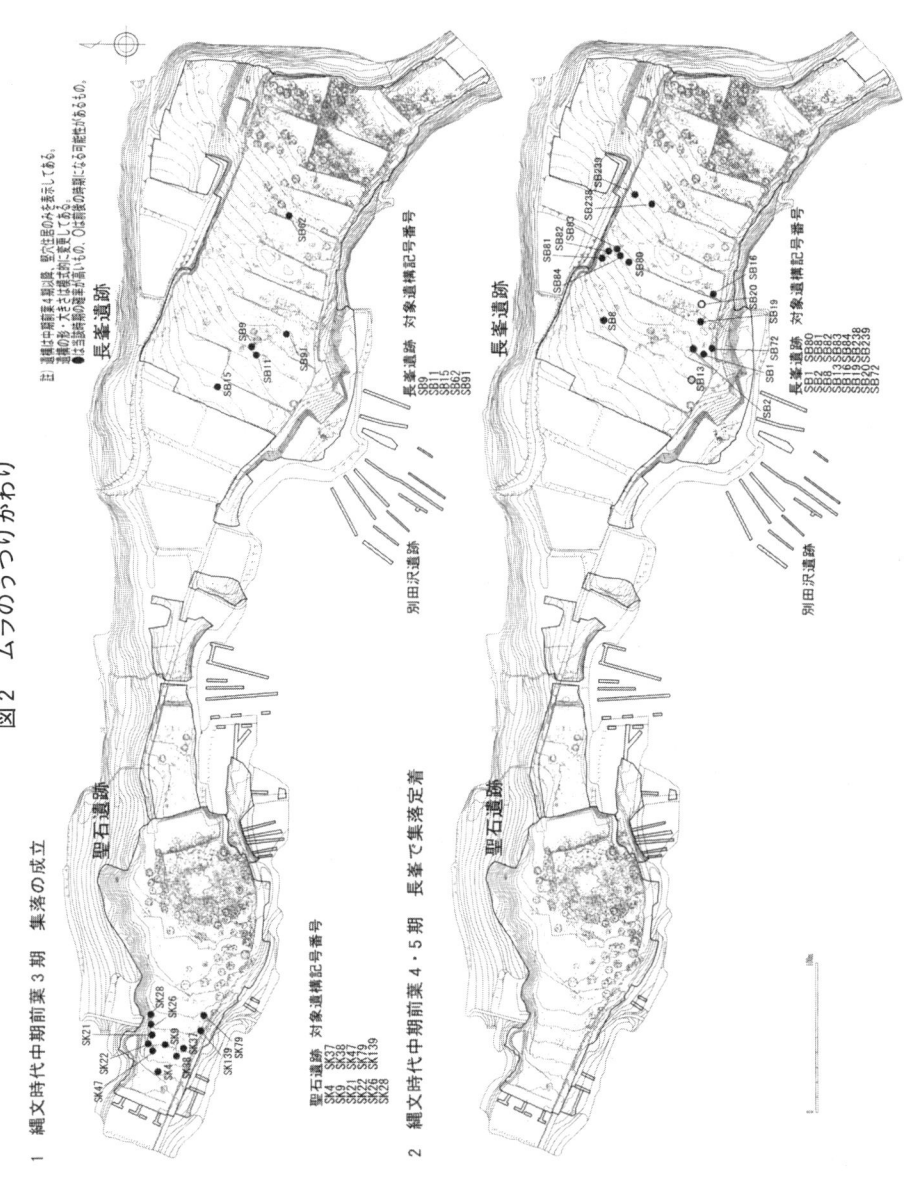

コラム2　八ヶ岳の縄文ムラを掘る　173

図2　ムラのうつりかわり

1　縄文時代中期前葉3期　集落の成立

聖石遺跡　対象遺構記号番号
SK4
SK9　SK37
SK21　SK38
SK22　SK44
SK26　SK79
SK28　SK139

長峯遺跡　対象遺構記号番号
SB9
SB11
SB15
SB91

2　縄文時代中期前葉4・5期　長峯で集落定着

長峯遺跡　対象遺構記号番号
SB1　SB80
SB2　SB81
SB12　SB82
SB13　SB83
SB16　SB84
SB19　SB238
SB20　SB239
SB72

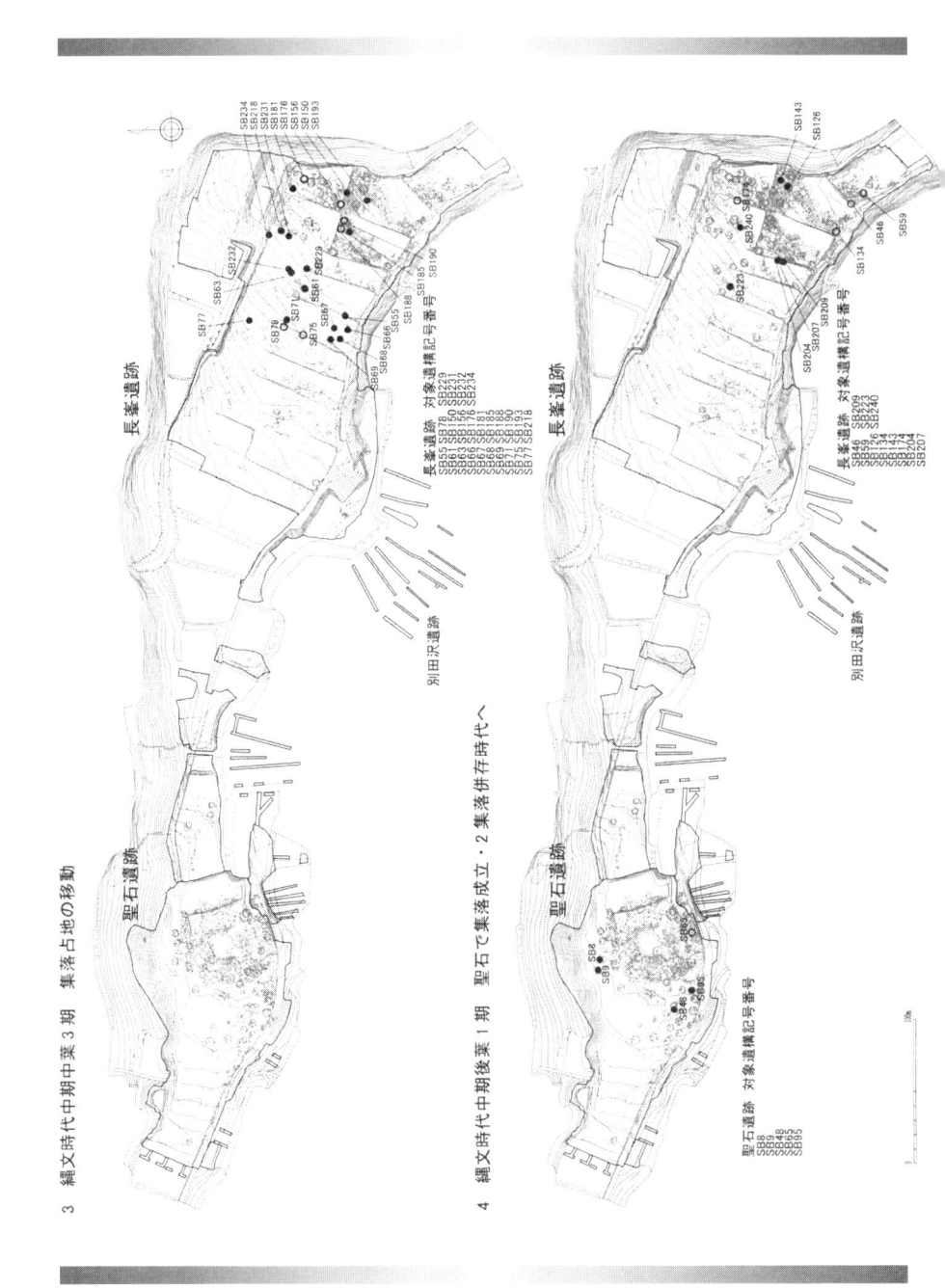

174 コラム2 八ヶ岳の縄文ムラを掘る

3 縄文時代中期中葉3期 集落占地の移動

長峯遺跡
長峯遺跡 対象遺構記号番号
SB55 SB78 SB229
SB61 SB156 SB231
SB63 SB176 SB232
SB67 SB181 SB234
SB68 SB185
SB69 SB188
SB71 SB190
SB75 SB193
SB77 SB218

別田沢遺跡

聖石遺跡

4 縄文時代中期後葉1期 聖石で集落成立・2集落併存時代へ

長峯遺跡
長峯遺跡 対象遺構記号番号
SB46 SB209
SB126 SB220
SB134 SB223
SB143 SB240
SB174
SB204
SB207

別田沢遺跡

聖石遺跡
聖石遺跡 対象遺構記号番号
SB8
SB46
SB48
SB65
SB95

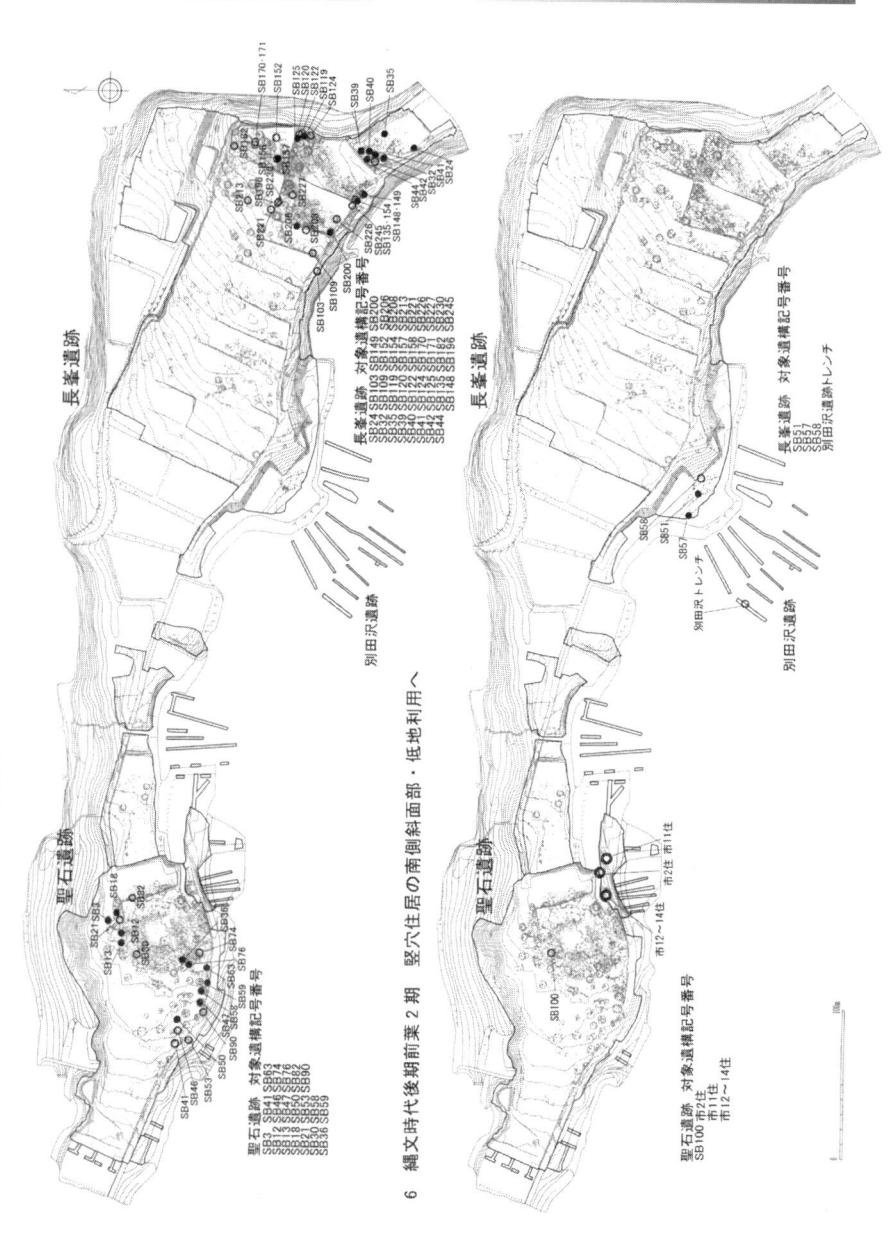

コラム 2　八ヶ岳の縄文ムラを掘る　175

5　縄文時代中期後葉 3 期　聖石で南西側への集落拡大

6　縄文時代後期前葉 2 期　竪穴住居の南側斜面部・低地利用へ

と鼻の先にまで接近している。また台地南に広がる浅く広い谷「ベッタ沢」（地元の人たちの呼び名）にも実は低い台地があって、そこにも住居がつくられていた（図1・2　別田沢遺跡）。こうした住居の分布を鳥瞰すれば、あたかも谷地形をかこんだ一つのムラが形成されていた印象すら受ける。そしてこの後、縄文人の足跡はこの付近から消えていくのである。

　台地に始まり、谷に終わる。これまで縄文ムラは水はけの良い台地上につくられるものという認識が半ば常識のようにされてきた。長野県内の最近の調査例ではこうした斜面や谷を意識したムラづくりが、後期前半から主体となることが明らかになってきた。

　山あり谷あり、広範囲の地形を把握することも縄文ムラを掘るのに欠かせない作業の一つである。

二つの環　仕事場にある大きなトレース台の上で、長峯遺跡と聖石遺跡の全体図（ムラの痕跡）を重ね合わせてみる。縄文中期後葉に形成された、それぞれのムラの中央にある空白地帯（円形広場）を一致させるように徐々に図面をずらしていくと、透写される「二つの環」の印影が一つに重なった。まるで刑事ドラマでみる指紋照合のようにピタリとである。その印影の要素である、広場、お墓（穴）、共同施設（掘立柱建物跡）、住居、そしてムラはずれの食料貯蔵施設（おおきな穴）といった施設をそれぞれのムラがそれぞれに保有している。そしてその空間配置すら同じ意識、規範にそっていたのではないかという強い印象が焼きつけられた瞬間であった。同時に二つのムラは本当に二つなのかという疑問も浮かんできた。

ヒスイへの思い　中央広場の外側には楕円形や長方形の長さ1m前後の穴がいくつもみつかる。ほとんどの穴からは何も出てこない。後から紛れ込んだとも考えられるような、小さな土器片や黒曜石の破片が出土するくらいである。といって乱暴に掘ってはいけない。そんな穴の底からヒスイのペンダントがみつかるのである（写真4）。聖石遺跡と長峯遺跡からそれぞれ4つずつ出土している（写真5）。だいたい100個の穴を掘って、4つみつかるくらいの確率である。緑に輝き、ずっしりとした存在感をもつヒスイのペンダ

写真 4　ヒスイの出土した穴（聖石遺跡）

ント、これは遠く日本海沿岸の糸魚川周辺のムラでていねいに仕上げられて、運ばれてきた交易品である。埋められた穴にはこのペンダントを胸にかけたムラの住人が葬られていたのであろう。

　八ヶ岳周辺や松本盆地周辺の環状集落と呼ばれるような大きな縄文ムラでも、同じようにお墓らしき穴からヒスイはみつかる。逆にいえばヒスイは地域における大きなムラ（拠点集落といわれる）の大事な構成要素である。とすればやはり、二つの環は併存しても独立した別々のムラであったという認識で考えていくことにしたい。

ムラへ石を運び、並べる　たいがい、縄文ムラの調査では、人びとが掘り残した穴をもう一度掘り返していく作業がその主体となる。しかし、今回の調査では、まず現在の表土を剥ぎ取ると、平らな石がみつかる。それも同じ高さにそろえて並べているかのように。たとえば、長峯遺跡では、中央広場を囲むように平らな石が並んで出てきた（写真6）。残念なが

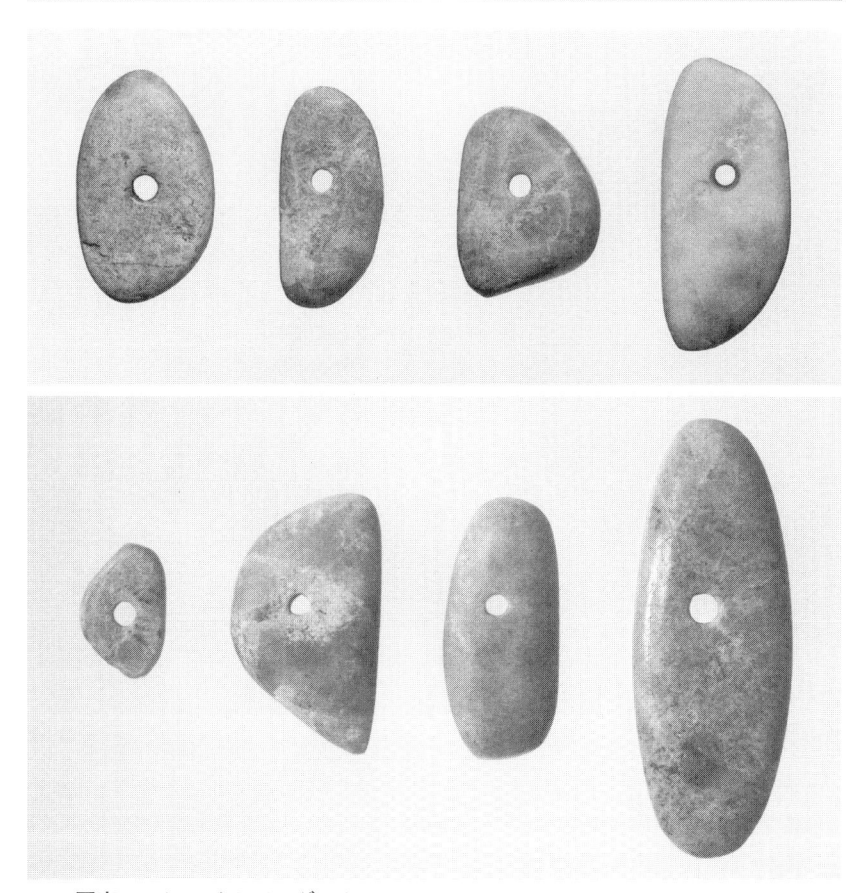

写真5　ヒスイのペンダント（上：聖石遺跡　下：長峯遺跡）右下の大きさ9.9cm

らこの石といっしょに土器が出ていないから、広場を持つムラと時期がぴったり合うものなのかどうなのかわからないが、おそらく環状集落が形成されたいずれかの時期に持ち込まれたものと思う。

　石皿のように実際に利用した痕跡すらない石がたくさん出土するから、いったいどのくらいの重さなのか、現場に50キロ秤を持ち込んで計ってみた。そうすると長峯遺跡でいちばん大きい石は秤の針がすっかり振り切れてしまった。そこで以前石屋に勤めていた人に石を割ってもらってから改めて計ってみる

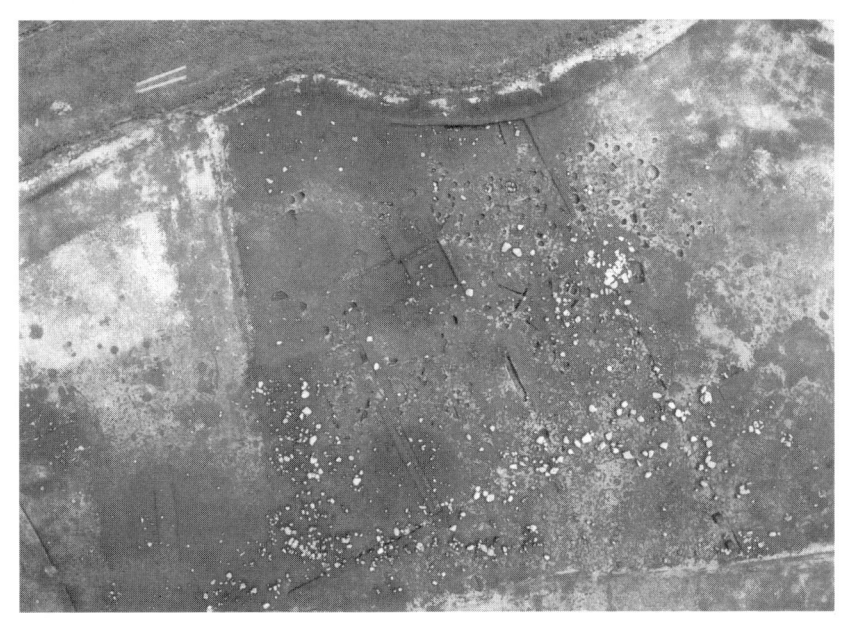

写真6　ムラに運び、並べられた石（長峯遺跡）

と、何と105kgもあることがわかった。それ以外の石も20〜50kgはふつうにある。

　ムラが立地する台地はローム層や火砕流堆積物でつくられていて、ムラに並ぶ石はまったく含まれていない。八ヶ岳周辺の岩石に詳しい故河内晋平先生に遺跡で実際にこれらの石をみてもらうと、角のとれた川原石は、近くの角名川や渋川にある、八ヶ岳の溶岩を起源とする石であること、また角張った板状の石は遺跡から東に2kmほど渋川をあがった渋川温泉郷近くにある、やはり八ヶ岳溶岩の露頭から割り取ってきた可能性が高いことを教えていただいた。近くの角名川といってもムラのある台地と川床との比高は現在20mもある。堅い岩帯を刻んだ谷だから、縄文時代といってもさほどその深さは今とあまり変わらないという話も河内先生からお聞きした。

　とすれば、縄文の人びとは何のために、重たい石をいくつもいくつも、川からムラへ運び込んだのだろうか。そして並べることが意味するものは何だろう。まだその思いを解読することはできていない。

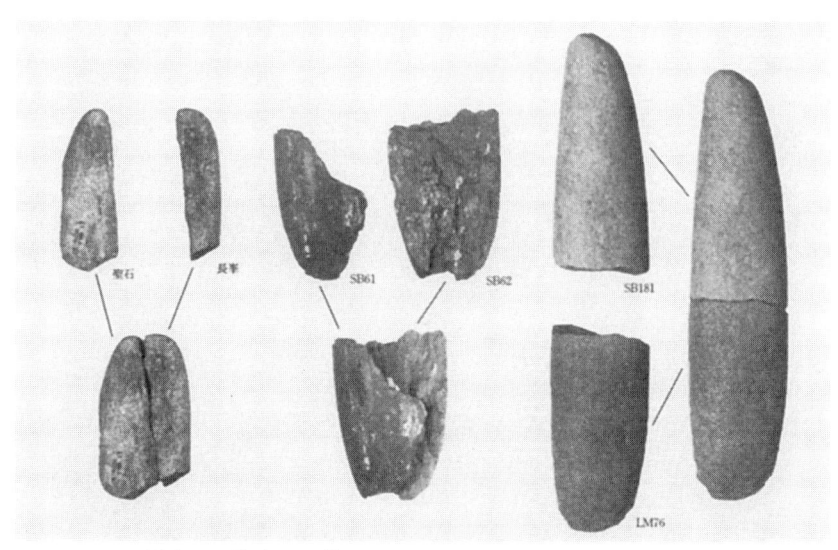

写真7　接合した斧（左端の1個体が聖石と長峯との接合資料）

二つのムラをつなぐ石器

　磨製石斧という縄文時代の石器がある。打製石斧がお墓とか竪穴住居とかを掘る時に使う土掘り具であるのに対して、磨製石斧はその名のとおり、磨いてつくった石の斧。樹木の伐採具であり、木材の加工具である。この道具があることによって、穴ぼこだらけの無味乾燥な遺跡を、林から切り出してきたクリやナラの木を使った柱を建てている様子や、土器と同じようにさまざまな木製の器や道具類を使っている姿のある、生き生きとした縄文ムラへと変えてくれる。縄文時代が土器や石器ばかりではない、木の文化を持ち合わせていたことを実感させてくれる。

　磨製石斧でも乳棒状石斧と呼ばれる道具は胴部が厚く、木を伐採したり、生木を倒したりするときに使った斧である。長峯遺跡と聖石遺跡から出土した乳棒状石斧の石材はどれも同じで出土した数もそれほど多くなかったから、それらを全部同じ机の上に並べてみた。接合作業、つまり土器と同じように割れ目どうしを合わせてみた。そうすると長峯遺跡から出土した4点がそれぞれ接合して2個体になった。なるほど同じ遺跡では接合することがわかった。ところ

が、その作業を進めるうちに「長峯遺跡と聖石遺跡の磨製石斧がくっつきましたよ」ということになったのである。よく観察すると、長峯遺跡の破片は使用して割れてしまったままの状態であるのに対して、聖石遺跡の破片は非常に変色して、周囲にはコツコツたたかれたような跡を残している。どうやら聖石遺跡から出土した磨製石斧の片割れは、割れてから再加工して小さなハンマーに使ったようである。二つを合わせると少し隙間が空いているが、4000年前に身二つに分かれた石斧が時を越えて接合したのである（写真7）。

　そうすると、この二つに割れた磨製石斧が何を語っているのかということも課題になる。なかなか答えは出ないが、いくつか想定してみたい。割れた石材を並存している二つのムラが双方で分け合っていたのではないか。また短期間とはいえ、どちらかのムラが、たとえば聖石のムラがいったん途絶えたときに長峯ムラへゴミを捨てに行ったのではないか。あるいは、長峯に捨てられたものを聖石の人が拾ってハンマーに再利用したのではないか。今回の石器の接合関係は、二つのムラを考えるヒントにもなるが、ムラを取り巻く謎をさらに深めている気もする。

記録保存を終えて　私たちの発掘は、失われゆく遺跡を記録し、その資料を保存していく仕事である。この二つのムラもいまは大きな水田地帯に姿を変え、現代の人びとの生活を支えている。残念ながら、現地には調査の頃のようなヤマメが産卵するような沢や、ウサギなどの小動物が隠れるススキ原も、縄文人が石で掘り起こした台地も残っていない。

　しかし、記録類や700個の復元された土器やヒスイといった、二つのムラの遺産は茅野市へ里帰りしている。長峯遺跡と聖石遺跡から南へ1.5km。ちょうど同じ標高にある「茅野市尖石縄文考古館」。まさしく与助尾根・尖石遺跡のただなかに永久に収納されている（写真8）。

　これらの遺産は私たちのような発掘に従事する者や考古学研究者だけのものではない。八ヶ岳の胸懐を闊歩した縄文人たちが使った道具は、たくさんの魅力と謎に溢れている。そしてそれらは、きっと現代を生きる私たちにその「生きる」力を授けてくれる気がしてならない。今後、多くの皆さんが数千年前の

写真8　縄文人の遺産―長峯遺跡の土器・土偶

「生きる」力にふれていただけることを願っている。

そして、調査を担当した者として、縄文人から出された多くの宿題に対して、自分なりにきちんと答えを出したいとも思っている。

参考文献
江坂輝彌 1986　『考古学の知識』東京美術
麻生町教育委員会 1992　『於下貝塚　発掘調査報告書』
宮坂虎次ほか 1986　『茅野市史』上巻　原始古代
茅野市教育委員会 2004　県営ほ場整備事業芹ヶ沢地区に伴う埋蔵文化財調査報告書『聖石遺跡』
長野県埋蔵文化財センター 2005　担い手育成基盤整備事業（芹ヶ沢地区）・国道299号線バイパス建設事業埋蔵文化財発掘調査報告書『聖石遺跡・長峯遺跡（別田沢遺跡）』長野県埋蔵文化財センター発掘調査報告書69

写真・図版出典
(1) すべて長野県埋蔵文化財センター 2005『聖石遺跡・長峯遺跡（別田沢遺跡）』より転載。一部再編集。
(2) 写真1右と写真2右の資料は茅野市尖石縄文考古館所蔵。

縄文ムラを復元する
――長野県筑北村東畑遺跡の発掘成果から――

柳澤　亮

はじめに

　長野県東筑摩郡筑北村（調査当時は坂北村）で発見された東畑遺跡は、麻績川沿いの河岸段丘上に立地する縄文時代の集落遺跡である。平成15年県営の圃場整備事業に伴って実施された発掘調査は、調査面積9200m²という非常に広い範囲にわたり、ほぼ遺跡全体を調査することができた。その結果、120軒に及ぶ竪穴住居をはじめ多くの遺構・遺物が検出され、縄文時代前期から後期まで盛衰はあるものの1500年間続いた拠点的集落であることが判明した。さらにその成果から、縄文時代にかかわる数々のナゾを解明することができた。

　一般に遺跡調査とは、遺跡そのものを壊してしまうことを前提に実施されるが、東畑遺跡の場合は調査期間が限られていたことと、遺跡のボリュームが非常に大きかったこともあって、盛り土して遺跡を残そうという要望が叶い、集落の半分を盛り土保存して、田んぼの土の下に遺跡を保存している。縄文時代の「東畑ムラ」はこうして残ることになったが、現代の坂北村・坂井村・本城村の3村は平成17年10月11日に合併して筑北村になり、坂北という村名はなくなってしまった。

　平成17年3月に報告書が刊行されて、調査は一応完結した。ここでは2年間技術指導というかたちで発掘調査にたずさわった者として、その成果をもとに縄文時代の集落「東畑ムラ」について考えてみたい。

1　東畑遺跡をとりまく環境

地理的環境

　東畑遺跡の眼下に流れる麻績川は日本最長の川、信濃川のごく小さな支流である。

　遺跡のある段丘を囲むようにして東から西に麻績川が蛇行して流れ、その南側には別所川が流れている。別所川は遺跡の西方で麻績川に合流し、麻績川はさらに西流して生坂村で犀川に注いでいる。犀川は北上して長野盆地の川中島の先で千曲川に合流し、千曲川は新潟県に入って信濃川となり、最後には日本

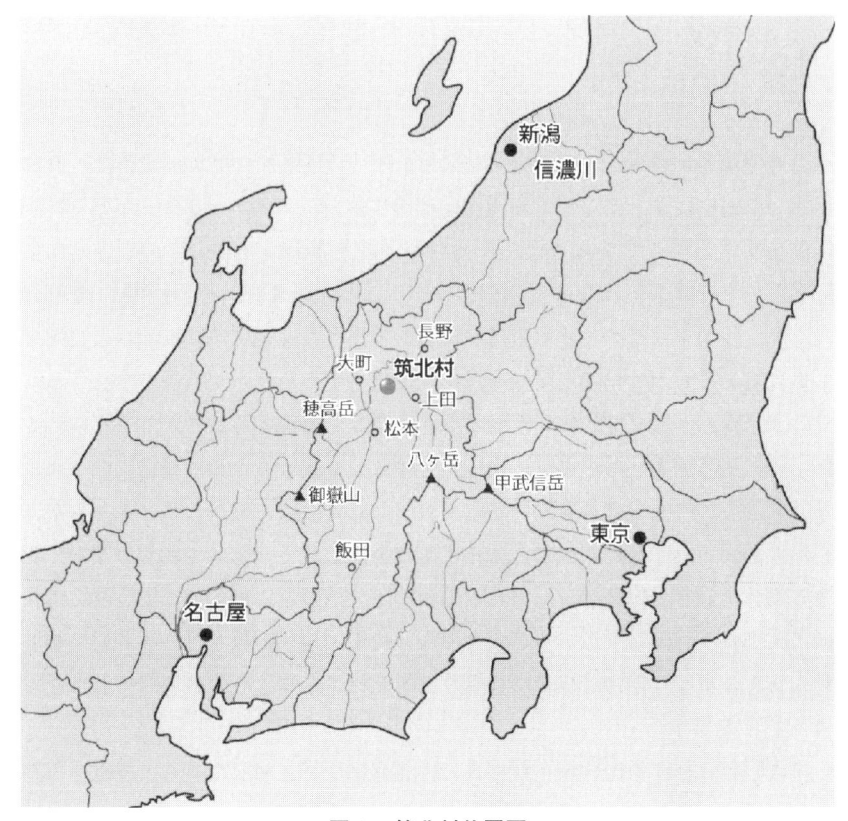

図1　筑北村位置図

海へと流れ込んでいる。犀川は麻績川のほかに梓川・奈良井川・高瀬川などいくつもの支流を集め、全長約99kmに及ぶ。そして信濃川（千曲川）最大の支流であると同時に、松本平と善光寺平を結ぶ川でもある。

周辺の縄文時代遺跡

　東畑遺跡のみつかった麻績川沿いには菖蒲田遺跡や渕平遺跡のような縄文時代中期の遺跡が約500ｍ間隔で台地上に並んでいる。また筑北地域と呼ばれる、東筑摩郡の北部にあたる筑北村や麻績村にもたくさんの縄文時代遺跡がみられる。向六工遺跡（旧坂北村）は平成３年の長野自動車道の工事に伴う調査が実施された。縄文時代早期の底が尖った形の土器が発掘されている。東畑遺跡の手前で麻績川と合流する東条川沿いの高台に、縄文時代早期末に人びとが暮ら

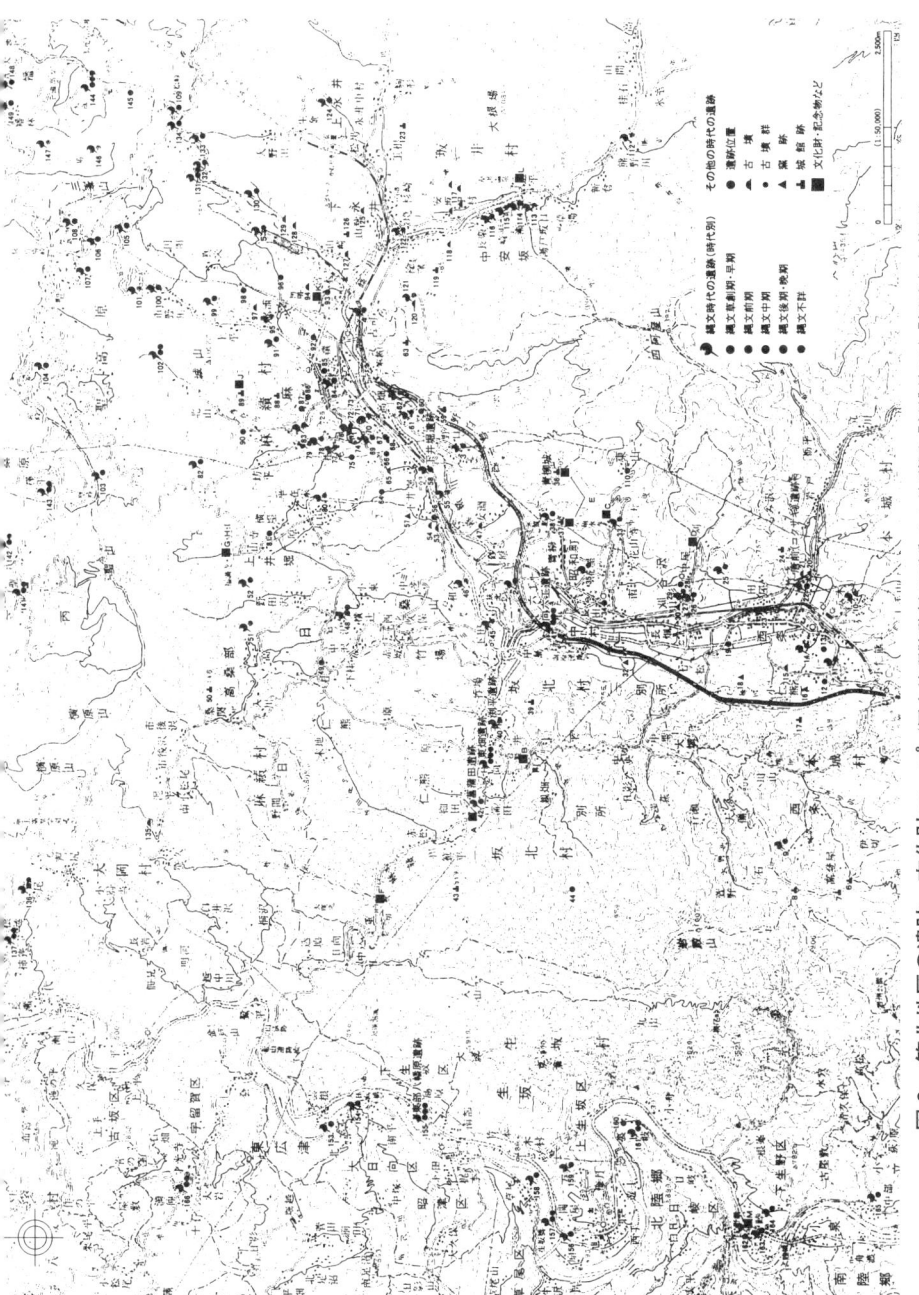

1 東畑遺跡をとりまく環境 187

図2 筑北地区の遺跡・文化財マップ（国土地理院発行5万分の1地形図「信濃池田」「坂城」を使用）

していたことがわかっている。

　大規模な調査自体はこの向六工遺跡と東畑遺跡の2例しかまだ行われていない。しかし縄文時代草創期・早期のまだ土器が誕生して間もないころの人たちの生活跡は、聖湖の周りなどの、標高の高い山の上にたくさんあることが知られている。安定したムラをつくりはじめる前期・中期になると、全国的にみて人びとは川沿いに暮らしはじめる。この地域の遺跡の分布をみても麻績川流域で同じように、前期・中期に人びとが川沿いに暮らしの場を求めてきていることがわかる。

　隣の生坂村の犀川流域にも、縄文前期・中期の遺跡が点在している。東畑遺跡と時期が重なる東部八幡原遺跡という大きな遺跡も川沿いに営まれている。この東部八幡原遺跡から出土した遺物をみると、縄文中期中葉の勝坂式と呼ばれる模様のきれいな関東地方から中部高地に多い土器のほかに、新潟県の上越地方の遺跡でよくみられる土器もみつかっている。そのほかに玉や斧などを研ぐ砥石、さらには縄文時代前期後半という非常に古い年代のヒスイの垂飾も見つかっている。ヒスイは当時からたいへん貴重品だったと考えられるが、その最古級の製品が犀川流域の谷あいのムラから発見されたのである。ヒスイ製品の起源やその流通ルートを考える上で、この遺跡のもつ意味は重要である。

　旧本城村の遺跡で出土した埋甕に使われていた土器や麻績村の麻績川沿いでみつかった土器には、唐草文土器という中信地方（松本平一帯の呼び名）に分布の中心をもつ、非常に特徴的な縄文時代中期後半の土器がみられる。東畑遺跡を調査する前はこのような土器がたくさん出土していたので、筑北も中信地域の遺跡であると考えられてきた。しかし、調査の結果では北信や東信地区に多い遺構や遺物が出土しており、中信地区の遺跡という区分だけでは括ることができない状況になっている。今回の東畑遺跡の調査成果は、筑北という地域性、そしてその重要な要素に犀川があることを強く意識させられたのである。

2　東畑遺跡の変遷

遺跡の概観

　向六工遺跡のそばを流れる東条川と東側から流れてきた麻績川が合流する

写真1　麻績川流域の空中写真

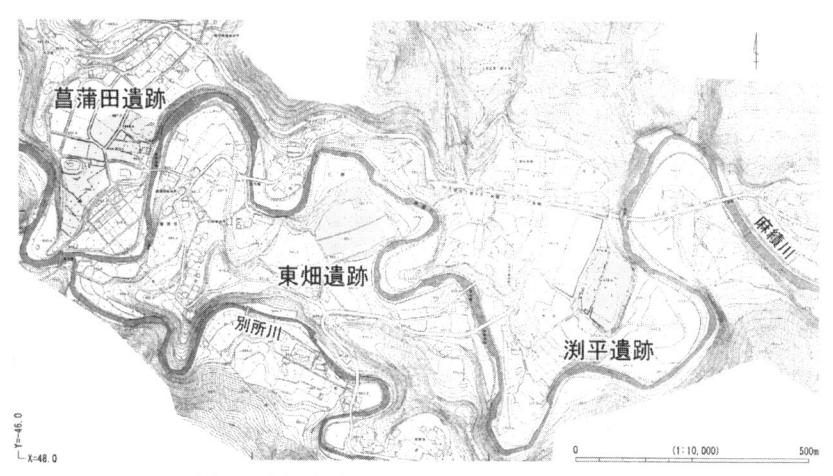

図3　東畑遺跡周辺の地形図（写真1と同位置）

と、最初は広々としていた川も両側の谷が次第に狭くなって蛇行しはじめる。そのあたりに東畑遺跡がある。どの方向に川が流れているのか、本当に一本の川なのか、わからなくなるくらい大きく蛇行する麻績川によって削りだされた台地に東畑遺跡はある。

　東畑遺跡のある台地の上は谷あいにしては広々としていて、V字状の谷の向こうには鹿島槍ヶ岳がみえる風光明媚なところにある。上からみると、遺跡の

190　縄文ムラを復元する

写真2　東畑遺跡全景

図4　東畑遺跡全体図

周りを囲むように麻績川が流れていて、台地上には120軒の住居跡が月のクレーターのように並んでいる。120軒というと、遺跡見学会でも今ある集落より人口が多かったのかという質問を受けるが、一見大集落にみえるムラも、数軒ずつで暮らしていたムラが細々ながら1500年間継続して営まれた結果、住居跡が集積して後世に大きな集落跡としてみえるようになったのである。

遺跡をみるときには、まずどの時代の遺構なのか、どの時代の遺物なのかと考えることが大事である。当時の人たちは、立派な柱を建てて屋根を設け、軒を保って、雨風を防げるように上屋をもった住居をつくっていた。遺跡をみると住居跡の竪穴がいくつも重なり合っているが、それは同じ時期に複数の家が軒を重ねて建っていたわけではなく、どちらかの家が使われなくなって埋まってしまった後に、その住居跡に重なるように新しい住居がつくられたからである。その場合、その重複する関係をみながら、どちらが古くてどちらが新しいかといった住居の新旧をみきわめていくことが大切である。それをみきわめながらそれぞれの遺物や家の構造をみていくと、時代とともに変遷する姿とか時代を超えた共通性、あるいはまったく関係ない人たちが後からやってきたのかといった人びとの移動の様子などもわかってくる。

新しい年代測定による東畑ムラの年代

東畑ムラの変遷を縄文時代の中で位置づけてみたい。

いつから縄文時代が始まったかということは、編年の方法や年代測定法によって変わってくるが、いちおう国立歴史民俗博物館がすすめている炭素14年代測定という化学測定に基づいた年代をあてはめてみた。縄文時代の始まりについて、以前は1万2000年前といわれていたが、最近は1万5000年前にさかのぼり、縄文という時代は、1万年以上もの長期にわたっている。その長い縄文時代の中で東畑ムラに人が暮らしはじめるのは縄文時代の前期の終わりごろ、今から約6000年前である。それ以降、東畑ムラにいちばん人がすんでいたのは、縄文時代中期（5500年前〜）である。そして4500年前の縄文時代後期に至って遺跡数は減少し、やがて東畑ムラはその幕を閉じる。つまり、東畑遺跡は縄文時代前期から後期まで約1500年もの長きにわたって人びとが住み続けたムラの跡ということになる。

従来の年代観でいえば、縄文時代前期は6000〜5000年ほど前、中期は5000〜

時　代	実年代	時期	旧坂北村周辺の歴史	代表する遺跡
旧石器時代	～15000年前		石器を使って、獲物を追いながらキャンプ生活をしていた。	東山遺跡（旧坂北村）
縄文時代	15000年前～	草創期	土器が発明される。筑北ではまだこの時期の遺跡は見つかっていない。	
	10500年前～	早期	麻績川沿いにムラが営まれ、底の尖った土器が使われていた。	向六工遺跡（旧坂北村）
	7500年前～	前期	広場やお墓をもつ大きなムラが出現する。石のアクセサリーがつくられる時期。	**東畑遺跡**（旧坂北村）・東部八幡原遺跡（生坂村）など
	5500年前～	中期	麻績川沿いに大きな集落がいくつも営まれる。土偶や石棒などのお祭りの道具が出現する。	**東畑遺跡**（旧坂北村）・唐鳥遺跡（旧本城村）・下井堀遺跡（麻績村）東部八幡原遺跡（生坂村）など
	4500年前～	後期	遺跡数が減ってくる。北村遺跡から300体もの人びとが眠るたくさんのお墓が見つかった。	**東畑遺跡**（旧坂北村）・北村遺跡（明科町）
		晩期	麻績川沿いから人がいなくなる。	
弥生時代	2800年前～		後半から人びとが定着し、稲作農耕を始める。	向六工遺跡（旧坂北村）・竹之下遺跡（旧本城村）・立石遺跡（麻績村）

表1　旧坂北村周辺の縄文時代年表

時代区分	大区分	中区分	小区分	型式名	土器の様相
縄文時代	前期	後葉	I	諸磯a式併行	中部高地・関東地方の土器（諸磯式土器）が主流。関西系の土器も出土。
			II	諸磯b式併行	
			III	諸磯c式併行	
			終末	十三菩提式併行	破片での出土が大半であり、良好な資料は少ない。
	中期	初頭	I	五領ヶ台I式併行	
			II	五領ヶ台II式併行	千曲川下流域に特徴的な土器（深沢系土器）が出土。
		中葉	I	狢沢式併行	千曲川上流域に特徴的な土器（後沖式土器）が主体となる。また、北陸系の土器（新崎式）が出土し、北陸地方との強い関係性が認められる。
			II	新道式併行	
			III	藤内I式併行	千曲川流域に特徴的な「焼町土器」と、中部高地の土器が出土。新潟側での出土も見られる。
			IV	藤内II式併行	
			V	井戸尻式併行	
		後葉	I	唐草文I	新潟側との関係が強い時期。中・南信地域を中心に分布する「唐草文土器」が成立。
			II	唐草文II	
			III	唐草文III	在地土器（唐草文土器）とともに関東地方の土器（加曽利E式）が出土する。
			IV	唐草文IV	関東地方、東北地方（大木式）の影響を受ける。
	後期	初頭		称名寺式併行	
		前葉	I	堀之内I式併行	東北地方（綱取式）の土器が出土し、強い関係性が認められる。
			II	堀之内II式併行	土器はほとんど出土しない。

表2　東畑遺跡の時期区分

4000年ほど前、後期は4000〜3000年ほど前ということになるが、国立歴史民俗博物館による最新の年代測定に基づけば、各時期でそれより1500〜500年ほどさかのぼることになるので、それに沿って考えていきたい。

東畑遺跡で調査した遺物も、国立歴史民俗博物館で炭素14年代を調べたところ、縄文時代中期中葉で5000年〜4500年前という年代が出てきた。この年代が本当に確定的なものかは今のところわからないが、研究を積み重ねていけば、より正確な年代がわかってくるだろう。

東畑ムラの時期区分

遺跡から出土した土器の特徴を調べていくと、もっと細かく年代を分けることができる。大区分でいうと、上述したように縄文時代の前期、中期、後期になる。さらに中区分でみると、前期の後葉、中期の初頭・中葉・後葉、後期の初頭と前葉になり、さらにそれを小区分してみると18区分に分かれる。つまり、土器の様相から時期を細かく区分して見ると1500年間という期間が18区分に分かれるということになる。先述した120軒という住居の数も、驚くほどの数ではなく、人びとが台地上にとどまっていたという時期としては非常に長い印象を受けるが、それぞれの時期に数軒ずつでムラをつくって人びとが暮らしていたわけである。

土器もあまり見つからず、良好な資料のない時期もある。ムラが途切れていたのか、たまたま今回遺物がみつからなかっただけなのかはわからないが、そういう時期もあるかと思えば、たくさんの土器がみつかる時期もある。1500年間つづいた東畑ムラといっても、その長い期間の中には、たくさん人がすんでいた時期もあれば、ちょっと途切れてしまった時代もあるといった盛衰もあったのではないだろうか。

時代ごとに、他地域からもたらされた遺物をみていくと、それぞれの特徴がある。千曲川からの影響がある時代もあれば、中信地域・松本と同じような時期があったり、八ヶ岳のほうから黒曜石とともに文化が入ってきた時期もあったりする。時代によっていろいろな地域とさまざまなかかわりがみられるので、縄文文化は広い視野をもってみていかなければならない。一つの遺跡をみる場合も、その周辺地域をみるだけでなく、川の流れのように各時代ごとにいろいろな地域と結び合いながら暮らしを営んでいたという視点が必要である。

194 縄文ムラを復元する

図 5-1　縄文時代中期の東畑遺跡（1）

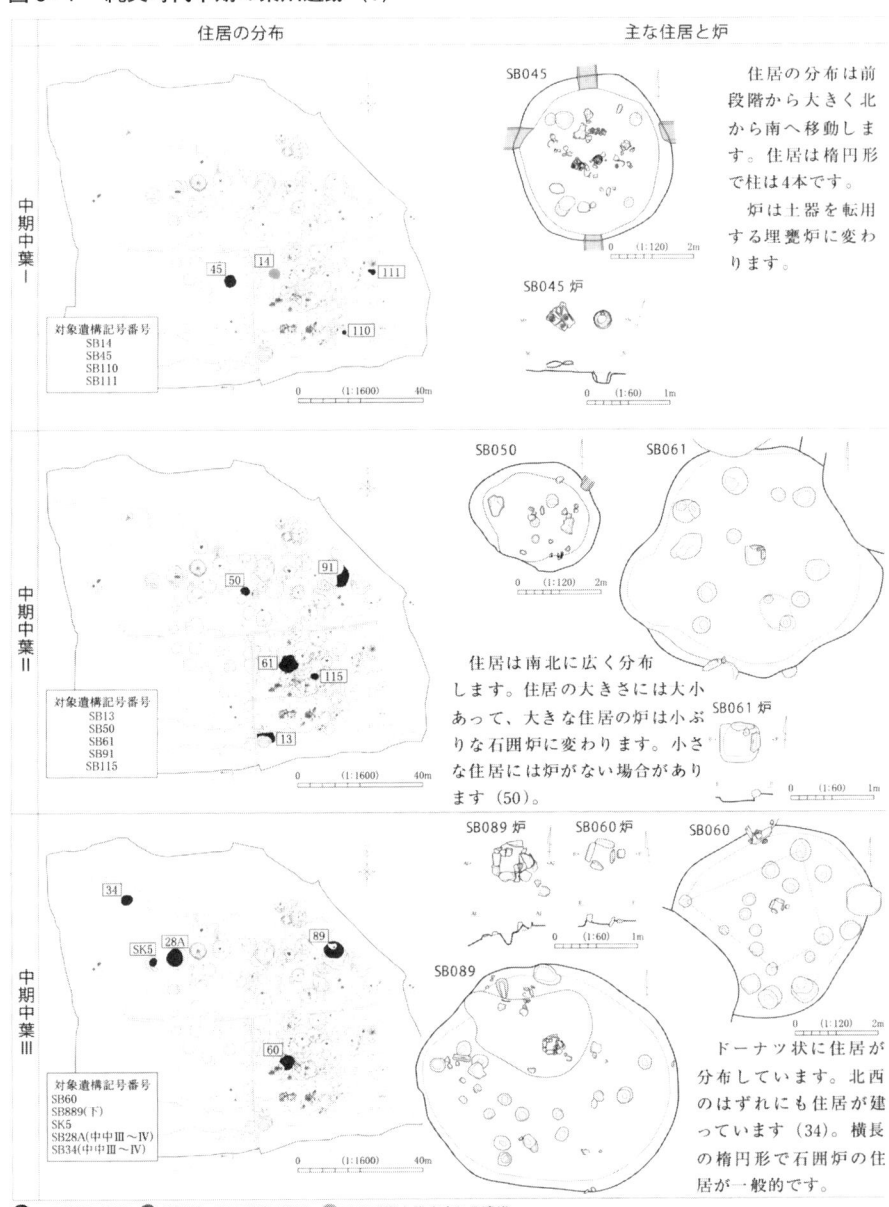

住居の分布　　　　　　　　　　　　主な住居と炉

中期中葉 I

対象遺構記号番号
SB14
SB45
SB110
SB111

住居の分布は前段階から大きく北から南へ移動します。住居は楕円形で柱は4本です。
　炉は土器を転用する埋甕炉に変わります。

中期中葉 II

対象遺構記号番号
SB13
SB50
SB61
SB91
SB115

住居は南北に広く分布します。住居の大きさには大小あって、大きな住居の炉は小ぶりな石囲炉に変わります。小さな住居には炉がない場合があります（50）。

中期中葉 III

対象遺構記号番号
SB60
SB889(下)
SK5
SB28A(中中III〜IV)
SB34(中中III〜IV)

ドーナツ状に住居が分布しています。北西のはずれにも住居が建っています（34）。横長の楕円形で石囲炉の住居が一般的です。

● この時期の遺構　　● 前時期〜この時期の遺構　　● この時期と推定される遺構

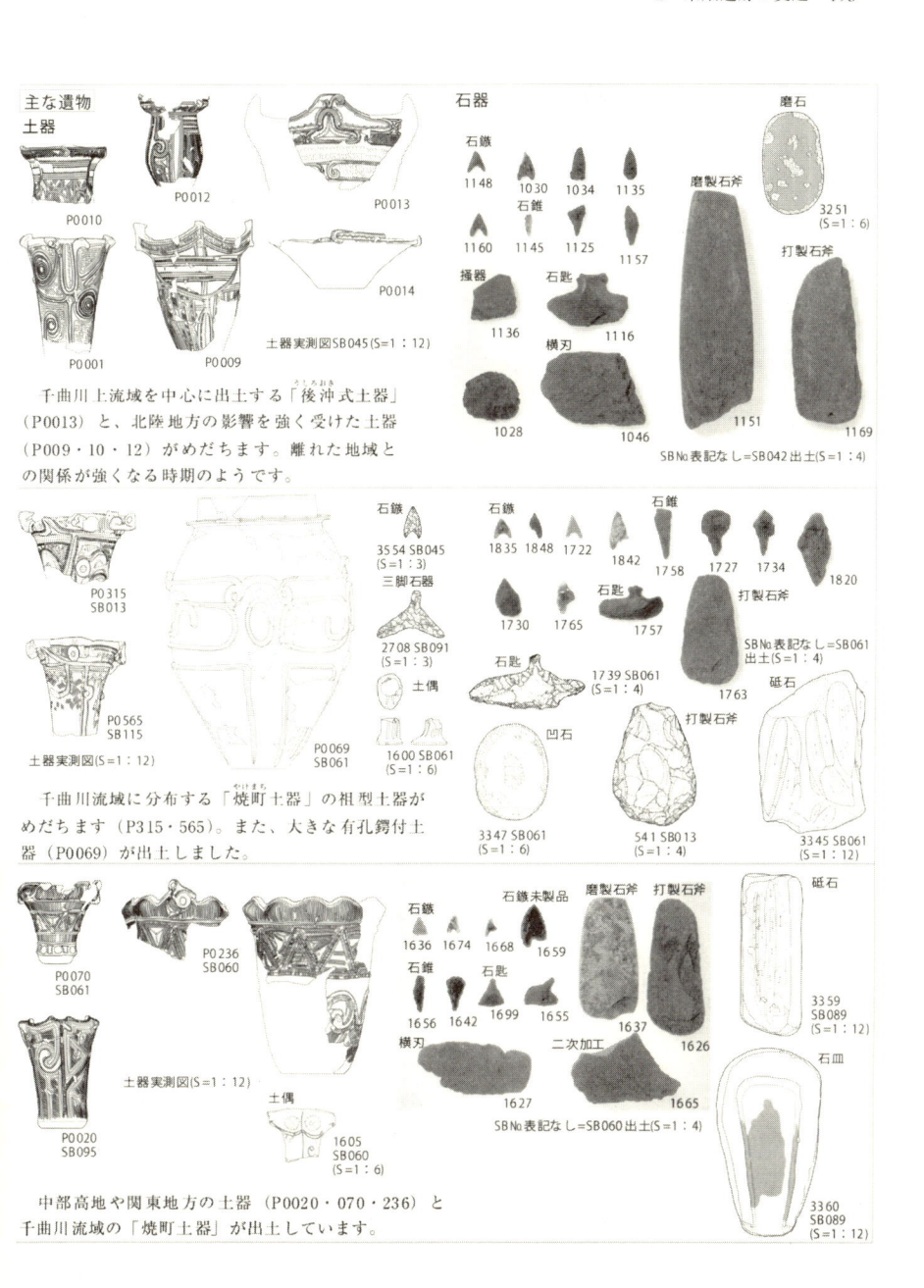

2 東畑遺跡の変遷 195

主な遺物
土器

P0010　P0012　P0013
P0001　P0009　P0014
土器実測図 SB045 (S=1:12)

石器
石鏃　1148　1030　1034　1135
石錐　1160　1145　1125　1157
磨石　3251
磨製石斧　1151
打製石斧　1169
掻器　1136　石匙　1116
　　　1028　横刃　1046
SB No.表記なし=SB042出土 (S=1:4)

千曲川上流域を中心に出土する「後沖式土器」
（P0013）と、北陸地方の影響を強く受けた土器
（P009・10・12）がめだちます。離れた地域と
の関係が強くなる時期のようです。

P0315 SB013
P0565 SB115
土器実測図 (S=1:12)

3554 SB045 (S=1:3)
三脚石器
2708 SB091 (S=1:3)
土偶
1600 SB061
P0069 SB061

石鏃　1835　1848　1722　1842
　　　1730　1765
石匙　1757
1739 SB061 (S=1:4)
凹石
3347 SB061 (S=1:6)
541 SB013 (S=1:4)

石錐　1758　1727　1734　1820
打製石斧　1763
砥石
3345 SB061 (S=1:4)

千曲川流域に分布する「焼町土器」の祖型土器が
めだちます（P315・565）。また、大きな有孔鍔付土
器（P0069）が出土しました。

P0070 SB061
P0236 SB060
土器実測図 (S=1:12)
土偶 1605 SB060 (S=1:6)
P0020 SB095

石鏃　1636　1674　1668
石鏃未製品　1659
石錐　1656　1642　石匙　1699　1655
磨製石斧　1637
打製石斧　1626
横刃　1627　二次加工　1665
SB No.表記なし=SB060出土 (S=1:4)

砥石
3359 SB089 (S=1:12)
石皿
3360 SB089 (S=1:12)

中部高地や関東地方の土器（P0020・070・236）と
千曲川流域の「焼町土器」が出土しています。

196　縄文ムラを復元する

図 5-2　縄文時代中期の東畑遺跡 (2)

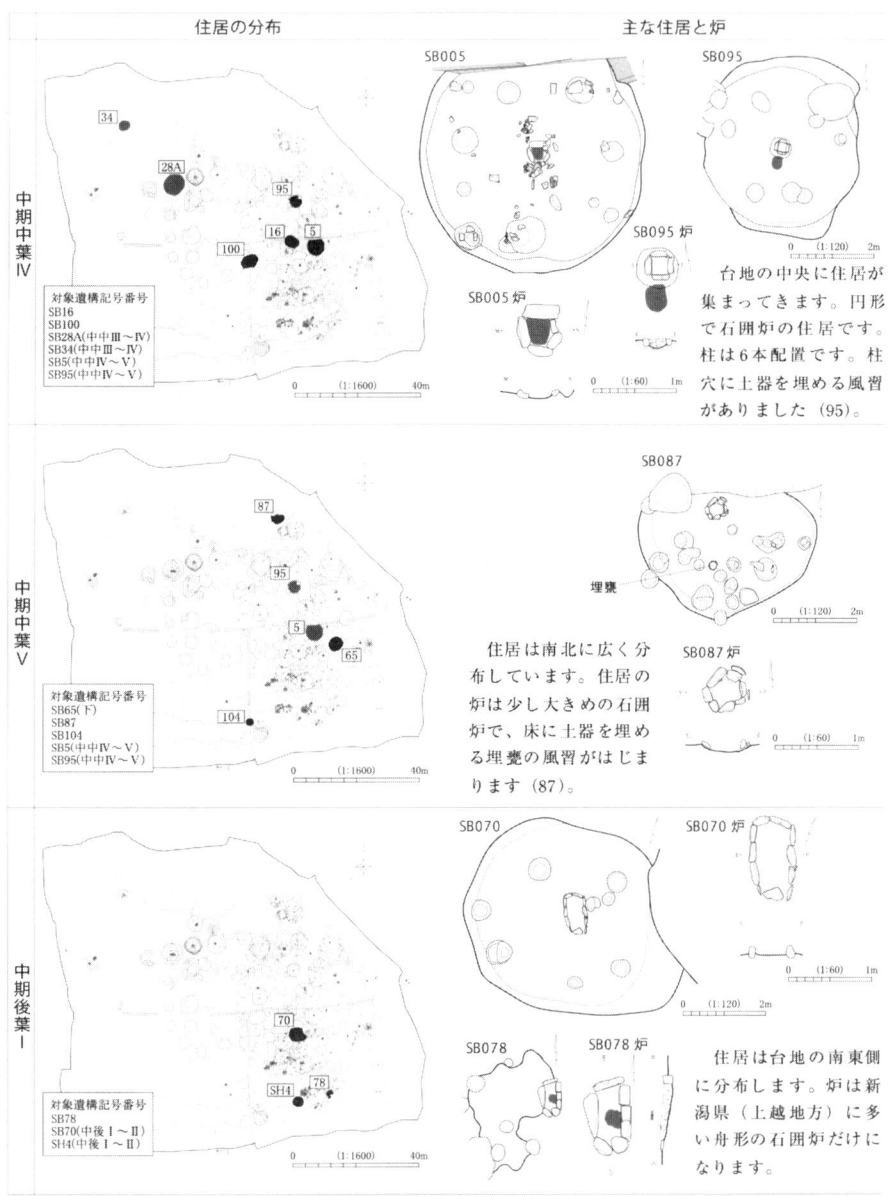

住居の分布 / 主な住居と炉

中期中葉 IV

対象遺構記号番号
SB16
SB100
SB28A(中中Ⅲ～Ⅳ)
SB34(中中Ⅲ～Ⅳ)
SB5(中中Ⅳ～Ⅴ)
SB95(中中Ⅳ～Ⅴ)

SB005
SB095
SB005 炉
SB095 炉

台地の中央に住居が集まってきます。円形で石囲炉の住居です。柱は6本配置です。柱穴に土器を埋める風習がありました（95）。

中期中葉 V

対象遺構記号番号
SB65(下)
SB87
SB104
SB5(中中Ⅳ～Ⅴ)
SB95(中中Ⅳ～Ⅴ)

SB087
埋甕
SB087 炉

住居は南北に広く分布しています。住居の炉は少し大きめの石囲炉で、床に土器を埋める埋甕の風習がはじまります（87）。

中期後葉 I

対象遺構記号番号
SB78
SB70(中後Ⅰ～Ⅱ)
SH4(中後Ⅰ～Ⅱ)

SB070
SB070 炉
SB078
SB078 炉

住居は台地の南東側に分布します。炉は新潟県（上越地方）に多い舟形の石囲炉だけになります。

● この時期の遺構　● 前時期～この時期の遺構　● この時期と推定される遺構

2 東畑遺跡の変遷　197

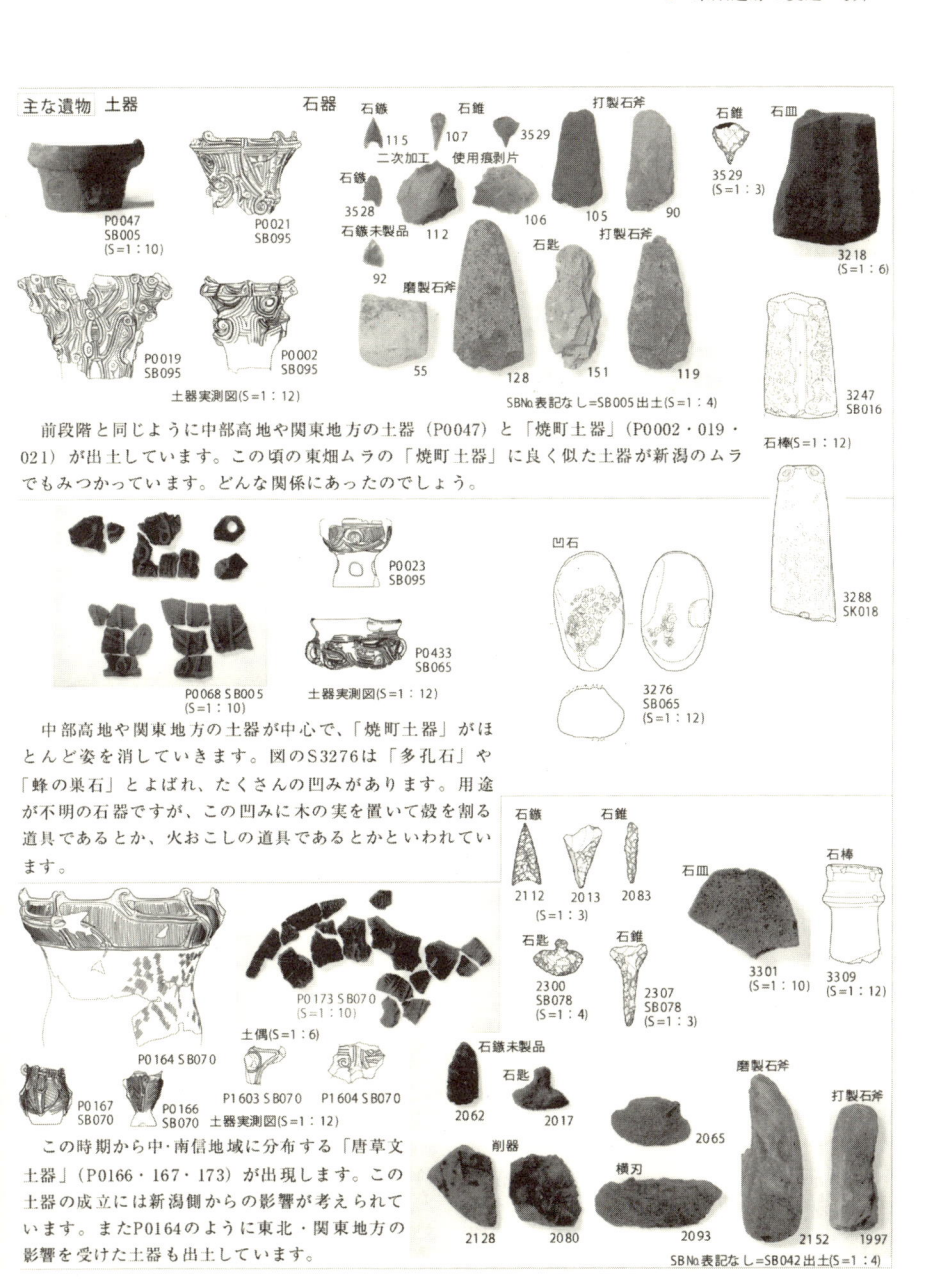

前段階と同じように中部高地や関東地方の土器 (P0047) と「焼町土器」(P0002・019・021) が出土しています。この頃の東畑ムラの「焼町土器」に良く似た土器が新潟のムラでもみつかっています。どんな関係にあったのでしょう。

中部高地や関東地方の土器が中心で、「焼町土器」がほとんど姿を消していきます。図のS3276は「多孔石」や「蜂の巣石」とよばれ、たくさんの凹みがあります。用途が不明の石器ですが、この凹みに木の実を置いて殻を割る道具であるとか、火おこしの道具であるとかいわれています。

この時期から中・南信地域に分布する「唐草文土器」(P0166・167・173) が出現します。この土器の成立には新潟側からの影響が考えられています。またP0164のように東北・関東地方の影響を受けた土器も出土しています。

198 縄文ムラを復元する

図 5-3　縄文時代中期の東畑遺跡（3）

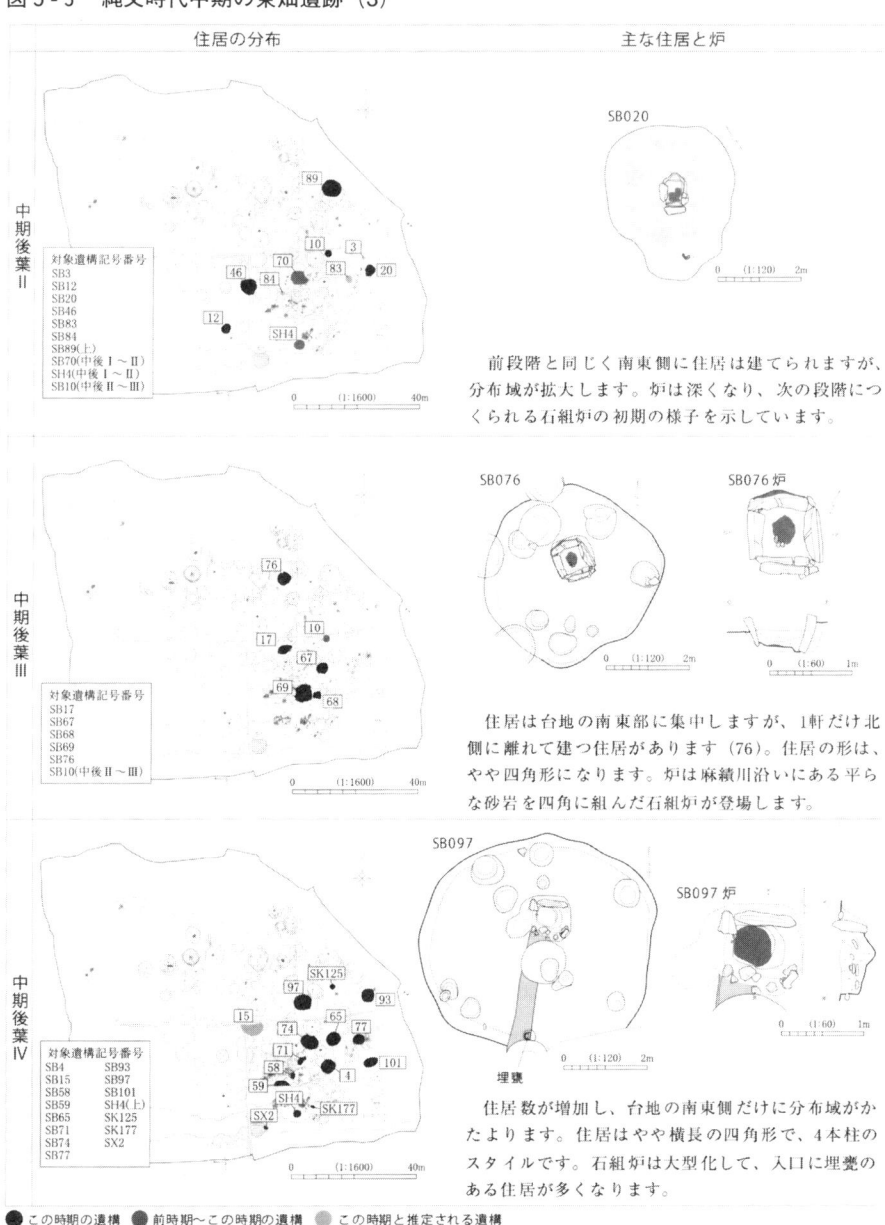

| 住居の分布 | 主な住居と炉 |

中期後葉Ⅱ

対象遺構記号番号
SB3
SB12
SB20
SB46
SB83
SB84
SB89(上)
SB70(中後Ⅰ～Ⅱ)
SH4(中後Ⅰ～Ⅱ)
SB10(中後Ⅱ～Ⅲ)

SB020

前段階と同じく南東側に住居は建てられますが、分布域が拡大します。炉は深くなり、次の段階につくられる石組炉の初期の様子を示しています。

中期後葉Ⅲ

対象遺構記号番号
SB17
SB67
SB68
SB69
SB76
SB10(中後Ⅱ～Ⅲ)

SB076　　SB076 炉

住居は台地の南東部に集中しますが、1軒だけ北側に離れて建つ住居があります（76）。住居の形は、やや四角形になります。炉は麻績川沿いにある平らな砂岩を四角に組んだ石組炉が登場します。

中期後葉Ⅳ

対象遺構記号番号
SB4　　SB93
SB15　 SB97
SB58　 SB101
SB59　 SH4(上)
SB65　 SK125
SB71　 SK177
SB74　 SX2
SB77

SB097　　SB097 炉

埋甕

住居数が増加し、台地の南東側だけに分布域がかたよります。住居はやや横長の四角形で、4本柱のスタイルです。石組炉は大型化して、入口に埋甕のある住居が多くなります。

● この時期の遺構　　● 前時期～この時期の遺構　　● この時期と推定される遺構

2 東畑遺跡の変遷　199

主な遺物
土器

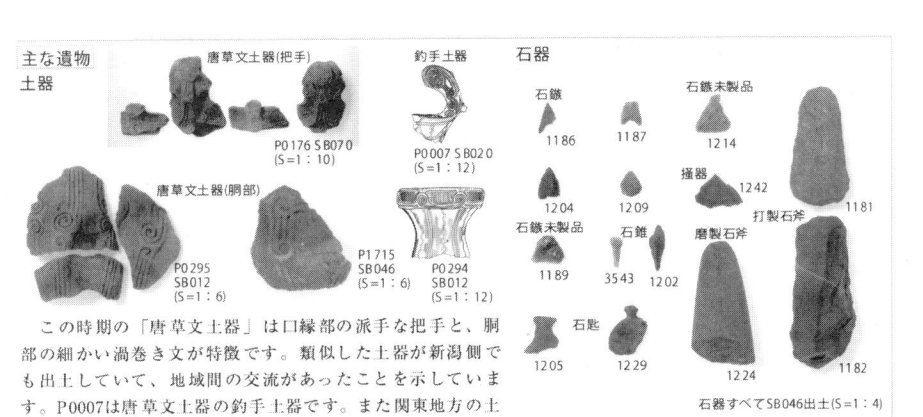

唐草文土器(把手)　P0176 SB070 (S=1:10)
釣手土器　P0007 SB020 (S=1:12)

石器

石鏃　1186　1187　石鏃未製品　1214
　　　1204　1209　　　　　搔器　1242
石鏃未製品　石錐　　　　　　　　打製石斧　1181
　1189　3543　1202　磨製石斧
　　　　　石匙
　　　1205　　1229　　　1224　　1182
石器すべてSB046出土(S=1:4)

唐草文土器(胴部)　P0295 SB012 (S=1:6)　P1715 SB012　P0294 SB012 (S=1:12)

この時期の「唐草文土器」は口縁部の派手な把手と、胴部の細かい渦巻き文が特徴です。類似した土器が新潟側でも出土していて、地域間の交流があったことを示しています。P0007は唐草文土器の釣手土器です。また関東地方の土器（P0294）も出土しています。

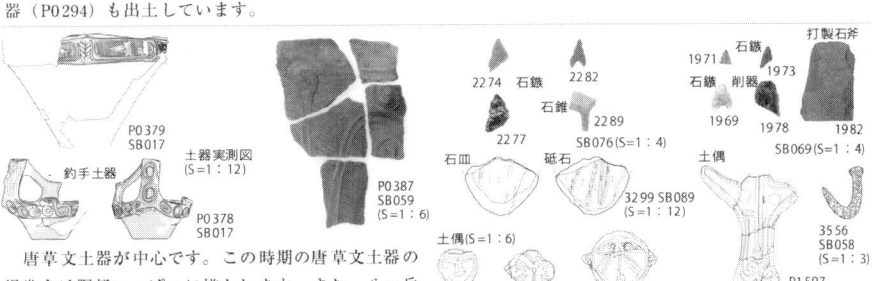

P0379 SB017
釣手土器　P0378 SB017　土器実測図(S=1:12)
P0387 SB059 (S=1:6)

2274　石鏃　2282
　　　石錐　2289
2277　SB076(S=1:4)

1971　石鏃　　打製石斧
　　　削器　1973
1969　1978　1982
SB069(S=1:4)

石皿　砥石
　　　3299 SB089 (S=1:12)

土偶(S=1:6)
P1599　P1601　P1596　　　P1597
SB097　SB059　M14グリッド　M15グリッド
　　　　　　　　　　　　　3556
　　　　　　　　　　　　　SB058
　　　　　　　　　　　　(S=1:3)

唐草文土器が中心です。この時期の唐草文土器の渦巻きは胴部いっぱいに描かれます。また、八ヶ岳山麓を中心に出土する「曽利式土器」の釣手土器（P0378）が出土しました。内外面に炭素（スス）がたくさん付着しています。長い間、火を灯していたのでしょうか。

この頃、犀川流域に広く分布する特徴的な土偶が東畑でも出土します（P1596・1597）。また釣針形石器も発見されました。

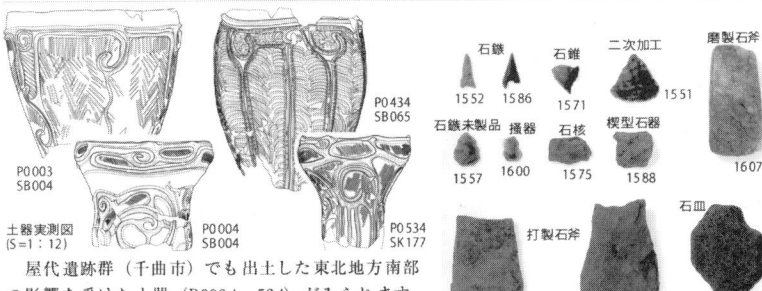

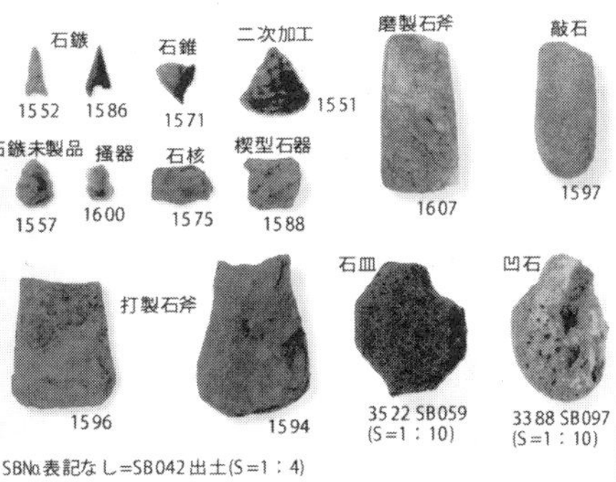

P0003 SB004　P0434 SB065
P0004 SB004　P0534 SK177
土器実測図(S=1:12)

石鏃　石錐　二次加工
1552　1586　1571　1551
石鏃未製品　搔器　石核　楔型石器
1557　1600　1575　1588
磨製石斧　敲石
1607　1597
打製石斧　石皿　凹石
1596　1594　3522 SB059(S=1:10)　3388 SB097(S=1:10)
SB№表記なし=SB042出土(S=1:4)

屋代遺跡群（千曲市）でも出土した東北地方南部の影響を受けた土器（P0004・534）がみられます。P0434は北信地域に特徴的な「圧痕隆帯文土器」と唐草文土器の中間型です。北信地域と中信地域の文化が共有している時期です。

縄文時代中期中頃初頭の特徴的な住居（45号住居跡）で、捨てられていた土器を復元してみた。関東寄りの土器、千曲川流域でも北信地域にみられる土器、また上部は北信で下部は東信に多い文様構成をもつ折衷型の土器が出てきた。形ばかりでなく、焼き色もさまざまで、また土器の胎土自体の質もまったく違っている。一つの住居跡から出た土器といっても、土をみたり、文様の様子をみていくと、いろいろな要素が含まれていることがわかるのである。報告書では土器の胎土や遺跡の周囲で採集できる粘土などを科学的に分析してみたが、東畑で実際にどんな土器を焼いていたのかという課題は解明できていない。

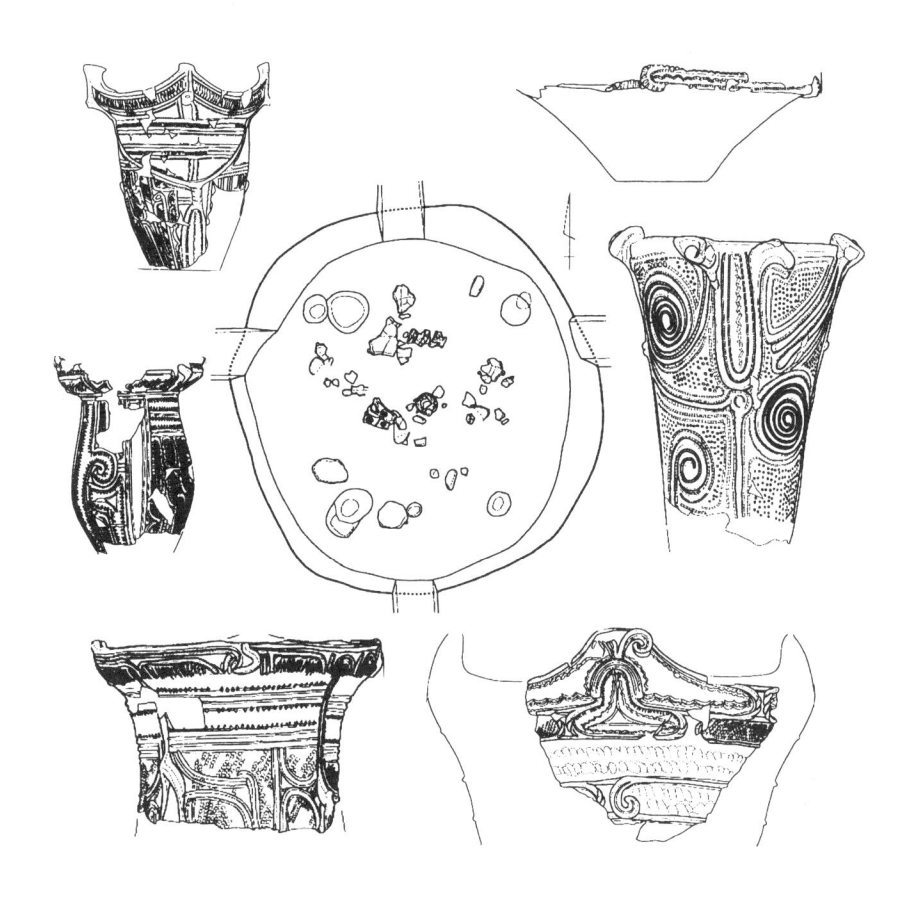

図6　45号住居跡出土の土器（縮尺不同）

3 出土遺物、出土状況から推理する

以上、1500年間の東畑ムラの変遷について縄文時代中期を中心に概観してみたが、遺跡調査では当時の生活の様子を知る上で手掛りになる遺物あるいは遺構が多く出土している。その中からいくつかを紹介しながら、縄文人の生活の一端を考えてみたい。

柱穴に土器を埋める風習？（95号住居跡）

95号住居跡の中央部で発見された炉跡は石で囲んだ炉で、縄文時代中期中葉の長野県内に一般的な石囲炉である。真ん中に土器を据えて煮炊きしていたと思われるが、住居の広さは一家で4〜5名が寝起きできる程度である。注目すべきことは、住居の一つの柱の穴の中から土器が出てきたことである。この土器はいったい何であろうか？ 6本の柱穴のうち、南側の入口付近の一つから土器がみつかった。柱が立っていたところに土器を入れるということは、現実には考えられないから、柱を一度抜いた跡の穴に納めたことになる。しかも、その土器は底が抜かれている状態なので、土器としての機能は失われていることなどをみると、家が廃絶されるときなどに、何らかの意味をこめて土器を柱の穴に入れたのではないだろうか。

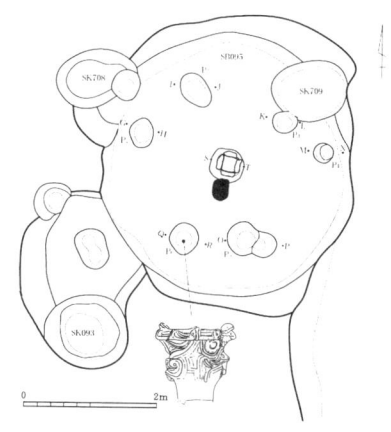

図7　柱穴から土器を出土した95号住居跡　　写真3　土器出土状況

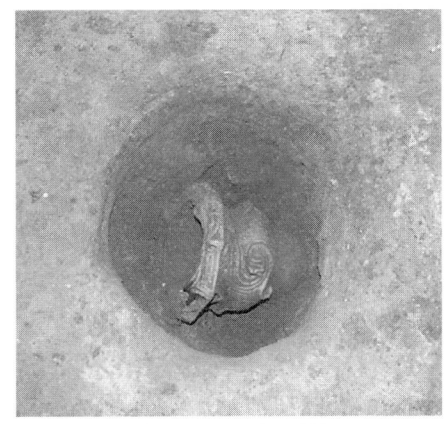

「土器を捨てる」という行為の意味

　さらにその住居跡からは、たくさんの土器が出土した。考古学で重要なのは、遺物や遺構がどんな時間軸にあったのかということであるが、土器が住居跡のなかにおびただしく投げ込まれ、捨てられている状態というのはどんな意味があるのだろうか。人が暮らしていて、土器をきちんと並べている状態では、このような出土状態はありえない。当時人が暮らしていた床面に土器が寝かせた状態で出土したのとはちがう。床面と出土した土器の間には土があるので、住居を破棄するために柱を抜いて土器を納めたあと、時間が経過して、その住居跡が少し土に埋まって浅いくぼ地になったころに、わざわざ土器を投げ捨てていると考えられる。土が埋まった時間はどれぐらいなのか、あるいは人間がわざわざ埋めたのか。東畑遺跡の調査ではそういった時間の幅をとらえるのは難しかった。住居跡から出る土器が、全部そこに住んでいた人びとが使っていたものが捨てられていると考えるよりは、くり返えし人が暮らしていたなかで、何十年か後の次の世代の人たちが捨てた土器も含まれている可能性もある。しかもその土器は、かけらだけでなく、形のあるものまで投げ込まれていたので、ただのゴミ捨て場にしていたのではないと考えられる。当時の人たちがあれだけていねいにつくった土器をわざわざ投げすてたのには、その行為自体になにか意味があったはずである。

　また、同じ土器の一部がほかの住居跡から出るケースもあり、これを遺構間接合という。東畑遺跡でもこの95号住居跡にみつかった土器の把手が5号住居跡から出土している。その把手付近には人間の形が表現されている。円い穴の開いた部分が顔にあたり、右側の渦巻きは土器を抱える腕を表現しているのだろう。そのような人体文の部分だけが、十数メートル離れた5号住居跡から出土したのである。

　このような事例をみると、当時の人たちは土器を単なる煮炊きの道具としてばかりではなく、住居の穴に底を抜いて埋めたり、まとめてたくさんの土器を捨てたり、また人間を表現した部分を取り除いて取っておいたり、そういったどちらかというと精神的な行為にも土器を利用していたという印象を強く受ける。特に柱穴に底を抜いた土器を埋める行為は、中期後葉に中部高地に広く分布する埋甕という風習の開始を考えるのに大切なヒントになるだろう。こうい

写真4　住居跡内からの土器出土状況

図8　土器を「捨てる」(イラスト作成：横沢晃氏)

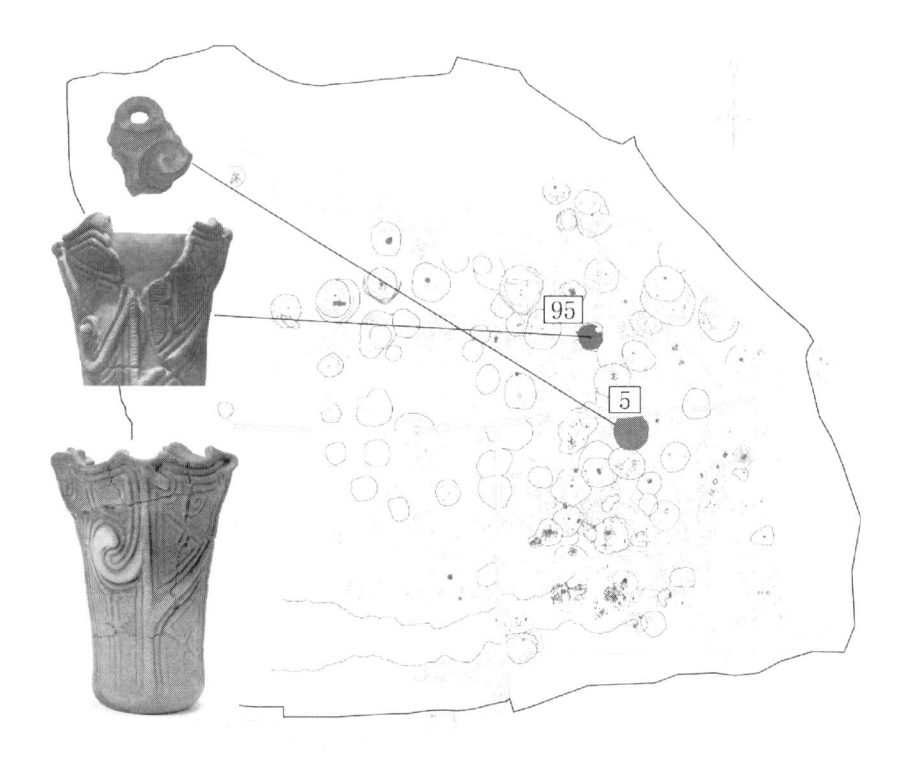

図9　土器の遺構間接合

った土器を用いた行為は東畑遺跡だけでなく、八ヶ岳の中期中葉の勝坂式文化圏と呼ばれるところでも同じような事例がある。そういった意味からも土器そのものだけでなく、当時の風習や文化的な考えも八ヶ岳の影響を受けていたのではないかと思われる。

4号住居跡の空の埋甕

　縄文時代中期後葉になると「埋甕」を伴った住居が多くなる。中でも特異な様相をもつ4号住居跡について紹介したい。

　縄文時代の集落遺跡は埋没してから数千年も経っているのでその間には畑の耕作や土砂崩れなどいろいろなことがあったはずで、すべてが当時のままの姿で出土するわけではない。東畑遺跡の場合は、4000〜5000年も前の遺構が田んぼの土をはがすとすぐ出てくる。4号住居跡の場合も耕作土を30cmほどはがすとすぐに炉石が出てくるような状況だった。結果的に炉と埋甕が発見されたが、

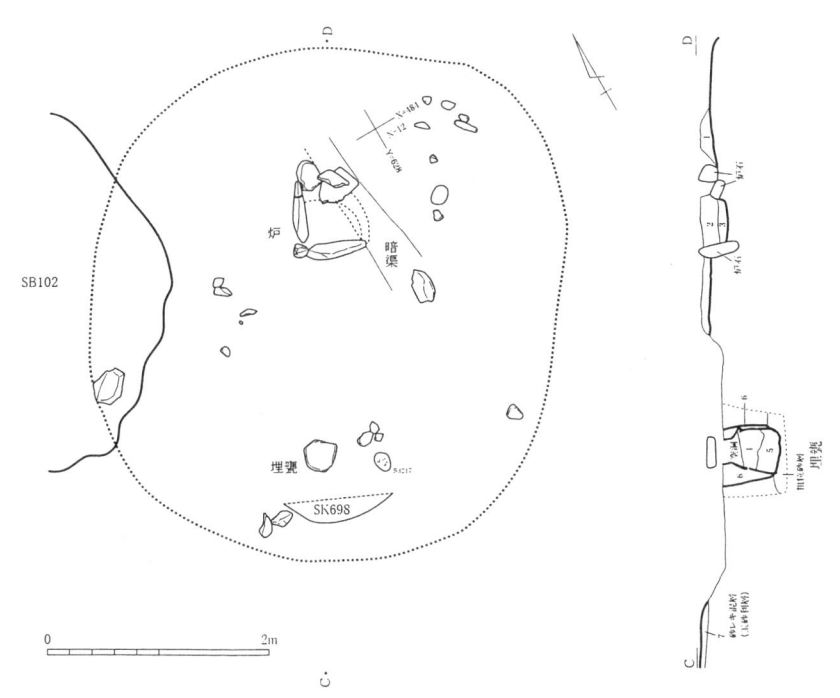

3 出土遺物、出土状況から推理する 205

図10　埋甕が発見された4号住居跡

柱の穴などは検出されないまま調査を終えている。

　麻績川で拾ってきたと思われる平たい石が一つ、床面に置かれてあったので、何だろうとひっくり返してみると、下から空洞の土器がぽっかりと出てきた。つまり、この石で土器の上に蓋をしてあったことになる。遺構自体はこの時期によくみられる埋甕といわれるものだが、重要なのは、この埋甕が埋設当時、中がほとんど空洞だったと考えられることである。調査の時点で土器内部の下半部を満たしていた土は、時代とともに蓋石の隙間から流れ込んだものである。4000年ぐらい前に土器を埋めて蓋をしたときには、土器の内部には土を詰めていなかったといえる。単なる空っぽの土器を埋めたのか、土以外の有機物を入れていたものが消失してしまったのか、残念ながらそこまでは分からなかった。

　この埋甕をもう少し詳しくみると、石蓋の下に逆さにした土器を二つ重ねて埋めている。横からみると、床面に掘られた穴の底にまず下半部が打ち欠かれ

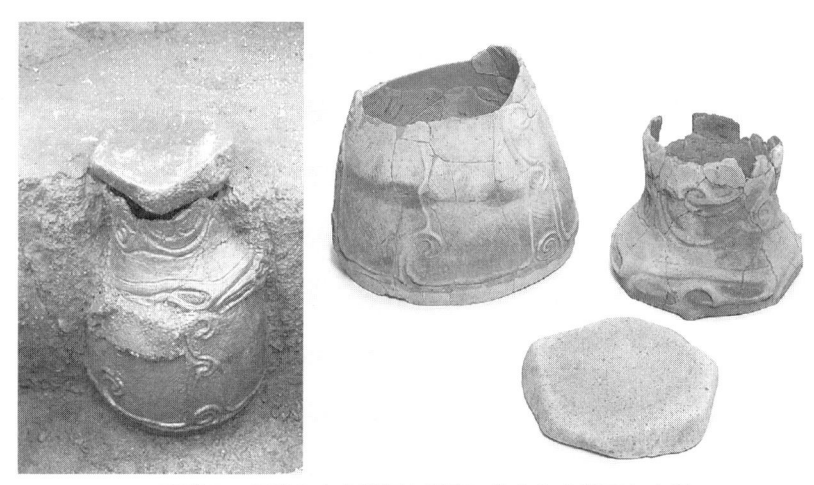

写真5　埋甕の出土状況と埋甕に使われた蓋石と土器

て底部のない唐草文土器が倒立して置かれ、その上に、これも下半分を打ち欠かれた東北地方の大木系の渦巻文を施した土器が逆さに被せられて、そして最後に扁平の石で蓋をされていたということになる。そして土器の中は、当時ほとんど空洞であったと思われるということである。

　それではこの埋甕はいったい何なのか。

　考古学で使う用語は、現象をそのまま表現する場合が多く、この場合は甕が埋まっていたので「埋甕」といわれている。縄文時代の甕とは、後世の水甕などではなくて、深鉢形土器を指す。その用途は、今でいえば鍋にあたるので、「縄文鍋」とでもいった方がいいのだが、昔の考古学者が名づけた名称のまま今に至っている。つまり名称は「甕」だが、形は「深鉢」で、その用途は鍋ということになる。鍋は煮炊きに使われる道具だが、縄文土器の9割以上は、形や焼けている状態からみて、みな鍋として使われていることがわかる。この鍋を埋めているのが埋甕である。土器を正位に埋めている場合もあれば、ひっくり返して埋めている場合もある。底の部分を打ち欠いて底無しにしたり、山梨県の方では植木鉢のように底部中央に穴を開けてひっくり返しに埋めているものもある。このように土器を細工して埋めているのも特徴である。

　埋甕の用途については、一般的に貯蔵用であるとか、死産あるいは生後亡くなった赤ちゃんを家の中に埋めるための骨壺、出産時の胎盤などをここに納め

る「えな壺」などが民俗例などから考えられている。あるいは住居を建てたときに、建前にまつわるお祭りではないかという説もあり、現時点では結論は出ていない。

また八ヶ岳山麓にある大集落、聖石遺跡・長峯遺跡(茅野市)では埋甕の上の土が固く踏み締められていたり、石を詰め込んでいたりする例がみつかっているが、この東畑遺跡の4号住居跡出土例は中が空洞になっている。この空洞になっていることをどう考えるか。貯蔵するにしても土器自体をひっくり返して地面と

写真6 有孔鍔付土器

接しているので何かモノを入れる役に立ちそうもない。また住居の入口のほうに埋めるというのはどういう風習が考えられるのか。その用途や性格を解明するのは、今後の課題である。

有孔鍔付土器

東畑遺跡ではこれまでに紹介したもののほかに、さまざまな形状の土器が出土している。なかでもたいへん大型の有孔鍔付土器も出土した。一般に有孔鍔付土器と呼ばれる土器は形もさまざまで、サイズも大きなものから小さいものまで多種多様である。特徴的な口縁部の孔の存在から、革を張って太鼓にしたという説もあるし、果実などを醗酵させて酒を造ったという醸造説もある。この孔の用途は何か。東畑遺跡の有孔鍔付土器を観察すると孔には擦られたような痕はなく、土器製作のとき、孔を開けてできた、粘土のバリも残っている。この孔を使って太鼓の皮を留めたり、張ったりしたとは考えにくそうだ。煮炊きに使われた痕跡もなかった。大切な特徴としては、土器には赤くベンガラが塗られ、それが外だけでなく内側にも及んでいることである。内面にまで塗られるベンガラには目止めの意味があるのだろうか。あるいは装飾性の極みなのであろうか。今回もその用途は分からなかった。

4 土器と石器からみた文化の流れ

土器の交流

東畑遺跡では千曲川流域の千曲市屋代遺跡群でよくみられるような特徴的な把手のついている土器、中南信に多い吊手土器という土器、中信の唐草文土器、東北地方に分布する大木系の渦巻文の土器、北信に多い圧痕隆帯文と唐草文の折衷型の土器などもみつかっている。

縄文時代中期中葉の各地の中心地をみると、八ヶ岳山麓の縄文ヴィーナスが出土した棚畑遺跡、千曲川上流域の御代田町の川原田遺跡、信濃川流域の新潟県塩沢町の五丁歩遺跡などがあげられるが、それぞれのムラが単独で暮らしていたわけではない。それぞれのムラでは、もっとも分布域の中心が近い土器を使っているが、相対的な比率は少ないながらも他地域の土器もたくさん入ってきている。信濃川流域や八ヶ岳には、焼町土器という千曲川上流域に多い土器が入ってきているし、逆に千曲川上流にも八ヶ岳山麓でつくられた土器もたく

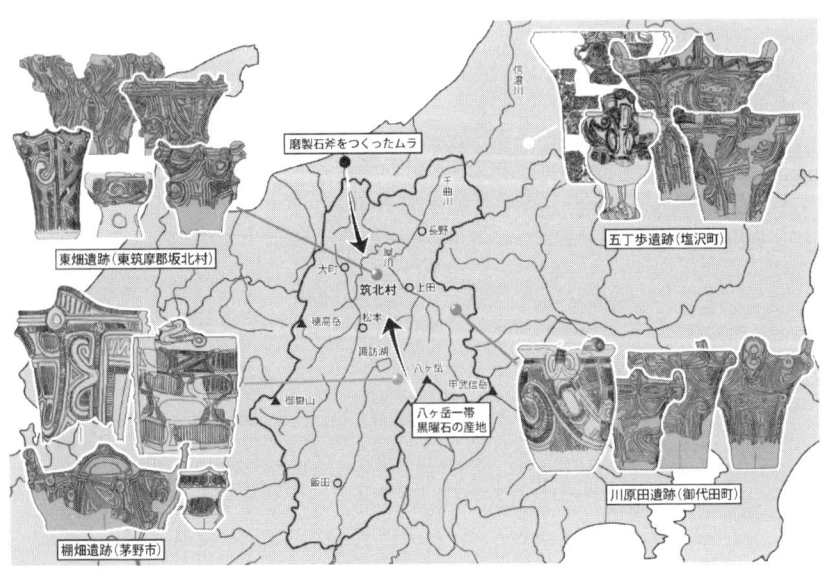

図11　縄文時代中期頃の中心地の土器

さん入っている。信濃川周辺では地元の土器ばかりではなく、八ヶ岳の土器や、千曲川上流域の焼町土器とは形体がやや異なる千曲川中下流域の焼町土器も出土している。では東畑遺跡ではどうか。焼町土器には千曲川上流の特徴をもつ土器と中下流の特徴をもつ土器も出ている。八ヶ岳などの中部高地の土器もある。新潟県や北陸地方の影響を受けた土器も出土している。こうしたムラの中での土器の文化の重なり方、特に大きなムラでのそれをみると、一つ一つのムラは、自給自足で生活しているというよりも、他地域と非常に絡み合って暮らしていたことがわかってくる。

文化の流れと川の流れ

今現在、私は旧坂北村東畑遺跡をはじめ、千曲川中下流域に展開する千田遺跡（中野市）や八ヶ岳山麓の聖石遺跡・長峯遺跡といった縄文時代の集落を発掘する中で、遺跡近隣を流れる川を考えてみると、当時の人たちも身近な川を見ながら、水はいったいどこから来て、そしてどこに流れていくのか、そして川の周囲にはどんな人びとがどんな暮らしをしているのかという思いと、それに対する深い知識をもっていた気がしてならない。文化の行き来というものを考えた場合、山よりも川の流れというものの役割が大きく関係してくるのではないだろうか。

千曲川沿いの縄文文化も上、中、下流そして信濃川流域、日本海沿岸域へと変化していく。（千曲川の支流である）犀川も日本海へ流れる川であるから、その流域の遺跡の生活習慣、文化様相も日本海沿岸とは非常に深い関係にあるのではないか。川をさかのぼって文化的なものが入ってくるのではないか。

そして東畑遺跡のある筑北地域では、こうした川伝いばかりではなく、現在も残る峠道を越えると、善光寺平や松本盆地、上田盆地へと抜けられるという立地からも、多様な生活習慣や文化が混在しやすいのではないだろうか。

縄文時代の長野県内で特徴的な遺物というと土器ばかりではなく石器があげられる。その石器といえば八ヶ岳産の黒曜石製石器が代表的で、東畑遺跡でも多量に出土している。東畑遺跡では黒曜石の石核や細かな剥片も出土していることから、ここで石器の加工や製作をしていたことがわかる。それに対して、完成品しか出土しない石器もある。その代表例である磨製石斧にも注目してみたい。

磨製石斧

　打製石斧が竪穴住居を掘ったり根菜類を採集したりするときに使われた土掘りの道具で、少し荒っぽく打ち欠いてつくられた10〜20cmくらいの大きさの短冊形をした石器であるのに対して、磨製石斧は、木を伐採したり木材を加工したりするのに使われた、磨いてつくられた石器である。刃の部分がきちんと残っている例はあまりなく、刃こぼれしている例が多いのは、大きいものは実際生木を切ったからであろう。また小さいものは今の彫刻刀やノミのように木の加工段階で使われたと考えられる。大きさと形で木の加工の工程、段階が異なる。

　東畑遺跡では磨製石斧を研いだ砥石類は出るが、つくる過程で出る細かいかけらは発見されていない。また磨製石斧に使われた石材自体も麻績川では拾えない石なので、黒曜石と同じようにどこからか別の場所に産地があること、そして製品として別のムラで加工されてから東畑遺跡に来たのではないかということが考えられる。

写真7　磨製石斧

といっても石の産地を調べるのは実は非常に難しい。石を鑑定する岩石学や地質学の研究者は、打ち欠かれた石のフレッシュな面を見て、鉱物の結晶の様子などを調べる。ところが縄文時代の石器は当時の人が加工して表面を磨いてしまっているし、その後長い間地中にあって風化してしまっているので、好い条件で観察できない。かといって文化財であるから石器を壊してみるわけにもいかない。

今までは、磨製石斧に多い緑色で墨流しのような模様がある石は蛇紋岩といわれることが多かった。今回東畑遺跡の資料を分析してみると、透閃石岩とか透緑閃石岩がほとんどで、蛇紋岩は少なかった。長野県立歴史館にある「エネルギー分散型Ｘ線分光装置」による分析では、鉱物中の元素のおおよその比率がチャート図で示されるが、この結果と肉眼的な観察をあわせて、岩石の種類が特定できる場合もあれば、そうでない場合がある。今回は東畑遺跡の資料を実際に装置にかけてチャート図をつくり、糸魚川のフォッサマグナミュージアムの鉱物専門の学芸員の方に鑑定してもらった。その結果、磨製石斧の場合、その大半に透閃石岩や透緑閃石岩が使われており、蛇紋岩は１点だけであることがわかった。

この透閃石岩というのは地元の麻績川流域に転がっている石ではなくて、ヒスイと同様に新潟県の糸魚川周辺や青海町などの日本海沿岸に大きな産地がある。その地域には、長者ヶ原遺跡など磨製石斧を専門につくっていたムラがある。その遺跡（かつてのムラ）では、石器の完成品だけでなく、つくりかけのものや叩石のような石器をつくるための道具類が出土している。

東畑遺跡では磨製石斧という完成品だけが出土している。現在調査中の中野市の千田遺跡や八ヶ岳の大きな縄文の集落にも同様に完成品だけが大量にもたらされている。黒曜石と同様に物流の重要な要素の一つだったと考えられ、仕上がった製品は川をさかのぼって長野県あるいは関東平野のほうにまで運ばれている。黒曜石は製品ばかりではなく、大きな石材が素材として運ばれていたようだが、透閃石岩製の磨製石斧は製作技術が難しいのか石自体が貴重だったのか、製品だけが流通しているという特徴がある。

透閃石岩や透緑閃石岩は非常にきれいな石で、ヒスイの硬玉に対して軟玉と呼ばれて、装身具にも使われていた。縄文人は石斧をつくるに当たって、なぜ

硬いヒスイではなくわざわざそれより軟らかい透閃石岩を使ったのか、岩石の専門家に聞いてみた。透閃石岩は、針状構造といって石が形成されるとき針のような繊維状に束ねられた構造になるため、ヒスイなどよりも粘りがあって、木を加工する道具の素材として適しているということである。縄文人は、その性質を活かして斧に加工している。そういうことを縄文の人たちは知っていて、この石材を選んだようだ。そして日本海側の石斧づくりのムラの専門の人たちがつくった定角形磨製石斧と呼ばれる製品が広い範囲に流通していた。今回の東畑遺跡の化学分析ではその状況が確かに裏付けられたのである。

エネルギー分散型X線分光装置による化学分析のチャート図のピークを比べると、肉眼ではわからない岩石の違いがわかる。この化学分析法を使って今まで出土した各地の遺物を調べていけば、石器がどんな具合に広がっていたのか、蛇紋岩と透閃石岩の比率はどうなのかといったことや、現在採集できる岩石サンプルと比較することで産地同定などが実現できる可能性が出てきている。

石棒

縄文時代で祭祀に関係した代表的な遺物というと、土偶と石棒である。男性のシンボルといわれる石棒を縄文の人たちはどんなふうに使っていたのか。その用途は今のところわからないが、東畑遺跡で出てきた4点のうち3点の石棒は、大型の彫刻石棒だった。割れているが完形品であれば全長1mぐらいにはなるだろう。首の部分にタガをつけたり、三角形に孔を開けて彫りくぼめたりして、細かく彫刻が施されている。この大型の彫刻石棒は、富山県をはじめとする日本海の北陸地方にその文化の中心がある。そういったものが東畑遺跡にももたらされていたことが遺物

写真8　石棒

からわかる。磨製石斧のような日用品が必要に応じて入ってきているだけでなく、石棒のような祭祀の道具までもが日本海側から入ってきている。

黒曜石製釣り針

黒曜石でつくられた2cmぐらいの大きさの釣り針も出土している。黒曜石は非常に細かく調整が可能な石材だが、針先部のように細くカーブさせてつくるのは非常に難しい。なかなか真似ができないのではないかと思うぐらい繊細に加工してある。写真9の右は、魚網用のおもりに使われたといわれている石錘で、砂岩に巡らした溝に紐をかけて使われるものである。

黒曜石製の釣り針の形をした石器は（基本的には「し」字形をしたものであるが、各地で出土しているものに微妙な違いがあって「釣針形石器」「鉤形石器」「鉤状石器」などと呼ばれている）、どこの遺跡でもみつかるという遺物ではない。たとえば黒曜石の石鏃などは、遺跡調査をしなくても掘り返された畑などで容易に拾うことができるが、釣り針は本当に数が少ない。調べてみると、富士見町の曽利遺跡、岐阜県中津川市の阿曽田遺跡で出土しており、新潟県十日町市の横割遺跡では鉄石英製ではあるが釣り針形の石器がみつかっている。そのほか長野県内では山形村の三夜塚遺跡でもみつかっているが、出土例はそれくらいである。石の錘は実際に漁撈に使われたものであろうと考えられるが、釣り針の

写真9　黒曜石製釣り針と石錘

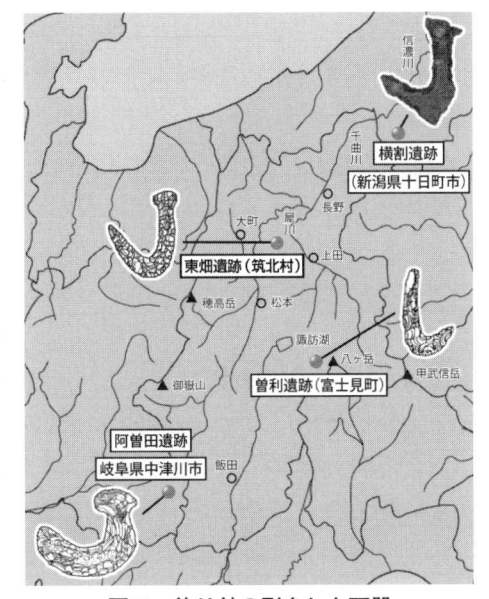

図12　釣り針の形をした石器

ほうは、当時はふつう鹿の角や骨を加工してつくられており、黒曜石のものは少ない。また骨角製の釣り針は、内陸の川の近くよりも、海岸部のとくに太平洋側に大きな釣り針がみつかっている。釣り針の使用は、縄文時代早期ぐらいからと考えられている。

東畑遺跡の黒曜石の釣り針が実用品とは考えにくいが、内陸の川沿いの遺跡でみつかっていることを考えると、釣り漁がなんらかのかたちで当時受け入れられていたのではないか。鹿の角でつくられた釣り針はみつかっていないが、もしかしたら内陸でも釣り漁があったのかもしれない。

北相木村にある栃原岩陰遺跡では、実際に骨でつくった釣り針がいくつかみつかっている。洞窟の遺跡ではみつかっているが、有機質が風化しやすい台地の遺跡ではみつかっていないだけではないのか。黒曜石の釣り針という遺物も、内陸の川沿いのムラの暮らしを考えるうえで何らかのヒントになるのではないだろうか。

おわりに

東畑ムラは文化の十字路

どうして東畑ムラに1500年間も人が離れずに暮らしてきたのかと考えるとき、その地理的環境に思い至る。筑北は、修那羅峠を越えると上田盆地に出るし、聖高原（猿ヶ番場峠）を越えると善光寺平にもいける。犀川沿いをさかのぼれば、安曇野から松本盆地に至り、立峠を越えても松本盆地に入っていける。逆に犀川を下っていけば川中島から善光寺平へも入ることができる。犀川から一山越えると大町市に抜けられ、塩の道を通じて北陸地方にもいける。

鎌倉時代、麻績の特産物として鮭や筋子が伊勢神宮に納められていた史実からも、東畑ムラでは毎年おいしい鮭がとれていたかもしれない。ただそれ以上にムラの地理的位置が各地の文化が交流していく交差点のような位置だったのではないか。文化は一足飛びに伝わっていくわけではないので、東畑ムラのような谷あいの集落がバイパスになったり結節点になりながら、文化が動いたり、物が動いたり、人が動いたりしていたのではないか。人びとが行き交うときに必要な拠点になっていたのではないか。ここでムラを営んでいるということは、

図13　東畑ムラの秋の風景（イラスト作成：横沢晃氏）

ムラの人たちにとって大事であるばかりでなく、日本海側から松本を目指す人たち、黒曜石を取りにいく人たちなどの行き交う人たちにとっても、中継点として非常に重要な意味をもっていたのではないだろうか。

5000年前の秋の日の東畑ムラ

　平成15年10月30日に調査は終了したが、調査結果から当時の東畑ムラの様子を想像図で再現してみよう。土器などをもとにして細分した縄文時代中期中葉Ⅳ期の住居配置によれば、川を臨む台地上に6軒の家が営まれている。ムラの東から北、西側へと川が蛇行して流れ、秋も深まり広葉樹がきれいに色づいている。今と地形や気候にそれほど変化がないと思うから、雪が積もるまえの鹿島槍ヶ岳もみえていたことだろう。6軒の家にどれほどの人が住んでいたかはかわからないが、夕暮れ時になると男たちが狩を終えて山から降りてくる。女たちはムラの広場に干しておいた木の実をかたづけている。こどもたちはまだ川で魚獲りに興じている。東畑ムラの人びとは孤立して生活しているのではない。500mほど下流には菖蒲田ムラがあり、上流でも渕平ムラで人びとが生活している。こうしたムラムラを訪ねながら遠く旅してきた人たちがもたらした

各地の土器・石器や土偶・石棒などが、ムラ人の日常生活やお祭りなどの場面に根づいている。

東畑遺跡の遺構や遺物が語る5000年前のムラの様子とはこういうものだろうか。

本稿は平成17年9月24日に長野県立歴史館で行われた平成17年度第4回考古学講座「坂北村東畑遺跡と犀川流域の縄文文化」をもとに筆者本人が編集したものである。なお、掲載した写真・図版はすべて『県営中山間総合整備事業筑北地区埋蔵文化財発掘調査報告書－坂北村　東畑遺跡』（長野県松本地方事務所・坂北村教育委員会　2005年3月）より転載させていただいた。

コラム3　カワシンジュガイ

小栁　義男

カワシンジュガイとは　栃原岩陰遺跡（長野県南佐久郡北相木村）では、骨角器・貝製品や獣骨に混じって、多くのカワシンジュガイが出土している。このカワシンジュガイは、現在、長野県内では3ヶ所でしかその棲息が確認されていない希少種である。

　『世界大百科事典』によると、カワシンジュガイは「川に住む二枚貝。表面は黒く、長楕円形で長さが10cm余りになる。内面は青白色や多少紫がかっているものが多く、真珠光沢が強くて美しい。昔西洋ではこれからとれた真珠を珍重したので、この名がつけられた。分布は広く、ヨーロッパ北部からシベリア、中国東北、朝鮮北部、北アメリカ、千島列島、サハリン、北海道、東北地方から岐阜県を経て山口県まで達しており、ここが世界における本種の分布の南限である。川の砂地の中に入り、殻の後端1/3くらいを砂上に出している。殻が厚くて堅いので、昔は殻の縁をといでナイフに使ったことがある。肉はまずくて食用にされない。」［滝庸「カワシンジュガイ」『世界大百科事典』1978年印刷版　平凡社］とある。

　また、アイヌの民話では、この貝は「雷神のつめが化けたので、熊は雑食であるが、神のたたりを恐れてこの貝だけは食べないという。」という［波部忠重「カワシンジュガイ」『世界大百科事典』1993年印刷版　平凡社］。

その生態　カワシンジュガイは氷期に分布を広げ、後氷期になって山間渓流に遺存し、分布をせばめた氷期遺存動物であるので、夏季の水温が20℃を超えないことが生育の条件の一つになっているようである。体内受精した卵を「えら」で保育し、グロキジウムという幼生期に水中に放出する（その数は40万から300万という）。このグロキジウムが水中を流れて運良く出合った魚を宿主として寄生生活に入り、4〜6週間を経た後、魚から離脱して底

218 コラム3 カワシンジュガイ

殻の後端1/3くらいを砂上に出しているカワシンジュガイ（写真提供：小林収）
清流を好み縄文人にも馴染み深かったこの貝も、現在、環境省の絶滅危惧Ⅱ類に指定されている。

生生活を始めるので、宿主となる魚の存在が絶対条件となる。その魚とはどうやらヤマメ（サクラマス）に限られるようで（一部地域ではイワナの例も）、カワシンジュガイとヤマメの分布域はよく似ている。

また、「成長が遅く年に数ミリしか大きくならないと思われ、老成貝は100歳とも200歳とも」［奥谷喬司「カワシンジュガイ」『日本大百科全書』1994年二版 小学館］いわれているようで、長寿種の貝類としても知られている。

条件がよいと1 m^2あたり、200個体近くも生育し、しかも殻を底にたてているため発見も容易である。

縄文人とカワシンジュガイ　その1－食用　カワシンジュガイは現在食用にされていないようであるが、じつは各地の遺跡から食用に供されたことを思わせる事例が報告されている。

秋田県能代市の杉沢台遺跡では、縄文時代前期の住居跡44軒とともに103基の貯蔵穴が確認されているが、そのうちの6基からはニシン・サケ・サバ・フグ・ウグイ・フナなどの魚骨、ネズミやカエルなどの小動物骨、ヤマトシジミやカワニナなどの貝類とともに多量のカワシンジュガイが検出されている。
　栃原岩陰遺跡は縄文時代草創期から早期の時代の遺跡で、多量の土器・石器などとともに、12体の人骨、おびただしい量の哺乳類・鳥類・魚類の骨や貝類（海水産も多い）検出されているが、カワシンジュガイも3000点以上検出されている。かたまって捨てられたような状態で検出されているので、食料残滓とみられる。
　そのほか、長野県内では上高井郡高山村の湯倉洞窟、上田市（旧真田町）の唐沢岩陰遺跡・陣の岩岩陰遺跡、軽井沢町の山犬穴洞穴で発見されており、県外では青森県田小屋野貝塚、宮城県南境貝塚、岩手県蛇王洞穴遺跡、山形県尼子第二岩陰・日向洞穴・神立洞穴、岐阜県根方岩陰遺跡、広島県帝釈馬渡岩陰遺跡・帝釈観音堂洞窟遺跡・堂面洞窟遺跡・猿穴岩陰遺跡で出土が報告されている。

縄文人とカワシンジュガイ　その2－装飾品　このカワシンジュガイは食料としてだけでなく、装飾品としても用いられてきた。栃原遺跡からはベンガラのついたカワシンジュガイが発見されているが、東京都西ヶ原貝塚からはカワシンジュガイの貝殻の殻頂付近で殻を縦に切断し、それを底辺とする長三角形をつくるように殻の背縁と腹縁を研磨し、二つの小孔を穿った垂飾りが出土している。

カワシンジュガイと真珠　カワシンジュガイといっても、実際に真珠が含まれているのは2200個体に1個ほどで、形が整っていて大きく光沢の美しいものはさらにまれであったようである。
　真珠の出土例は少ないが、縄文時代の遺跡では岩手県岩谷洞窟と福井県鳥浜貝塚で確認されている。岩谷洞窟は中期から晩期の遺跡であるが、ここから2個の真珠が発見されている。1個は球形、もう1個不整形で穿孔されている。付近に生育したカワシンジュガイの産したものと推定されている。鳥浜貝塚で

は前期の層から、不規則な半球形の真珠が出土している。淡水産二枚貝（カワシンジュガイ、ドブガイ、カラスガイなど）が産したと確認されている。

カワシンジュガイの現在　カワシンジュガイは、かつては広範な地域に棲息していた。岩手県内の縄文時代には全域にわたって分布し、縄文人のタンパク源として利用されていたが、今日では盛岡市周辺や県北部の限定された河川で細々と生育するにすぎないとの報告がある。

長野県内でも同様で、現在その棲息が知られているのは大町市の中部農具川と居里谷池から流出する沢、豊田村の斑尾川、戸隠村の逆川にすぎない。信濃町の池尻川では昭和30年代までは棲息していたといわれ、また県内のある生育地では、昭和40年代までキャンプ場で食材として一皿いくらで売られていたとも聞く。しかし、先述した北相木村栃原遺跡や上田市唐沢岩陰遺跡などのカワシンジュガイを出土した遺跡所在地では絶滅してしまっている。

絶滅の原因には、多量に採取されやすい生態であったこと、河川の改修による水量の変化、濁流、水温の上昇、またダム建設によるサクラマス遡上への障害、生活雑排水による水質汚染などがあげられている。カワシンジュガイは、環境の変化に対する順応力がきわめて低く、加えて、その特異な生態やカワシンジュガイという名称から興味本位の採取の対象にもなっているようである。南限分布地として知られ、天然記念物にも指定されていた山口県小瀬川のカワシンジュガイが絶滅寸前であると聞くにつけ、生育環境の整備・保護といっそうの研究が望まれる。

海にあこがれた信州の縄文文化

川崎　保

はじめに

地域における遺跡の地理的、通時代的研究

　今まで筆者も含め縄文文化の研究というと、土器や石器といった遺物の研究や住居跡などの遺構の研究が中心であった。もちろん研究者によっては、周辺の植生などの環境さらには地理的な条件から遺跡を考える研究もある。

　しかし、どちらかというと縄文時代の中だけでの理解である。さらに縄文時代の時期的細分（たとえば縄文時代中期のその前葉、中葉、さらには○○式期などといった）の枠組みで研究を行うことすらある。このように日本の考古学は細かいタイムスケールをつくって、遺跡や遺物、遺構を分析することによって大きな成果を挙げてきた。それはそれで間違いではない。

　しかしその結果、縄文時代の研究者は、古墳時代のことはまったく知らなくてもかまわないような風潮がうまれてきたのも事実である。たしかに得手不得手はあるし、実際には日本列島各地域のさまざまな時代や文化に通暁することはなかなか難しいとは思う。でもそれで良いのだろうか。

　大学時代の私の専攻は縄文時代であったし、今でも縄文文化の研究は大きなテーマである。ところが研究を続けているうちに、縄文文化を縄文時代や日本列島という枠組みだけで考えていては、行き詰まりそうな気がしてきた。各地域の通時代的な文化の特性をふまえて、遺跡の特徴や意味を明らかにすることが、ゆくゆくは縄文文化の解明といった大きなテーマに向かっていくためにはどうしても必要であることに気が付いたのである。

　すでに森浩一氏が、遺跡を地理的、通時代的に把握しながら、日本列島の諸地域の歴史を考えていくことを実践しているが、私も及ばずながら、信州にはどういう遺跡、遺物、遺構がどのような地域的、地理的さらには通時代的な特徴をもっているのかを考えたい。そして今までの縄文文化観が正しいのか、自問自答しながら、進んでいきたいのである。最終的には日本列島の文化、日本人とは何かの解明にもつながることを願って。

　なお、「信州」という言葉を、縄文時代にそうした地域的まとまりがあったかどうかという検討無しに使ってはいけないと思うが、とりあえずここでは、

のちに信濃国、さらには長野県になるような地域として、便宜的に用いることとする。また、縄文時代の年代については現在、非常に古くする見解もあるが、ここでは、従来の炭素14年代の年代観に基づいて述べる。

山国に海の縄文文化がある意味

さて、信州の縄文文化というと、山国の縄文文化というイメージがきわめて強い。

ところが、北相木村栃原岩陰遺跡や高山村湯倉洞窟のような洞穴遺跡は、長野県のなかでも山深い地域にあるにもかかわらず、タカラガイやハマグリのような海の貝が数多く出土する。川上村や北相木村の縄文人が、直接日本海や太平洋に行って拾ってきたものなのか、物々交換でもってきたものなのかはよくわからないが、千曲川などでは採取できない海の貝が数多くみられ、海の文化の影響を感じさせる。これはいったい、何を意味しているのか。ここでは「海にあこがれた信州の縄文文化」と表現したが、山国信州になぜ海の縄文文化の要素がみられるかを以下考えてみたい。

このことは、単に海の文化が信州に及んで来たというだけでなく、もともと縄文文化に二つの面、海の文化と山の文化が交錯していたために起きているのではないか。縄文文化の両面性を表している良い例ではないだろうか。縄文文化には、八ヶ岳山麓に形成された大集落に代表される山の文化と貝塚などに象徴される海の文化という二つのイメージがある。信州の場合は、山の文化の中に、海の文化が交錯しているのではないか。

海と山の対比という視点は縄文文化だけでなく、それ以降も長野県地域やさらには日本列島の文化の形成に大きな意味をもっている。たとえば海人といわれる「安曇」の地名がなぜ信州に残されているのか。海人がこのような山奥にも入ってきた形跡があるのか。海の文化が山の中に入っているのはいったいなぜなのかという疑問は、古代、中世にも発展する問題である。

1　洞窟遺跡から出土した海産物

さまざまな貝の装身具

まず、どんなものが海からもたらされたのか。確実な証拠が海の貝（殻）で

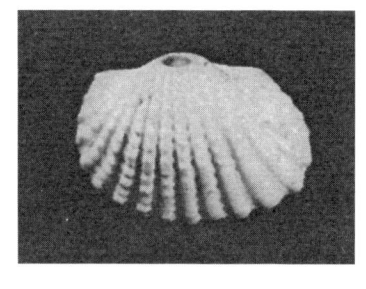

写真1　海産貝製装身具
　　　　（栃原岩陰）
　　　（北相木村考古博物館蔵）
　　上：ハイガイ製装身具
　　右上：メダカラガイ
　　右中：ツノガイ
　　右下：イモガイ製貝輪

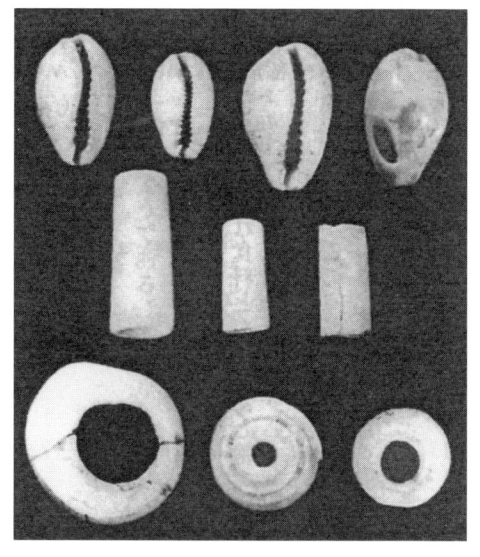

ある。以下信州では、貝殻は洞穴からみつかることが多い。

　北相木村栃原岩陰遺跡では、タカラガイ、ツノガイ、イモガイ、ハイガイなどの海産貝が出土している（写真1）[1]。ツノガイはたぶん装身具に使ったと思われ、切断されているようである。イモガイは巻貝の一種であるが、輪切りにされたらしいものが出土している。大型のイモガイは弥生時代には、貝輪に加工されるようなものであるが、これが縄文時代のそれも早期から利用されているのは興味深い。

　貝は軟体動物の仲間だが、イカ、タコやナマコとちがって、中身は腐っても貝殻が残るので、考古学的に非常に重要な資料である。タカラガイなどは、日本海側か太平洋側か特定できないが、比較的暖かい海、和歌山県や伊豆半島などでとれ、東北地方の松島湾などにはいないようである。ハイガイは、貝殻の殻頂に穴が開いていて、装身具にするために開けたのではないかと考えられる。

　貝の穴をみるとき、ツメタガイが開けた穴なのか人為的に開けた穴なのか見極めが必要だ。ツメタガイは貝を食べる巻貝の一種で、自分の足を他の貝にのばして、貝殻を溶かす液を出して穴をあけ中身を食べる。その穴を装身具の穴と勘違いしないようにしなければならない。このハイガイについては、貝の専門家の藤田敬氏が分析されていて、ツメタガイによる穴ではないと考えられて

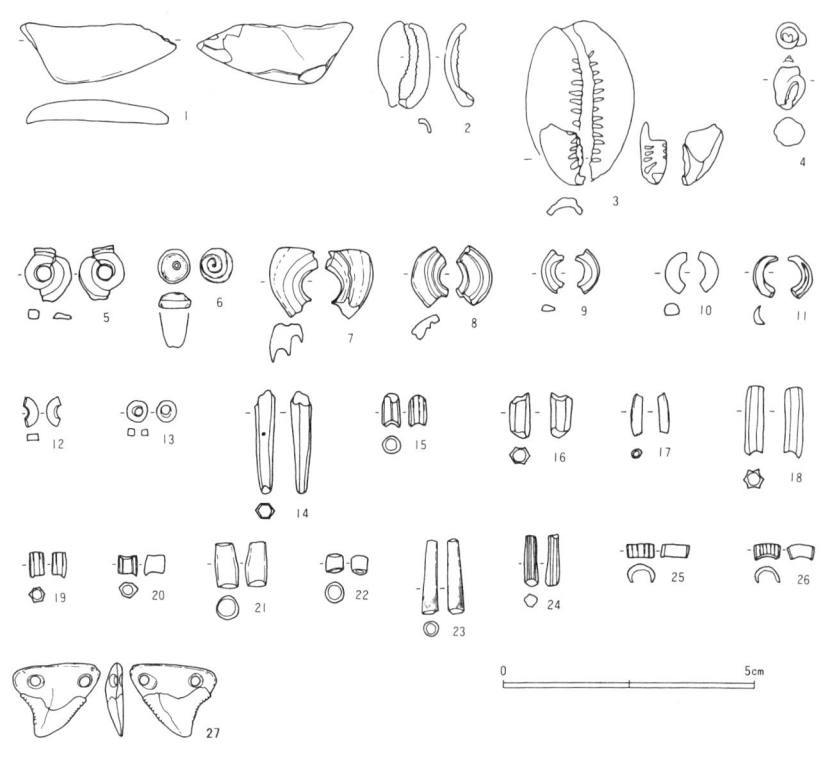

図1　海産貝およびサメ歯製装身具類（湯倉洞窟）（高山村教育委員会蔵 2001より）
1：ハマグリ　2・3：タカラガイ　4：フトコロガイ　5～11：イモガイ　12・13：貝製臼玉
14～26：ツノガイ　27：サメ歯垂飾

いるようだ。

　栃原岩陰では、ベンガラが付着したハマグリも出土している。ベンガラはいわゆる赤錆と同じ成分で、酸化第二鉄を細かくしたものである。ベンガラは水には簡単に溶けない性質をもっているため、古来、油、柿渋などに溶かして土器や体に塗ったといわれている。栃原岩陰では、ハイガイやハマグリは、イモガイやツノガイ、メダカラガイとともに、基本的には食用ではなく装身具などとして珍重されたのだろう。

サメの垂飾、耳飾

　貝殻以外にも、海から来たモノがある。湯倉洞窟や栃原岩陰で出土しているサメの歯である（図1-27）。湯倉洞窟ではメジロザメだとされていて種類も

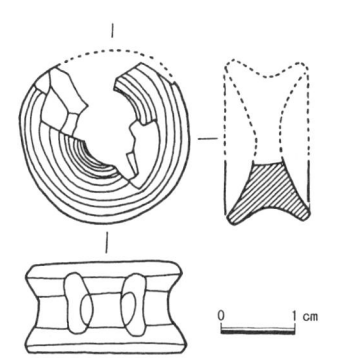

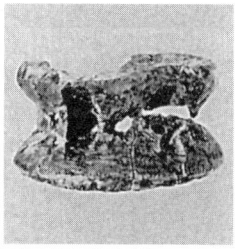

図2・写真2　サメ椎骨製耳飾（宮崎遺跡）
（長野市教育委員会蔵）

判明している。サメの歯は穴が二つ開いていて、ペンダントにしたのではないかといわれている。これらも食用というよりは、主に珍しい宝もの、装身具としてもたらされたと思われる[2]。サメの歯は化石の場合は、信州でも採取できるので、注意が必要だが、現生のサメであれば、やはりこれも海からの将来品ということになる。

長野市の宮崎遺跡では、縄文時代晩期の墓を多数検出しているが、その中にサメの仲間と思われる背骨（椎骨）が耳飾として使われていた。この時期の耳飾はたいてい土製（焼物）であるので非常に珍しい。細かい種類はわからないが大きさなどからサメだと推定されているようである（図2・写真2）[3]。墓穴の埋葬された人骨の耳のあたりで出ているので、耳飾と推定され、用途がわかる重要な例でもある。

2　海を象徴するモノ

以上、海の貝殻や魚の骨といったものは、確実に海から来たとわかるモノである。おそらく山では珍しいから珍重され、装身具などに使われたという面もあっただろう。しかし、こうした海産物以外にも海の文化の影響をみることができる。

焼物のタカラガイ

まず注目しているのが、タカラガイの形を模倣した焼物、タカラガイ形土製品である。以前、鹿児島の徳田有希乃氏が長野県にタカラガイやタカラガイ形

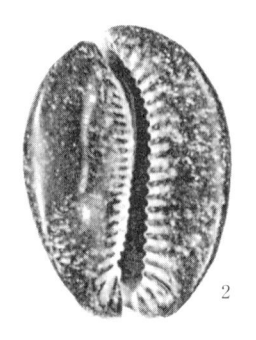

写真3　タカラガイ
1：土製品（旭町遺跡）　2：現生種
（長野市立博物館蔵）

写真4　タカラガイ形突起付土器（大村塚田遺跡）
（松本市教育委員会蔵）

土製品の調査に来訪された。最初、「長野でどうして」と思ったが、徳田氏の話から長野市旭町遺跡からタカラガイ形土製品が出土していることがわかった（写真3-1）。タカラガイ形土製品は、全国で5例ぐらい報告されていて、そのうちの1例が長野で、これ以外に富山で2例、岩手で2例ある[4]。

さらに同じタカラガイでも松本市大村塚田遺跡では、タカラガイ状突起付有孔鍔付土器が出土している（写真4）[5]。旭町遺跡も大村塚田遺跡の例もともに中期後半である。

このように信州では、本物のタカラガイも出ているし、焼物のタカラガイも出土しているのである。沖縄や鹿児島のようにタカラガイが拾えるようなところにタカラガイにまつわるものが多いのはごく自然だが、信州ではなぜタカラガイやそれにかかわる土製品が出土しているのだろうか。

残念ながらどのように用いられたかわかる出土例はないが、ぶら下げるために開けたと思われる穴があるので装身具だと考えられている。

輪切り加工の謎

栃原岩陰では、完全無欠のものもあるが、水平方向に輪切りにしたタカラガイも出ている。長野県の例ではないが、岩手県花巻市安俵六区遺跡で輪切りのタカラガイを描写した土製品が出土している（写真5）[6]。輪切りというのに

何か意味がありそうだ。

タカラガイを食べるのに隙間からほじくりだすのが大変なので、輪切りにしてほじくったという人がいるが、そうではなさそうである。タカラガイ形土製品に輪切りの状態をちゃんと描写しているところをみると輪切りにしたのはたまたまではない。大村塚田遺跡のタカラガイの装飾も輪切りにしたものが貼付けられているようにもみえる。

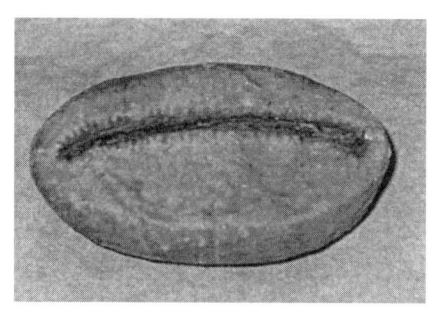

写真5　輪切りのタカラガイ形土製品（岩手県安俵六区遺跡）
（花巻市教育委員会東和ふるさと歴史資料館蔵）

中国や日本では、タカラガイのことを安産や子孫繁栄のお守りとして子安貝とも呼んでいる。形状からの類推で性的なもののシンボルとしてそう名づけたのだろうが、果たしてそれだけでいいのか。性的なシンボルだとすれば、輪切りにする必要があるのだろうか。

中国でのタカラガイの使用例をみると、貝貨というものがある。経済、商業に関する漢字、財宝の財、寶物の寶、売買、賄賂、月賦の賦、賑わいなどの字には貝がついているが、これは本来中国では青銅の貨幣ができるまでは、貝の貨幣が使われていたためである。漢字文化が発達したところは、中国の中原地帯、黄河の中流域だから海からだいぶはなれたところにある。東方の民族だといわれている殷も主な勢力範囲は黄河中流域であったようだ。後期殷の首都があったとされる殷墟は河南省安陽であるので、やはりだいぶ内陸にある。一方殷を打倒した周は、殷よりさらに西方が勢力範囲だったというわけだから、殷よりさらに内陸が本拠地である。だから、彼らが使う貝貨は、自分たちの本来の勢力範囲外から交易でもち込んでいたらしい。

森浩一氏は、中国の中原の民族が海へ出てきて交易でタカラガイを手に入れ、さらに良質なタカラガイを求めていくうちに倭人と接触したという江上波夫氏らの説を紹介している[7]。

古代中国では、タカラガイは交易品として非常に重要な品物だった。形が珍しいということもあるが、これが宝物として扱われたのはなぜなのかよくわからない。輪切りにすることに意味があるようで、貝貨も輪切りになっている。

それは連ねやすいということもあったろうし、装身具として便利だったのかもしれない。

縄文のタカラガイやタカラガイ形土製品にも、輪切りのものが存在する。中国の研究でも、殷とか周以前の新石器時代、日本では縄文時代に並行するような時期に貝貨状の輪切りのタカラガイがある。さらに興味深いのは、貝貨形の焼物や石製品も存在している。中国の研究者は、それら全体が交易品であり、貝貨と同じような役割を果たしていたと考えている[8]。いずれにしてもタカラガイそのものが、中国の海岸部と内陸部の重要な交易品だったようだ。

宝物あるいは貝貨として流通した可能性

日本列島でタカラガイが装身具として使われはじめるのは縄文時代早期らしい。それもイモガイやツノガイさらにはサメの歯とセットになっている[9]。しかし、こうした時代にタカラガイをめぐる中国大陸との交易を示すような具体的な証拠はない。

日本列島と中国大陸とのタカラガイを通じた交流に現実味を帯びてくるのは、中期後半あたりではないかと思う。日本列島のタカラガイにも流行廃りがあるのか、縄文前期や中期前半にタカラガイの土製品や文様のものがあるかというとそうではない。タカラガイ形土製品も中期後半から後期に集中している。この中期後半を、4000年ぐらい前だとすると。その頃の中国は新石器時代の終末にあたる。中国も新石器時代の段階がいろいろあって、古い段階でもたぶん玦状耳飾にみられるような交流はあるが、おそらく稀なケースだろう。まだ新石器時代早期の中国大陸各地の文化交流がどのようであったかはよくわからないが、龍山文化あたりになってくれば、日本の縄文文化よりももっとずっと大規模な距離での交易が行われていたことがわかっている[10]。とくに龍山文化は、山東あたりにも広がる文化でもあるので、そうした人たちと日本列島の住民がコンタクトした可能性があるのではないか。

本来の意味は子孫繁栄だったかもしれないが、中国新石器時代の新しい段階では、徐々に宝物から貨幣になっていっただろう。その段階で輪切り加工が重要視された可能性はないのだろうか。まだタカラガイが交易における珍品から貨幣に変化したプロセスやタカラガイが象徴している意味はわからないが、中国大陸海岸部と内陸部の交易の問題、そして日本列島との交易の問題を反映し

イモガイと「の」字状石製品

前期末から中期初頭に流行する「の」字状石製品という装身具がある（写真6）。これを発掘整理している上田典男氏から、土器の文様や装飾と関係がないかとみせられたのが、中期初頭の松原式（五領ヶ台式）の土器の渦巻文突起（図3）であった[11]。当時、石器は石器、土器は土器、装身具は装身具と別々に考えるのが常だった筆者には、なんとも答えようがなかった。

写真6 「の」字状石製品（いずれも松原遺跡）　図3 渦巻文突起付土器（長野県立歴史館蔵）

その後、神奈川県埋蔵文化財センターを訪ねたときに、長岡史起氏より「の」字状石製品と同じような焼物の「の」字状土製品をみせられた。やはり中期初頭であるらしい。土器の突起が剥がれたものではないとのことである。「の」字状土製品の存在を考えると「の」字状石製品と土器の渦巻文の突起は無関係とはいえないだろう[12]。

この突起と呼ばれるものは、波状口縁（土器の縁が緩やかな波を打っているもの）の波頂に付いていて、土器を象徴するような大事な部分であるらしい。千曲市屋代遺跡群や埼玉県赤城遺跡などで突起（把手）だけまとめている場所があり、とくに赤城遺跡では、石棒や土偶といった祭祀や信仰とかかわりが深いようないわゆる「第二の道具」といっしょに出土している。

つまり、突起の部分は縄文土器の中でとくに重要な精神的な分野を象徴している可能性がある。それで、土器の突起と装身具のデザインが共通しているのかもしれない。

一方で「の」字状石製品のモチーフの起源がイモガイの断面ではないかと指摘する小田静夫氏の説がある[13]。小田氏はそれをもって「の」字状石製品をイモガイに代表されるような南島文化が影響したとする。筆者は「の」字状石製品自体は、北陸で玦状耳飾などとセットで製作されたとその石材や型式学的な研究から考えているが、その文化的な起源については、小田説はきわめて傾聴すべき意見であると考える。ただ、イモガイすなわち「南島文化」と限定してよいかがわからないが。

前述したように、洞穴遺跡をはじめとして早期からタカラガイと並んでイモガイのそれも輪切りにしたものが広く東日本にも広がっている。渦巻の根源的な祖形を今のところ特定できないが、イモガイの輪切りにしたものが、少なくとも海の文化を象徴するものとして知られていたのではないか。
　大竹憲治氏や筆者は、「の」字状石製品の起源として中国大汶口文化(山東から遼東に広がる新石器文化)の牙璧や璇璣といった玉製品を想定しており[14]、これらも相互に関係するとすれば、東アジアの海の文化を象徴している可能性すらあろう。

古代人に愛された渦巻

　水沢教子氏の説によると、大型渦巻文土器は、松島湾あたりで発生し、新潟から信州、関東地方のほうまで広がっていった。これは大木式文化の一つの特徴で、青森県三内丸山遺跡なども大木式が広がってくるまでは、大型渦巻文土器はない。それが中期後半になってくると、北東北や北海道、中央高地、関東平野、西日本まで広がっていく。4500年から4000年の間は水沢説のモデルでそれなりに説明できると思う。水沢氏は、渦巻の起源は蕨や海の波も祖形ではないかと考えているようだ[15]。
　もちろん渦巻文は大木式の専売特許というわけではない。なんと日本列島の外にもある。日本海の対岸、沿海州の州都ウラジオストクより北のウスリー川とアムール川の合流したところにハバロフスクがある。このハバロフスクから下流の地域(アムールランド)のコンドン文化の後半4000年ぐらい前の土器にも渦巻文がある。この他中国の華北平原の仰韶文化にも渦巻文がみられる。これらは、縄文土器の渦巻文とは直接的な関係はなさそうだが、渦巻文は古代人の土器に採用されることが多い文様であるとはいえそうである。数学の先生にいわせると、螺旋は永遠を示しているという。変化率がいつも一定で、形が変化しないから永遠であるという。縄文時代の人は永遠にあこがれたのかもしれない。
　ところが、縄文土器をざっと調べてみると渦巻文は4500年前だけでなく、いろいろな時代にあらわれている。草創期や早期には渦巻文はあまり聞かないが、前期初頭(約6000年前)の花積下層式土器に側面圧痕の渦巻文(図4-1：真行寺遺跡群)がある。中央高地では中期後半の八ヶ岳山麓から山梨あたりに主に

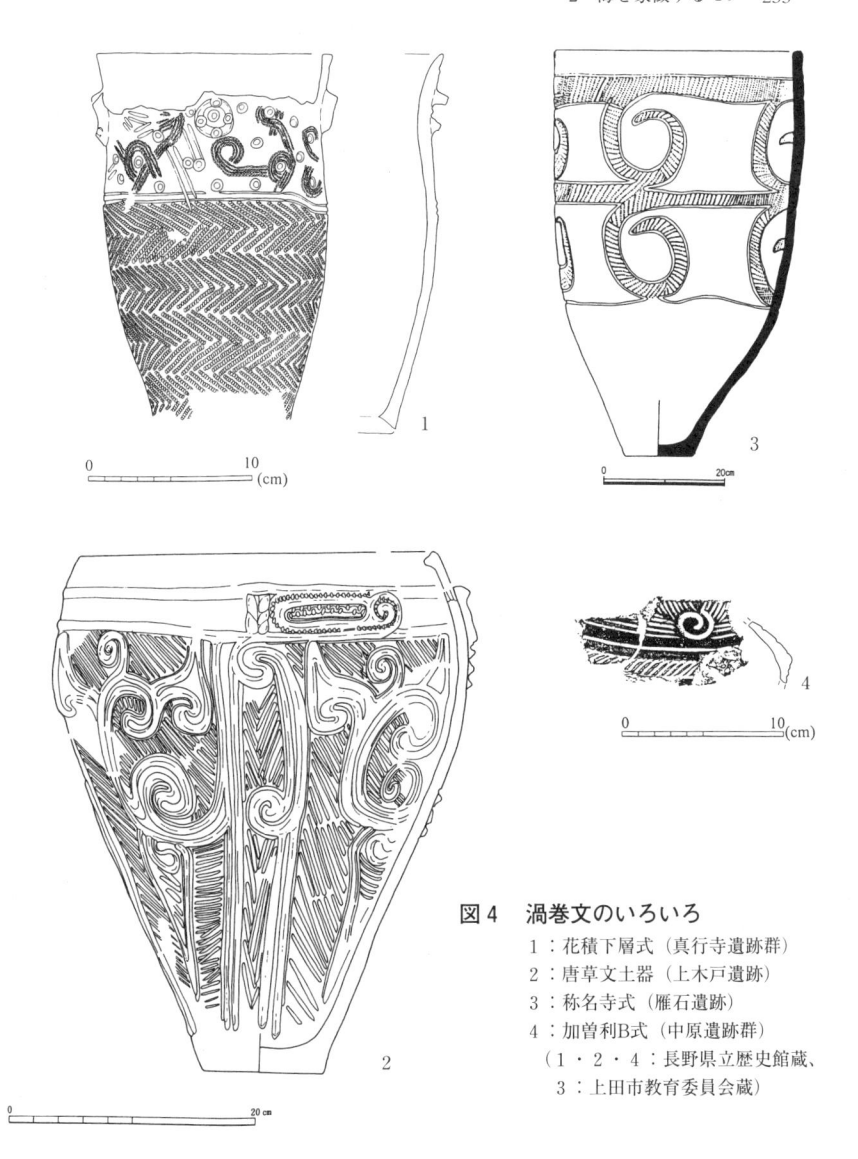

図4　渦巻文のいろいろ
　　1：花積下層式（真行寺遺跡群）
　　2：唐草文土器（上木戸遺跡）
　　3：称名寺式（雁石遺跡）
　　4：加曽利B式（中原遺跡群）
　　　（1・2・4：長野県立歴史館蔵、
　　　　3：上田市教育委員会蔵）

分布する曽利式や松本平を中心に分布する唐草文土器（図4-2：上木戸遺跡）にもある。後期初頭には、称名寺式にもひらがなの「し」字様の文様がある（図4-3：雁石遺跡）が、これも渦巻にみえなくはない。称名寺式や称名寺式と関係が深い中津式の同様な渦巻文は関東地方から北九州ぐらいまで出土する。

後期中葉加曽利B式にも渦巻文がある（図4-4：中原遺跡群）。これはひらがなの「の」字のようだ。加曽利B式やその系統の土器は北海道から九州まで分布する土器である。縄文人がかなり渦巻にこだわる傾向にあったらしい(16)。

こうした縄文土器の渦巻文も、同じ渦巻を意匠とする輪切りにされたイモガイや「の」字状石製品などの

写真7　サメが描かれた土器（山ノ神遺跡）
（飯山市教育委員会蔵）

存在を考えると最初に述べたように海の文化を象徴している可能性は十分ある。

土器に描かれたサメ

前述したように、サメの歯や背骨が信州の縄文時代遺跡から出土している。貝塚ではサカナの骨といえば、別にサメばかりでなく、タイやフグ、クジラなども出る。サメはアンモニア成分を含むため腐りにくく、内陸部にも食用として流通したともいわれるが、サメの骨や歯が装身具に用いられるのはなぜか。

そのヒントになりそうなのが、土器に描かれたサメの絵である。シュモクザメと思われる絵が飯山市山ノ神遺跡出土の土器に描かれている（写真7）(17)。発掘当時からシュモクザメではないかと推定されていたが、類例がなかったので、サケなどではないかと類推する向きもあったようだ。縄文土器には、線刻画は少ない。サメの絵など類例を聞かない。なぜ信州の飯山でシュモクザメなのか。千曲川ではシュモクザメをみる機会もなかったはずなのに…。

ところが近年兵庫県出石町袴狭(はかざ)遺跡から、シュモクザメの絵が書かれている琴が出た。琴の上板ではなく、その下部の音を共鳴させる箱の部分の板にシュモクザメの絵が描かれていたのである(18)。袴狭遺跡のものは弥生時代で、山ノ神遺跡のものは縄文時代晩期と時期が異なるが、ソバでも有名な出石町は日本海水系であり、飯山とともに日本海文化の地域であるといえよう。よって、日本海地域では、サメを特別視する文化があり、そのためにサメの姿が描かれたとみて良いのではないだろうか。これと照応するように『古事記』神話にお

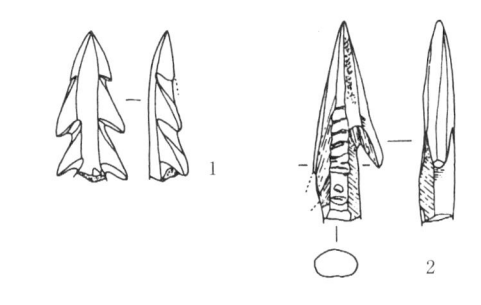

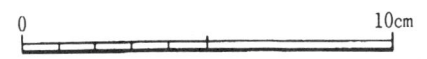

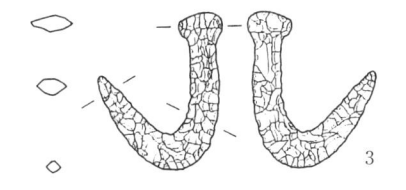

図5・写真8　骨角製銛頭（宮崎遺跡）・釣針形石器（東畑遺跡）（図5-1・2・写真8：長野市教育委員会蔵、図5-3：筑北村教育委員会蔵）

いてサメは、因幡の白兎の説話中に、ワニ（和邇）として出てくる。いうまでもなく因幡も日本海地域である。ワニは、アリゲーターのワニではなくて、サメのことである[19]。

　サメ（ワニ）のイメージは『古事記』をみるまでもなく、非常に荒々しい。人間に害を為すようなものがどうして信仰の対象になったのか。古代人にとっての神は、『古事記』を例にしてもわかるように、人間に恵みをもたらすオオクニヌシのような神とスサノオのような暴れ者の神とがあって、凶暴で強く荒々しいものを恐れ敬う気持ちもあわせもっていた。古代人に、自分たちの思い通りにならない超自然的なものを神として崇める気持ちがあったことはよくいわれることである。

　サメの歯や骨を大事にしたり装身具にしたりするのは、単に珍しいからだけではなく、サメの本来的な獰猛な生態をよく知っていたせいではないか。そういう知識があったから、その「神」の一部を身につけることによってその力にあやかりたいと考えたのではないかと思う。それも海からもたらされた情報、文化とみてよさそうである。

銛と釣針

内陸部でも漁撈が行われ、小型の骨角製釣針や網にぶら下げるような錘が出土するので、漁撈具は必ずしも海の文化の専売特許とはいえないかもしれない。しかし、海岸部では、大型の魚類を対象とするためか、とくに大型の骨角製の漁撈具であるモリや釣針が発達した。

信州でも長野市宮崎遺跡で骨角製銛頭や本書の「縄文ムラを復元する」で柳澤亮氏が取り上げた筑北村東畑遺跡では大型の釣針形をした黒曜石製品が出土している（図5・写真8）[20]。銛頭は海岸部の影響を受けた実用品と考えられている。

ただ、釣針形石器は、あまりに出土例が少なく、石で無理してつくる理由が見当たらない。実用品かどうか疑問がある。同様の形状のものが、新潟県十日町市横割遺跡で出土しているところをみると、千曲川（信濃川）水系の文化であろうか。

「海幸山幸」説話をみると、実際のサカナを釣る釣針（『古事記』では「鉤」）ではなく、海の象徴としての釣針の存在が想定される。ホヲリ（火遠理命・山佐知毘古）が兄のホデリ（火照命・海佐知毘古）から釣針を借りてひとたび失ったが、みつけ出し、兄ホデリに返すときに釣針に呪言をかけて返している。釣針が山では儀礼の道具として用いられることがあったことを示唆しているのかもしれない。

3　縄文文化における海の役割

交錯する海と山の文化

栃原岩陰だけをみていると縄文草創期や早期は移動性が高い時代なので、たまたま海の貝が縄文時代の古い時期には山の中までもち込まれたかのように解釈できるかもしれない。しかし、古い時期しかないかというとそうではない。湯倉洞窟をみるとさまざまな時期の層から出土している。八ヶ岳山麓のような赤土の上の遺跡や千曲市屋代遺跡群などの前期以降の遺跡では、貝や貝殻は腐ってなくなってしまうのか、なかなか発掘で確認することはできないので、湯倉の資料は興味深い。

タカラガイ、イモガイ、ツノガイなどの貝やサメの歯などの海産物がいろいろな層(縄文時代早期から弥生時代)に出ているということは、長野県では、おそらく縄文時代早期から晩期さらにはそれ以降も恒常的に海から海産物などのモノが来ている証拠である。それはたまたま冒険家のような人がある一時期に湯倉や栃原周辺にやって来たのではないように思われるがどうだろうか。

自分たちのところにないものを大切にするというのはごく自然ではある。信州は山国だから海のものを大事にしたといったこと以上の意味があるのではないか。

山の文化が縄文文化の中で、大きな位置を占めていたが、海の文化も縄文文化の中で重要な役割を果たしていた。それも二者は対立していたのではなく、複雑に交錯している。信州にいると、山の文化のほうがどうしても注目される。実際に縄文遺跡といえばやはり八ヶ岳山麓にみられるような台地上の遺跡が多い。石鏃(狩猟)、磨石、石皿(木の実、植物加工)が出土するが、これらはどちらかといえば山の文化である。安曇野市明科の北村遺跡出土人骨の分析でもドングリなどの木の実をたくさん食べていることがわかっている[21]。山国信州の普段の生業はやはり山の文化である。

それでも、上述の北村人骨に1例だが、外耳道骨腫(潜水を業とする人びとに多く、海岸部の縄文人によくある)があるように、やはり海の文化の要素を無視することはできない。縄文文化の広がりとその共通性を維持したものに海の文化があり、縄文文化において、海と山の文化が交錯しているからだ(ここでは扱わないが、海における山の縄文文化も当然重要な要素である)。

縄文土器型式の共通性とその意味

縄文土器は本当に地域ごとに実に多種多様な装飾と意匠をもっている。考古学者はそれぞれの地域、時代に「型式」を設定して分析する。その地域性には驚かされる。しかし、一方で意外に離れた地域の土器型式どうしに共通性があることに驚かされるのは、縄文土器を研究した者ならば誰でもひそかに思う気持ちではないか。変なところで九州と関西の土器、あるいは北海道と関東の土器が似ていることがある。それはなぜか。

筆者はそれを文化や物流のネットワークが存在していて、恒常的に信州の人が新潟へ行ったり、新潟の人が秋田へ行き、秋田の人が北海道へ行ったりする

ような交流があったためと想定している。そうした交流があったので、情報が時間差なくわりあい早く伝わりやすかったのではないか。

実は、こうした縄文のネットワークの存在をすでに戦前の段階で山内清男は気づいていたようだ(22)。山内は弥生時代以前に土器の装飾に「縄文」（山内は「縄紋」と表現）が多いことや最古の土器にすでに縄文が回転押捺されていて、この系統が連綿と続くことなどから、石器時代の日本列島（北海道から琉球諸島）の土器型式群を体系として把握し、日本列島の石器時代の文化や土器を縄文式文化あるいは縄文式土器とした。よって、縄文がついていない土器（たとえば唐草文土器）もこの体系の中に位置づけられるので、縄文式土器、略して縄文土器と呼ばれる。

土器（型式）の関係以外にこういうことがいえないか。一つの手がかりが、縄文人骨であろう(23)。人類学的に、後世に比べ縄文時代早期から晩期まであまり形質が変化しなかった上に、地域差が少ないようであれば、広域に婚姻していた証拠にはならないか。人類学の成果が期待される。

長野県立歴史館の平成17年度夏季企画展「縄文伝説」で、信州は屋代遺跡群にいたヒロインのもとに、新潟にいた縄文人の若者が訪ねてきて二人出会ったが、若者の父祖は東北地方松島湾沿岸出身という設定であった。これはあくまでもモデルである。こうした事実を歴史的に証明することはなかなか難しいが、縄文のヒロインと若者はたまたま出会ったのではないだろう。おそらく、第二・第三の若者がいて、また来ることがあったように考えたい(24)。

さて仮に「日本」という国が成立したのは、7世紀あるいは8世紀だとする。しかし、それは日本という国号が成立したということである。「ローマは一日にしてならず」それはおそらく日本にもいえるだろう。律令国家はある面政治、軍事的な強制力によって成立していたのだろうが、それだけでは、とうてい維持できないだろう。つまり、奈良時代以前に「原日本的」文化があったからであろう。ただし、その起源が果たして縄文文化なのか。それは筆者にもはっきりはわからないが、日本という枠組みの起源が、文化あるいは物流的なネットワークであったのではないか。検討してみる必要がある。

水運が支えたネットワーク

文化的なネットワークの重要な部分が人間の往来と物流である。その物流を

考えるうえでは、牛馬がいない陸上交通は不利な面が多い。土器一つ運ぶにしても、山のなかを背負っていくのは大変である。大きな土器ならば人間が一つ運ぶのが精一杯である。大量に運ぼうとすれば、水運に頼らざるをえなかっただろう。物流は川や海を使ったネットワークのほうが有利である。古墳時代以降は、牛、馬が入ってきて、それが流通に使われるようになった。牛や馬が陸上交通に導入され、荷駄を運べるようになると、古墳の立地ががらりと変わってくることでもわかる。森将軍塚古墳などの竪穴式石室がつくられているような時代、古墳前期から中期（おおよそ4世紀から5世紀前半）は、基本的には水運を重視したところに比較的大型の古墳が存在している。佐久や上田にはこの時期あまり大きな古墳がない。

ところが馬具などが古墳に副葬されたり、馬が埋葬されたりするような時期になると、上田や佐久に大型の古墳が出来てくる。物流の変化があったのだろう。奈良時代になって東山道ができると、さらに大きな変化が訪れたと思われる。しかし、水運はなくならなかった。千曲川などをみても、近世においても街道筋と舟運はたえず争っている。いわんや縄文時代は、圧倒的に物流は水運が強かったことが推定される[25]。

さらに、縄文時代の集落を考えてみると、三内丸山遺跡などの一部の例外を除けば、多くの集落遺跡はせいぜい一時期10基程度の集落である。本書の冒頭「縄文ムラをみる視点」でも触れたように、縄文の集落というと自給自足的なイメージがあったが、土器なども以前考えられていたように、どこの集落でもつくられていた（焼かれていた）のではなく、特定の拠点的な集落でつくられていた可能性が高いことが焼成粘土塊、台形土器（焼物の回転台）などから推測する研究もある[26]。

そうしてみると土器型式の範囲と通常いわれているような領域は、土器が流通していた範囲であり、そこに比較的均質な土器が分布するということは、特定のところで生産された土器が流通していることを示しているのである。今までの自給自足的な縄文ムラや社会のイメージはすでに見直しがすすんでいる。

縄文人が共有する心

土器のネットワーク以上に近年急速に分析が進んでいるのが、ヒスイや黒曜石といった汎日本列島的範囲に分布するモノの存在である。ヒスイは原産地が

糸魚川周辺の姫川や青海川を上っていった山の中にあるので、山のモノと思われがちだが、じつは山の中ではヒスイをほとんど拾えない。それはあまりに大きすぎるからである。巨岩のヒスイを割ることはほとんど不可能だ。装身具にするのに適当な大きさのヒスイを拾うことができるのは、姫川の河口や越中海岸などの海辺である。また、それが流通していく状況をみてみると、中期には青森県三内丸山遺跡まで、後晩期には、北海道などの拠点的な遺跡にもたらされている。これらは、とうてい隣接する集落から集落へと手渡し的に流通していったものではなく、遠距離交易の賜物ではないかと考えられる。

こうした汎日本列島的な交易のネットワークは、縄文時代前期おそくとも中期には成立していたようである[27]。それ以前に遡る可能性もある。その中には海と山のモノが交錯している。そして、そうした広域交易品には、土器の型式といったものを越えたより上位の汎日本列島的な文化的な共通性を示すものがある。それはいわゆる「第二の道具」などである。

「第二の道具」以外にも、タカラガイやサメの歯といった海の産物もこうした広域の文化的な共通性を示すものであったようである。海産物だけでなく、ヒスイや軟玉といった美しい玉質の石製装身具類にもそうした斉一性がきわめて強い。こうした縄文文化の広域な共通性は海（それにつながる川）のネットワークによるものである。

縄文社会は、孤独な自給自足的に完結した小集落の集合体ではなく、現代人が想像を絶するような広範囲な相互に支えあう社会であり、そこに住む人びとは「連帯感」をもっていたことが、山国信州の縄文遺跡の中に海の文化がみられることによってわかってきた。

4　今後の六つの課題

列島外からみた古代日本、海、山、倭人、扶桑

縄文文化は、一言でいえば、海のネットワークに支えられた文化である。海の文化が山国にまで浸透した文化であったともいえよう。しかし、海の文化とともに重要なのが日本列島の場合、山の文化でもある。

日本列島を外からみたときに、古代日本には、海と山の文化が交錯した島国

のイメージがある。

　古代の日本列島の地域や民族について、古代中国の文献に二つの呼称が出てくる。一つが倭人であり、もう一つは扶桑である。まず倭人の方だが、普通、倭、倭人、倭国は日本では同じように扱いがちだが、中国の史書では、区別して使われているようである。倭人は、倭の人ではないかもしれない。ある段階や文化の日本列島やその周辺の集団のことを倭人といっている可能性がある。

　さて、その倭人がどういうイメージで出てくるかというと、漢の王充の『論衡』に「倭人鬯草を貢ず」という記述が出てくる。周代に倭人が来て、鬯草という草を献じたという。これは海を越えてきたというイメージがあろう。王充は会稽郡（現在の浙江省）の出身で、海の倭人に詳しかったから、こうした記事が成立したことが指摘される[28]。

　弥生時代に後漢の光武帝から金印を日本列島の北九州の首長が賜っている。志賀島から出土した「漢委奴國王印」のことだと考えられている。これは普通「漢の倭の奴の国王」と読まれる。卑弥呼は魏の皇帝から「親魏倭王」とされている。注目すべきは両者ともに、金印をもらった奴国王（委奴とし後の伊都国王とする説もある）も卑弥呼も倭国王とはされていない。

　つまり、日本列島全体（九州あるいは西日本か）を弥生時代あるいは古墳時代前期くらいまでは「倭・倭人」と呼ばれていたようである（東アジアのほかの地域にも広がっていた可能性すらある）。同時期にはすでに国王がいた高句麗のような全体としての「国」のようなまとまりは、中国人の目からみて日本列島にはまだなくて、朝鮮半島南部（韓）など同様に、奴国、伊都国といった小地域が「国」と呼ばれていた。

　一方5世紀になると、倭の五王と呼ばれる古墳時代の首長が、中国（南朝）に使いを送っているが、彼らは「倭国」王である。もちろん、この倭国が日本列島全体を示していたかはわからない。

　ただ、5世紀になると、1〜3世紀の小地域より上位のまとまりがあってこれが「倭人」ではなくて「倭国」になっていったのだろう。その支配領域が日本列島全体であるのかどうかは良くわからないが、それにしても中国人の目からみて、より大きい範囲が「国」として把握されるような様相であったには違いないだろう。この「倭国」とはどういうものなのか。いわゆる『宋書倭国伝』

の順帝昇明二年倭王武の表の「祖禰躬ら甲冑をつらぬき、山川を跋渉し、寧處に遑あらず。」「道百済を遙て、船舫を装治す。」(30)からは前者は山川を駆け巡り、後者は海洋を往来するイメージをみて取れる。5世紀頃に海（倭人）と山のイメージが統合されてきたのではないか。

日本列島に山のイメージが投影されてきたのは、日本の異称に扶桑という言葉が使われるようになったことでもわかる。古くは、『論衡』より少し前に成立した『山海経』（戦国末か）や『淮南子』（漢代）という神話的な地理誌に扶桑（あるいは扶木）が出ている。扶桑は東の海中から太陽の出るところにある、大きな桑の木のことである。『山海経』や『淮南子』の扶桑（扶木）がどこかにあたるかについては伝説・神話的記述なので、地理的な比定は難しく、異説も多いが、のちには日本の異称としてみえる。さらに日本人自身が自分から扶桑というようにもなっている(30)。

扶桑には、倭人にないイメージがある。強い神仙的イメージがここには垣間みえる。神仙とは本来険しい山の中に住む仙人のことである。不老長寿の薬（仙薬）を飲んでいる。仙薬には、棗や梨なども含まれる。扶桑に神仙的な意味が含まれているとすれば、たしかに信州などの日本列島の山国のイメージに近いことはうなづける。

これは、中国以外の文献や伝承からもうかがえる。イスラム圏の伝承的文学の集大成である『アラビアンナイト』などに「ワクワク」（waqwaq）という島が出てくる。中国の東にあるワクワクには、大木が生えていてそこには人間の形をした実がなるという(31)。ワクワク伝承自体は世界的に広がる「世界樹伝説」の一つであるかもしれないが、ワクワクは倭国（ワコク）が転じたものとも考えられている。人間の形をした実がなる木こそ仙果や扶桑のイメージに対応し、かつ大海の中の島国であることからみて、ワクワクが倭国という言葉が転化した可能性が十分にあろう。今後のさらなる研究を待たねばならないが、倭国に海と山（神仙）のイメージが統合されていく状況を考える上で示唆的である。

ただ、倭国に海と山（神仙）のイメージが統合されたといっても、やはり「倭」という言葉自体には、海の文化のイメージが強く後世にも受け継がれたようだ。朝鮮でも今も日本人を悪くいうときは、倭奴（ウェノム）という。こ

れは「倭寇」のようなイメージである。蛮族としての日本人にはやはり海のイメージが強い。明や朝鮮でいう「北虜南倭」も北の女真、南の倭人のことでやはり倭寇、海賊としての倭人が強調される。

日本を比較的良い意味でいうときは「日東」という。朝鮮通信使は島国に来ながら、富士山などの山々を訪ねるのを非常に楽しみにしている(32)。「日東」は日本の別称だが、こちらはどちらかといえば山のイメージだろうか。やはり日本には、山と海の文化とイメージが交錯しているようにみえるがどうだろうか。

日本文化の二面性

日本文化の二面性については、おそらく日本人自身も漠然と気がついてきたことではある。日本を含む東アジアを研究した考古学者の鳥居龍蔵は、信州などの山の土器（厚手式）と貝塚などの海の土器（薄手式）とを対比研究した(33)。『日本書紀』に出てくる飛騨の「両面宿儺」の「両面」について解釈がいろいろある(34)。日本海側文化と太平洋文化の交わるところという意味かもしれないが、一方、飛騨は海ナシ国だが、日本海側文化がはいってきていて、飛騨の人たちにとっては山国ではあるが海の面ももっているという意識であり、両面は海と山の二つの面という意味があるかもしれない。だとすれば、両面宿儺こそは山国における海と山の文化が交錯する様相を体現していることになる。

日本海文化論

漠然と海の文化というが、古代においては、比較的太平洋側より日本海文化の果たした役割が大きい。その原因の一つが古代水運に適した環境（潟湖や湖沼が日本海に多い）ことなどがある。それは、文化に反映している。

たとえば、信州千曲川流域は日本海につながっているので当然、日本海文化の影響が強い。さらに天竜川の上流にあたる太平洋水系にある諏訪でも、文化的にみると、陸路が発達する以前は、おそらく日本海の影響が非常に強いようだ。たとえば神話でも、タケミナカタは出雲から逃げてきたことになっている。残念ながら『古事記』にはどこを通ってきたかは書いていないが、各地の伝説や地理的な状況を考えると日本海を通ってきた、と少なくとも古代人はイメージしている。

縄文時代の阿久遺跡で巨木建築が発掘されているが、巨木建築といえば、青森県三内丸山遺跡、新潟県寺地遺跡、石川県チカモリ遺跡など圧倒的に日本海

側に多い。阿久遺跡も水系的には太平洋側だが、ここにも日本海文化が及んでいると考えてよさそうである。

いずれにせよ日本の山国には海の要素がある。海の文化が山へ絶えず入ってくる。それはなぜか。

海の人がなぜ山にくるのか

大集落は縄文人にとって生活環境がよかったと説明することが可能ではある。しかし、湯倉や栃原のような険しいところに海の文化がなぜ入ってきたのか。

冒頭で触れたように海人族とも呼ばれる「安曇(あづみ)」地名がなぜ信州に残っているのか。安曇が本当に移住してきたのか。

これらを考古学的に解明するのはなかなか難しいが、遺跡学の中に手掛かりがありそうである。信州で遺跡を発掘していると縄文時代のあと平安時代まで遺物や遺構がないことがしばしばある。縄文人が営んだ遺跡は、弥生時代や古墳時代にはほとんどが忘れられていく傾向にある。それが再発見されるのは信州の場合、平安時代であるようだ。平安時代に山が開発されていく。また人びとが山へ入ってくる。山にそれだけの魅力、利点がないと、入ってはこないだろう。その理由を探らなければならない。なぜ縄文時代と平安時代に山に人が向かっていったのか、なんらかの理由が共通するのか。

縄文ネットワークから律令制への歩み

本稿は縄文ムラから信濃国が成立するまでを考古学的に考える試みの最初の第一歩である。すでに縷説したように縄文時代に、後の信濃国に対応するような文化的なまとまりははっきりしない。一方、奈良時代には「信濃国」が成立していた（奈良時代以前は科野国、科野国もだいたい信濃国と同じような領域だとすれば、7世紀には祖形ができていたことになる）。

地理的にみれば決して自然な領域ではない。南北でみれば北側は日本海水系であり、南側は太平洋水系である。東西でみれば、県の中央に日本列島を東北と西南にわけるフォッサマグナが走っている。まさに日本列島の地理的な中心である。はたして伊那谷、諏訪湖盆、松本平、佐久平、善光寺平などをまとめて一つにした「信濃国」という枠組みが自然発生的なものかはやはり疑問が残る。つい最近まで長野県分県運動というのが存在したくらいである。県庁の所

在地一つとっても混乱した時代があった。これは信濃国・長野県という領域が明治政府がはじめてつくったのではなく、律令制の8世紀もしくはその前段階7世紀後半以来だというのに、文化的あるいは政治・行政的にかなりの無理な部分があるからだと思われる。

しかし、一方で人工的につくられた領域であるとはいえ、律令国家にそれができたなんらかの背景があったのだろう。またそれを行う必要性があった。地理的、文化的、歴史的に領域がきれいに一致している、たとえば対馬や佐渡のような島や甲府盆地や関東平野といった明確に区切られるような地域よりも、律令国家の成立を考える上で、「信濃国」はよりよい研究対象である。

いずれにせよ縄文時代の混沌から律令的な枠組みが完成するまでのプロセスが、弥生時代、古墳時代にあることは明白で、当該期の考古学的研究が鍵を握っている。

通時代的にみる「日本史」研究

古代において海人と山守部がセットであったらしいことや海人と山民が日本の国家形成や基層文化に果たした役割の重要性を指摘する研究がある[35]。山と海の文化や視点が交錯するのはなにも古代だけではないようだ。

木曽義仲は木曽から美濃に抜ける後世の木曽街道に相当するルートや東山道を利用して美濃へ出て京都に行くルートを知らないはずがない。しかし、なぜ善光寺平の横田川原で戦い、さらに北陸経由で京へ上ったのか。

武田信玄は、川中島の合戦などに象徴されるように善光寺平からさらに信州も北側に進出しようと努力する。川中島を攻略しても天下統一に役立たない。信玄に見識がなかったとするような見方もあるようだ。たしかに天下を取ることはなかったかもしれないが、決して凡庸な人物ではない。その信玄がどうしてここに執着したのか。信玄のような知識人がなぜここにこだわったのか。もちろん善光寺平が重要な場所だったからだが、やはり海につながるルートを確保したかったことが大きかったのではないか。富士川を経由して太平洋側に出られることは十分承知していたはずだが、非常に危険で安定した物流がなかなか維持できなかったようである。川中島を制し、海津城を築き、千曲川水系を押さえ、日本海へ出て、京都や大陸へのルートを確保したかったのではないか。いわゆる信玄をめぐる「塩」の伝説も非常に示唆的である。いずれにせよ古代

や中世、山国と呼ばれるような内陸部にとって海の文化やネットワークにかかわることがきわめて重要であったことを示してはいないか。

本書は考古学とくに縄文時代をテーマとするものであるが、私は、遺跡を中心とした通時代的視点から地域の歴史を研究することが、縄文時代に留まらず、この日本列島の歴史研究全体を解明する上できわめて重要であり有効であると考えている。

註
（1）西沢寿晃・藤田敬 1993 『栃原岩陰遺跡』北相木村考古博物館
（2）高山村教育委員会 2001 『湯倉洞窟』
（3）長野市教育委員会 1988 『宮崎遺跡』
（4）長野市立博物館 1984 『開館3周年特別企画展縄文人のくらし』
　　　徳田有希乃 2000 「縄文時代のタカラガイの普及についての予察」『考古学ジャーナル』254号
（5）松本市教育委員会 1992 『松本市大村塚田遺跡』
（6）長野県立歴史館 2005 『平成17年度夏季企画展図録地下4mの「縄文伝説」』
（7）森　浩一 2005 『ぼくの考古古代学』NHK出版
　　　江上波夫 1932 「極東に於ける子安貝の流伝に就きて」『人類学雑誌』47巻9号
（8）王　維坤 2001 「隋唐墓葬出土的死者口中含幣習俗研究」『考古与文物』5期
（9）鈴木正博 2004 「『三種の貝玉』確立の頃」『玉文化』創刊号
（10）宮本一夫 2005 『中国の歴史01神話から歴史へ』講談社
（11）長野県埋蔵文化財センター 1998 『上信越自動車道4松原遺跡縄文時代編』
（12）川崎　保 2002 「古代人のオシャレの意義―千曲川の縄文時代の装身具について―」『千曲』115号、東信史学会
　　　前山精明 2005 「『の』字状石製品」『季刊考古学』89号
（13）小田静夫 1992 「黒潮を伝わった交流」『考古学ジャーナル』352号
（14）大竹憲治 2005 「阿武隈高地出土の『の』字状石製品と玉斧考」『玉文化』2号
　　　川崎　保 1996 「『の』字状石製品と倉輪・松原型装身具セットについて」『長野県の考古学』長野県埋蔵文化財センター
（15）前掲註(6)文献
（16）真行寺遺跡群・中原遺跡群：長野県埋蔵文化財センター 1999 『上信越自動車道20真行寺遺跡群・中原遺跡群ほか』
　　　上木戸遺跡：長野県埋蔵文化財センター 1988 『中央自動車道2上木戸遺跡ほか』

雁石遺跡：長野県史刊行会 1988 『長野県史考古資料編遺構遺物』
(17) 大原正義 1982 「山ノ神遺跡」『長野県史考古資料編主要遺跡（北・東信）』
(18) 森　浩一編 1987 「袴狭遺跡」『日本の発掘1991-1995』朝日新聞社
　　兵庫県埋蔵文化財調査事務所 2000 『袴狭遺跡』
　　袴狭遺跡同様弥生時代のサメの絵画の類例としては、鳥取県青谷町青谷上寺地（あおやかみじち）遺跡がある。袴狭遺跡同様弥生時代の琴の共鳴箱にサメが描かれている。なお同遺跡からは加工されたサメの骨が出土している上に、土器、石、櫂にもサメが描かれていて、やはりサメを弥生時代日本海側で特別視していたことは間違いないようであり、注目される。森佳樹氏のご教示による。
　　鳥取県教育文化財団 2002 『青谷上寺地遺跡4』
(19) 『古事記』神代「海のわにを欺きて言ひしく」（小学館 1997 『日本古典文学全集』）
(20) 前掲註(3)文献
　　坂北村教育委員会 2005 『東畑遺跡』
(21) 長野県埋蔵文化財センター 1992 『北村遺跡』
(22) 山内清男 1979 『日本先史土器の縄紋』先史考古学会
(23) 小片　保 1981 「縄文時代人骨」『人類学講座5 日本人Ⅰ』雄山閣
　　鈴木　尚 1983 『骨から見た日本人のルーツ』（岩波新書）岩波書店
(24) 前掲註(6)文献
(25) 川崎　保 2005 「遺跡から見た古代・中世千曲川の水運」『信濃』57巻12号
　　田中　裕 1996 「前方後円墳の企画と地域社会」『考古雑渉　西野元先生退官記念論集』
(26) 櫛原功一ほか 2002 『研究集会土器から探る縄文社会』山梨県考古学協会
(27) 川崎　保 2004 「軟玉製品の起源と展開（予察）」『玉文化』創刊号
(28) 王充（大滝一雄訳）1965 『論衡』（東洋文庫）平凡社。儒増編「周時、天下太平、越裳献白雉、倭人貢鬯草。」
　　森　浩一 1994 『考古学と古代日本』中央公論社
(29) 和田　清・石原道博編訳 1951 『魏志倭人伝・後漢書倭伝・宋書倭国伝・隋書倭国伝』（岩波文庫）岩波書店
　　『三国志』（晋）、『後漢書』（南朝宋末）、『晋書』（唐）での呼称が「倭・倭人」、一方『宋書』（南朝梁）以降が『南史』（唐）などが「倭・倭国」となっている。（カッコ内は各史書の成立した王朝名）
(30) 『山海経』海外東経「湯谷上有扶桑、十日所浴、在黒歯北、居水中、有大木、九日居下枝、一日居上枝。」大荒東経「大荒之中、有山、名曰孼搖頵羝、上有扶木、柱三百里、其葉如芥。」
　　『淮南子』天文訓「日出于暘谷、浴于咸池、払于咸池、是謂晨明。登于扶桑。爰始将行。是謂朏明。」墜形訓「扶木在陽州。日之所曒〔割注〕扶木扶桑也。在暘谷之南。曒猶照也。過陽州東方也。曒読無攬之攪也。」

『南史』夷貊伝下「扶桑、云云、在中国之東、其土多扶桑木、故以為名、扶桑葉似桐、初生如笋、国人食之」は日本にあるいは比定できる初出であろうか。唐王維の「送秘書晁監還日本詩」の「郷国扶桑外、主人孤島中」は明らかに日本のことを扶桑としている。さらに日本でも平安時代以降には『扶桑略記』にみられるように日本人自らが日本を扶桑としたことがわかる。（句読点、淮南子は冨山房『漢文大系』にそれ以外は大修館書店『大漢和辞典』に従う）

(31) 前嶋信次訳「バスラのハッサン」『アラビアンナイト』（東洋文庫）平凡社
　　小林一枝 2004『「アラビアン・ナイト」の国の美術史　イスラーム美術入門』八坂書房
(32) 申維翰（姜在彦訳）1974『海游録』（東洋文庫）平凡社
　　金仁謙（高島淑郎訳）1999『日東壮遊歌』（東洋文庫）平凡社
(33) 鳥居の視点（鳥居龍蔵 1924 『諏訪史』信濃教育会諏訪部会など）は、編年学的には間違っていたが、文化論としては傾聴に値する部分がある。
(34) 森浩一・八賀晋編 1997 『飛騨』大巧社
(35) 前掲註(28)森浩一文献
　　大林太良 1996 『東と西　海と山　日本の文化領域』小学館

あとがき

　本書は長野県内で発表された講演（長野県立歴史館考古学講座など）や論文の内容を基本としている。いずれも非常に新しい視点からの研究成果で、私が直接講演を聞いたり、研究者とお話しして感銘をうけたものを集めた。講演は、論文と違って、聴衆の方の雰囲気や講師の当日の調子で内容が変わり、計算しつくされていない面白さがある。編集された録音よりミスもあるが、勢いのある生演奏が捨てがたいように、とうてい論文では書けなかった勇気ある提言が講演でなされることが多い。

　論文では難解であった部分が講演やその二次会で、研究者の方から直接お話を聞くと氷解することもある。

　多くの研究者はこうした講演で発表し、質疑応答の中で、自分の考えをまとめていき、論文に仕上げていくこともあれば、発表された論文をもとに講演を行い、またあらたに問題を考え、さらに発展させていく。不特定多数を対象とした口頭での発表は、学問の鍛錬の場でもある。

　ただ、残念なことに講演の内容は、当日の配布資料や録音などで保存されることがあっても、その場の生き生きとした面白さは当日聞きに来られた方だけにしか伝えられない。論文で学術誌に発表されるとなると、どうしても揚げ足を取られないための理論武装が施されて、研究者の心の叫びがみえなくなりがちである。

　すでに講演の内容と関連して論文化された方にもとくにお願いして、まさに講演のように、端的に思いのたけを「わかりやすく」執筆していただくようにお願いした。

　さてこうした講演を文章化してその感動を皆様にお伝えしようという目的のほかに、本書には二つの学術的な目的がある。一つは土器型式の編年研究に陥りがちな「縄文文化」研究をさまざまな視点で見直すことで、もう一つが縄文時代の文化的な領域というのはどのようなものだろうかということを追究することであった。

　目的と書いたが、本書だけで解決される問題ではなく、むしろ努力目標とい

ったほうが良いかもしれない。

　ここ数年来、私は縄文文化という枠組みが本当に成り立つか悩んできた。日本列島という文化的な領域は果たして正しいのか。東アジアの中でどのように位置付けられるのか。

　私の中では、縄文時代の玦状耳飾をはじめとする玉製品の研究を通じて、縄文文化が東アジアの諸文化と連動しているが、日本列島というまとまりがありそうだという見通しがつきつつある。それは、縄文土器型式の研究でも言われていたことではある。しかし、文化はさまざまな要素の集合体であるから、土器だけでなく、他の遺物や遺跡の研究からも縄文文化や地域文化の枠組みがはたしてみえるであろうか。本書諸研究をあらためて読み直してみて、多様な研究成果が、今まさに進みつつあるように感じている。

　しかし、問題は深化する。縄文ムラや社会は、今の日本列島の地域社会や文化の淵源の一つではあるが、それがそのまま変化したのではない。縄文時代やそれ以降の文化的な領域がどのように政治行政的な区分に変換していくのか。私は「信州」を舞台にして、今後探究していきたいと思う。さらに、読者各位にとっても本書が、縄文文化や日本列島の地域文化についてあらためて考えるきっかけになれば幸いである。

　なお、本書の編集にあたっては雄山閣の羽佐田真一氏にお世話になった。記して感謝の念を捧げる。

　　2006年1月5日

　　　　　　　　　　　　　　　　　　　　　　　　　　　　川崎　保

執筆者紹介

川崎　　保（かわさき　たもつ）　　長野県立歴史館専門主事兼学芸員

三上　徹也（みかみ　てつや）　　長野県諏訪実業高等学校教諭

岡村　秀雄（おかむら　ひでお）　　長野県立歴史館専門主事兼学芸員

百瀬　新治（ももせ　しんじ）　　南木曽町立読書小学校校長

水沢　教子（みずさわ　きょうこ）　　長野県立歴史館専門主事兼学芸員

本橋恵美子（もとはし　えみこ）　　練馬区教育委員会郷土資料調査員

柳澤　　亮（やなぎさわ　りょう）　　長野県埋蔵文化財センター調査研究員

小栁　義男（こやなぎ　よしお）　　長野県立歴史館文献史料課長

2006年 4 月10日　初版発行　　　　　　　　　《検印省略》

縄文「ムラ」の考古学

編　者　　川崎　保
発行者　　宮田哲男
発行所　　株式会社　雄山閣
　　　　　〒102-0071　東京都千代田区富士見 2 - 6 - 9
　　　　　ＴＥＬ　03-3262-3231㈹／FAX 03-3262-6938
　　　　　ＵＲＬ　http://www.yuzankaku.co.jp
　　　　　E-mail　info@yuzankaku.co.jp
　　　　　振替：00130-5-1685
印　刷　　手塚印刷株式会社
製　本　　協栄製本株式会社

Ⓒ Tamotsu Kawasaki　　　　　　　　　Printed in Japan 2006
ISBN4-639-01921-1 C0021